高等职业院校财经类专业"十三五"规划教材

财务管理

上海财经大学出版社

主　编　王　玲　吴海波
副主编　周殿红　龚丽娜

FINANCIAL MANAGEMENT

图书在版编目(CIP)数据

财务管理/王玲，吴海波主编．—上海：上海财经大学出版社，2017.8
(高等职业院校财经类专业“十三五”规划教材)
ISBN 978-7-5642-2816-3/F・2816

Ⅰ.①财… Ⅱ.①王…②吴… Ⅲ.①财务管理-高等职业教育-教材
Ⅳ.①F275

中国版本图书馆 CIP 数据核字(2017)第 194773 号

□ 责任编辑 徐 超
□ 联系邮箱 1050102606@qq.com
□ 封面设计 钱宇辰

CAIWU GUANLI
财 务 管 理

王 玲 吴海波 主 编
周殿红 龚丽娜 副主编

上海财经大学出版社出版发行
(上海市中山北一路 369 号 邮编 200083)
网 址：http://www.sufep.com
电子邮箱：webmaster @ sufep.com
全国新华书店经销
上海同济印刷厂有限公司印刷
上海叶大印务发展有限公司装订
2017 年 8 月第 1 版 2017 年 8 月第 1 次印刷

787mm×1092mm 1/16 14.25 印张 364 千字
印数：0 001—4 000 定价：36.00 元

高等职业院校财经类专业“十三五”规划教材

编写委员会

主　任: 朱　虹　教授　　湖北职业技术学院 副校长

副主任: 余　浩　教授　　武昌职业学院会计学院 院长

袁　畅　教授　　黄冈职业技术学院商学院 院长

苏　龙　副教授　长江职业学院教务处、科研处 处长

喻靖文　副教授　湖北职业技术学院财经学院 副院长

编　委:（按姓氏笔画排序）

丁黎明　武汉软件工程职业学院

王玲玲　武汉城市职业学院

邓晓燕　武汉商贸职业学院

叶　青　湖北职业技术学院

刘　毅　咸宁职业技术学院

李亚军　咸宁职业技术学院

李　洁　武汉商贸职业学院

陈丽琴　湖北工业职业技术学院

周　军　荆州职业技术学院

周列平　武汉商贸职业学院

姜玲玲　武汉船舶职业技术学院

胡志华　咸宁职业技术学院

郭　黎　武汉软件工程职业学院

徐盛秋　长江职业学院

龚　诤　武汉软件工程职业学院

彭庆武　武汉职业技术学院

熊义成　湖北三峡职业技术学院

蔡传柏　湖北三峡职业技术学院

镇咸辉　咸宁职业技术学院

戴年昭　湖北三峡职业技术学院

前　言

财务管理是企业管理的重要组成部分，对会计专业、财务管理专业、投资理财专业及经济管理类专业学生来说，财务管理是一门十分重要的核心课程。通过本课程的学习，学生可以掌握财务管理的基本理论、基本方法和基本技能，完善经济管理方面的知识结构，增强经济管理能力。这对培养学生分析问题和解决问题的能力、理财意识及综合管理素质是十分必要的，即知识、能力、素质三位一体。根据实际工作内容与相应课程体系相配套的要求，我们编写了本教材。

本教材具有以下特点：

(1)内容深入浅出、循序渐进、难易适中，力求符合职业院校学生的学习特点。

(2)注重理论联系实际，增强了教材的实用性，与职业院校人才专业培养目标保持一致。

(3)每章之后有案例分析题，这既有助于提高学生对具体问题的思考和分析能力，又有利于巩固和拓宽学生的知识面。

(4)本教材有电子课件和参考答案，方便教师教学使用，有助于提高教学效果。

本书由湖北生物科技职业学院王玲、吴海波任主编；湖北生物科技职业学院周殿红、湖北科技职业学院龚丽娜任副主编。其中，第一、二、三、四章由王玲编写，第五、七、十一章由吴海波编写，第六、十章由龚丽娜编写，第八、九章由周殿红编写。全书最后由王玲总纂、定稿。

本教材在编写过程中，得到了编写老师们所在学校的大力支持，也得到有关实体企业的热情协助，同时，本教材在编写过程中参阅了诸多本科类和高职类财务管理方面的教材和教辅，吸收、借鉴及引用了其中的理论成果与案例等，我们在此一并表示感谢。

作为长期工作在职业院校教学一线的教师，限于时间和学识，书中难免存在不妥及疏漏之处，敬请广大读者批评指正。

编　者

2017 年 6 月

前　言

目　录

第 一 章

财务管理概论

学习目标

掌握财务管理的概念、特点、内容；理解财务管理的目标；了解财务管理环节；熟悉财务管理环境。

第一节 财务管理概述

一、财务管理的概念及特点

(一)财务管理的概念

财务管理是企业管理的重要组成部分，是对企业财务活动及财务关系所进行的管理。企业财务活动表现为企业再生产过程中的资金运动，它是一种客观存在的经济现象，其存在的客观基础是商品经济。

在商品经济条件下，商品是使用价值和价值的统一体。与此相联系，企业的再生产过程也具有两重性：一方面，它表现为使用价值的生产和交换过程，即劳动者利用劳动手段作用于劳动对象，生产出产品并进行交换；另一方面，它表现为价值的形成和实现过程，即将生产过程中已消耗的生产资料价值和劳动者支出的必要劳动价值转移到产品价值中，创造出新价值，并通过销售活动，最终实现产品的价值。使用价值的生产和交换过程是有形的，是商品的实物运动过程；价值的形成和实现过程则是无形的，是商品的价值运动过程。这种价值运动过程用货币形式表现出来，就是企业再生产过程中的资金运动。可见，在商品经济条件下，经济活动同时包含两个密切相关的过程，即商品的交换过程和资金的运动过程。

企业的资金运动表现为资金的循环和周转。企业的生产经营活动，包括供应过程、生产过程和销售过程。在供应过程中，企业以货币资金购买材料等各种劳动对象，为进行生产储备必要的物资，货币资金就转化为储备资金。在生产过程中，工人利用劳动资料对劳动对象进行加工，这时，企业的资金即由原来的储备资金转化为在产品形式的生产资金。同时，在生产过程中，一部分货币资金由于支付职工的工资和其他费用而转化为在产品，成为生产资金；厂房、机器设备等劳动资料因使用产生磨损，这部分磨损的价值通常称为折旧，转移到产品的价值中，也构成了生产资金的一部分。当产品制造完成后，生产资金又转化为成品资金。在销售过程中，企业将产品销售出去，收回货币资金，成品资金又转化为货币资金，从而完成了一次资金的循环。随着企业再生产过程的不断进行，上述资金运动过程不断重复进行，这就是资金的周转。企业的资金只有不断地循环和周转，才能既保存自己的价值又实现其价值的增值。资金循环与周转的速度越快，资金利用效果就越好，企业经济效益就会越高。

在现代企业中，不仅存在着实物商品资金运动，还存在着金融商品资金的运动。金融商品是指各种能在金融市场反复买卖，并有市场价格的有价证券。与实物商品资金的运动相比，金融商品资金的运动过程更为简单，它只经历买与卖两个阶段，其资金形态也随之由货币资金转化为金融商品资金，再由金融商品资金转化为货币资金，并实现其价值的增值。

企业进行生产经营活动，必须具备必要的人力资源、物质资源、货币资金、信息等各项生产经营要素。在企业生产经营活动过程中，这些要素会随时发生运动和变化。生产经营要素的运动和变化，直观地体现为企业向社会提供产品或服务，而本质上则体现为企业的资金运动。此外，现代企业还需要开展金融市场业务，如买卖有价证券等，这一过程中也伴随着资金运动。这些资金运动构成了企业生产经营活动的一个特定方面，即企业的财务活动。任何一个企业，要不断提高经济效益，使之在激烈的市场竞争中立于不败之地，就必须设置专门的机构、配备专门的人员，以此来组织、指挥和监督企业的财务活动，处理、协调企业与其利益相关者之间的财务关系。从这个意义上说，财务管理就是组织企业财务活动、处理企业与其利益相关者之间的经济利益关系的一项经济管理活动，是企业管理的重要组成部分。

(二)财务管理的特点

企业管理包括生产管理、销售管理、财务管理、人力资源管理、信息管理、战略管理等诸多方面。财务管理区别于其他企业管理活动的特点在于：

1. 财务管理是一种价值管理

财务管理主要利用资金、成本、收入、利润等价值指标，运用财务预测、财务决策、财务预算、财务控制、财务分析等手段来组织企业价值的形成、实现和分配，并处理这种价值运动中的经济关系。

2. 财务管理具有基础性

一个健康发展的企业离不开财务管理。财务管理既与企业其他的管理活动密切相关，又为企业其他的管理活动提供前提和基础。

3. 财务管理具有很强的综合性

企业生产经营活动的质量和效果，大多可以通过反映资金运动过程和效益的各项指标综合反映出来。企业必须加强财务管理，及时组织资金供应，有效使用资金，严格控制生产耗费，大力增加收入，合理分配收益，从而保证企业有效地开展生产经营活动，不断提高经济效益。

二、财务管理的发展历程

财务管理体制的发展大体经历了以下三个阶段：

(一)财务管理的萌芽阶段

18 世纪产业革命发生之前，社会生产方式以作坊和工场手工业为主，商品生产和商品交换比较简单，财务活动比较单一，财务管理只是作为一种生产的附带工作而由企业主直接进行。产业革命发生之后，尽管工厂化的机器生产方式取代了作坊、工场手工业生产方式，商品生产和商品交换有了进一步的发展，财务活动日益增多起来，但由于当时所采取的经营方式主要是“独资”或“合伙”两种形式，企业的组织结构比较简单，企业内、外部的财务关系也较单纯，因此其财务管理工作仍由企业主直接进行，企业中没有独立设立财务管理部门。但是，在这一阶段，企业的财务活动开始增多，尤其是筹资活动增加，于是财务管理开始萌芽。

（二）财务管理的发展阶段

从19世纪末至20世纪20年代，由于资本主义工业化浪潮席卷全球，科学技术日益发展，企业的商品生产经营规模不断扩大，股份公司和托拉斯不断建立，因此企业的资金需求量大为增加，企业的财务活动也越来越复杂。此时，仍由企业主自己从事财务管理工作已不可能，于是，专门的财务管理工作便应运而生。在这一阶段，扩大生产经营和筹集资金是财务管理的重点。到了20世纪30年代，资本主义世界发生了经济大危机，经济萧条，资金周转不灵，企业大量倒闭，企业开始意识到控制的重要性。在这一阶段，资金运用控制和财务监管逐步成为财务管理的重点，财务管理的技术手段得到了较大程度的丰富。

（三）财务管理的现代化阶段

进入20世纪50年代以后，由于资本主义商品经济高度发达，世界市场扩大，跨国公司形成，由此资本主义企业之间、跨国公司之间的竞争日益剧烈，企业的财务活动和财务政策更加复杂和敏感。于是，企业对财务管理提出了更高的要求。为了适应这一变化，现代的西方企业财务管理在管理内容上已经逐渐由资金筹集、资金运用扩展到资金分配，在管理手段上已经广泛实行财务预测、加强预算控制、进行风险价值分析、参与企业生产经营决策等，在管理方法上已经普遍运用数量模型和计算机等现代化的计算分析工具，从而使财务管理的综合性大为增强，使财务管理的现代化水平得以提高，财务管理已经逐渐成为现代企业管理的关键组成部分。

财务管理产生和发展的历史经验表明：财务管理是商品经济条件下企业最基本的经济管理活动。商品经济越发达，市场经济越发展，财务管理就越重要。我国发展社会主义市场经济，必须重视和大力加强企业的财务管理工作。

三、财务管理的内容

财务管理的内容主要包括财务活动和财务关系两个方面。

（一）企业的财务活动

企业的财务活动具体包括资金的筹集、运用、回收及分配等一系列行为。根据资金运动的性质，财务活动可以分为以下四个方面：

1. 筹资活动

筹资活动是指企业为了满足生产经营活动的需要，从一定的渠道，采用特定的方式，筹措和集中所需资金的过程。筹资是企业进行生产经营活动的前提，也是资金运动的起点。一般而言，企业通过筹资可以形成两种不同性质的资金来源：一是权益资金，包括从所有者处取得的权益资金和从企业获利中留存的一部分权益性资金；二是债务资金。企业筹集的资金，可以是货币资金，也可以是实物资产或无形资产。从资金的运动状态来看，筹资活动表现为资金的流入。

2. 投资活动

企业在取得资金后，必须将资金投入到生产经营活动中去，以谋取最大的经济效益；否则，筹资不仅会失去意义，还会给企业带来损失。投资有广义和狭义之分。广义的投资是指企业将筹集的资金投入使用的过程，包括企业内部使用资金的过程和企业对外投放资金的过程。就前者而言，企业主要是通过购买原材料和机器设备、聘用员工、建造生产设施、开展研发活动等行为将筹集的资金投放到生产经营过程中，从而形成各种生产资料，如流动资产、固定资产、无形资产和其他资产等。狭义的投资仅指企业将现金、实物或无形资产投放于企业外部其他企业或单位而形成的股权性投资或债权性投资。从资金的运动状态来看，投资活动表现为资金的流出。

3. 资金营运活动

资金营运活动是指在日常生产经营活动中所发生的一系列资金收付活动。相对于其他财务活动而言，资金营运活动是最频繁的财务活动。资金营运活动围绕着营运资金展开，如何加快营运资金的周转、提高营运资金的利用效果，是资金营运活动的关键。资金营运活动既包括支付工资、营业费用及其他各项费用的现金支出活动，也包括销售产品或提供劳务取得收入的现金回收活动。从资金的运动状态来看，资金营运活动既表现为资金的流出，又表现为资金的流入。

4. 分配活动

企业通过资金的投放和使用，必然会取得各种收入。企业的收入首先要用于弥补生产耗费及期间费用、缴纳流转环节的税费，剩余的部分将形成企业的营业利润。营业利润、投资净收益和营业外收支净额构成了企业的利润总额。利润总额首先要按国家规定缴纳所得税，税后利润要提取公积金，用于扩大积累、弥补亏损，其余利润分配给投资者或暂时留存企业。企业必须根据国家有关法律、法规和制度所确定的分配原则，合理确定分配的规模和分配的方式，这是一项重要的财务管理工作。从资金的运动状态来看，利润分配活动表现为资金的流出。

筹资活动、投资活动、资金营运活动和分配活动共同构成了财务活动的主要内容，同时这些财务活动之间也是紧密相关的。例如，筹资活动是投资活动的前提和基础；资金营运活动是投资活动取得成功的保证；分配活动是其他财务活动的必然结果和归宿，同时也为企业财务活动的正常开展提供动力。总之，以上财务活动伴随着企业的生产经营活动反复进行，并按既有的轨迹不断运动，共同构成了企业财务管理的主要内容。

（二）财务关系

企业在筹资活动、投资活动、营运资金活动和分配活动中必然要与企业的利益相关者之间发生广泛的经济联系，从而与利益相关者之间产生经济利益关系。这种经济利益关系也称财务关系，它主要包括以下几个方面：

1. 企业与政府之间的财务关系

企业与政府之间的财务关系主要体现在两个方面：一是政府为了实现其职能，以社会管理者的身份，无偿参与企业收益的分配。企业必须按照法律规定向政府缴纳各种税费，包括所得税、流转税、资源税、财产税、行为税、矿产资源补偿费和教育费附加等。二是政府作为投资者，通过其授权部门或机构以国有资产向企业投入资本金，并根据其投资比例，参与企业利润的分配。前者体现的是强制的、无偿的分配关系；后者体现的则是所有权性质的投资与受资的关系。

2. 企业与投资者之间的财务关系

企业的资本除了来自政府投资者之外，还来自其他投资者，从而形成了企业与这些投资者之间的财务关系。现行有关法律明确规定，投资者凭借其出资，有权参与企业的重大经营管理决策，分享企业的利润并承担企业的风险；被投资企业必须依法保全资本，并有效运用资本实现盈利。投资者是企业最重要的利益相关者，因为投资者拥有企业的所有权。企业与投资者之间的财务关系体现为所有权性质的投资与受资的关系。

3. 企业与债权人之间的财务关系

企业与债权人之间的财务关系主要是指企业向债权人借入资金，并按借款合同的规定按时支付利息和本金所形成的经济关系。企业除利用投资者投入的资本进行经营活动外，还要借入一定数量的债务资本，以扩大经营规模，并相应降低企业的资金成本。企业的债权人主要有本企业债券持有人、金融信贷机构、商业信用提供者及其他出借资金给企业的单位和个人。企业利用债权人的资金，要按约定的利率，及时向债权人支付利息。债务到期时，要合理调度资金，按时向债权人归还本金。企业与债权人之间的财务关系在性质上属于债务与债权关系。

4. 企业与受资企业之间的财务关系

企业与受资企业之间的财务关系主要是指企业以购买股票或直接投资的形式向其他企业投资所形成的经济利益关系。随着市场经济的不断发展，企业经营规模和经营范围的不断扩大，企业收购或兼并其他企业和对其他企业进行参股、控股的行为越来越普遍。企业向其他企业投资，应按约定履行出资义务，并根据其出资额参与受资企业的经营管理和利润分配。企业与受资企业之间的财务关系在性质上属于所有权性质的投资与受资的关系。

5. 企业与债务人之间的财务关系

企业与债务人之间的财务关系主要是指企业以购买债券、提供贷款或商业信用等形式将资金出借给其他企业所形成的经济利益关系。企业将资金出借后，有权要求债务人按约定的条件支付利息和归还本金。企业与债务人之间的关系在性质上属于债权与债务关系。

6. 企业内部各单位之间的财务关系

企业内部各单位之间的财务关系主要是指企业内部各单位之间在生产经营各环节中相互提供产品或劳务所形成的经济关系。企业内部各单位之间既分工又合作，共同形成了一个完整的生产经营系统。企业内部的每个单位都是一个相对独立的子系统，各子系统既要履行各自独立的职能，又要相互协调、配合。只有这样，企业整个系统才能高效而稳定地运行，从而实现企业既定的生产经营目标。在实行企业内部经济核算制和企业内部经营责任制的情况下，企业的供、产、销各个部门以及各个生产单位之间，相互提供产品和劳务须按内部转移价格进行结算，以便客观考核和评价各单位的工作业绩。企业内部各单位之间的财务关系是一种资金结算关系，体现了企业内部各单位之间的责任与利益关系。

7. 企业与职工之间的财务关系

企业与职工之间的财务关系主要是指企业在向职工支付劳动报酬的过程中所形成的经济关系。企业应按照职工提供的劳动数量和质量，及时向职工足额支付工资、津贴、奖金等劳动报酬，从而实现消费品的分配。企业与职工之间的财务关系，体现为职工个人与企业在劳动成果上的分配关系。

8. 企业与社会公众之间的财务关系

企业与社会公众之间的财务关系主要体现在两个方面：一方面，商品或劳务的提供方和接受方，都应该遵循等价交换的原则；另一方面，企业作为社会公民，不仅不能将环保成本转嫁给社会，而且必须拿出一定的财力支持社会公益事业。企业与社会公众之间的财务关系，体现为一种责任与义务关系。

上述财务关系广泛存在于企业财务管理中，体现了企业财务管理的实质，构成了企业财务管理的重要内容。企业应该通过正确处理和协调与利益相关者之间的财务关系，创造良好的财务管理内、外部环境，为最终实现企业的财务管理目标服务。

第二节 财务管理目标

一、财务管理目标的含义

财务管理目标是指在特定的理财环境中，企业通过组织财务活动、处理财务关系所要达到的目的。

目前，人们对财务管理目标的认识尚未统一，主要有三种观点：利润最大化、每股收益最大化和企业价值最大化。

(一)利润最大化

利润最大化即假定在企业的投资预期收益确定的情况下，财务管理行为将朝着有利于企业利润最大化的方向发展。

1. 利润最大化目标的优点

将利润最大化作为财务管理的目标，是因为利润不仅可以直接反映企业创造剩余产品的多少，而且也可以在一定程度上反映企业经济效益的高低和对社会贡献的大小；同时，利润是企业补充资本、扩大经营规模的源泉。因此，将利润最大化作为理财目标是有一定道理的。

2. 利润最大化目标的缺点

(1)利润最大化是一个绝对指标，没有考虑到企业的投入与产出之间的关系，难以在不同资本规模的企业或同一企业的不同期间进行比较。

(2)没有考虑资金的时间价值。投资项目收益现值的大小，不仅取决于其收益将来值总额的大小，还要受取得收益时间的制约。因为越早取得收益，就能越早进行再投资，进而越早获得新的收益，而利润最大化目标则忽视了这一点。

(3)没有考虑风险问题。一般而言，收益越高，风险越大。追求利润最大化，有时会增加企业风险，而利润最大化目标不考虑企业风险的大小。

(4)利润最大化可能会使企业的财务决策带有短期行为，即片面追求利润的增加，不考虑企业的长远发展。

(二)每股收益最大化

所有者作为企业的投资者，其投资目标是取得资本收益，具体表现为净利润与出资额或股份数(普通股)的对比关系，这种关系可以用每股收益这一指标来反映。每股收益是指归属于普通股东的净利润与发行在外的普通股股数的比值，它的大小反映了投资者投入资本获得回报的能力。

每股收益最大化目标将企业实现的利润额同投资人的资本或股本数进行对比，能够说明企业的盈利水平，可以在不同资本规模的企业或同一企业的不同时期之间进行比较，从而揭示出其盈利水平的差异。与利润最大化目标一样，该指标仍然没有考虑资金时间价值和风险因素，也不能避免企业的短期行为。

(三)企业价值最大化

企业价值不是账面资产的总价值，而是企业全部财产的市场价值，它反映了企业潜在或预期的获利能力。投资者在评价企业价值时，是以投资者的预期投资时间为起点的，并将未来收入按预期投资时间的同一口径进行折现，将未来收入的多少按可能实现的概率进行计算。可见，这种计算办法考虑了资金的时间价值和风险问题。企业所得的收益越多，距离实现收益的时间越近，应得的报酬就越确定，企业的价值也越大。

1. 企业价值最大化目标的优点

(1)考虑了资金的时间价值和投资的风险价值，有利于统筹安排长期或短期规划、合理选择投资方案、有效筹措资金、合理制定股利政策等。

(2)反映了对企业资产保值增值的要求。从某种意义上说，股东财富越多，企业市场价值就越大，就越能促使企业资产的保值或增值。

(3)有利于克服管理上的片面性和短期行为。

(4)有利于社会资源的合理配置。社会资金通常流向企业价值最大化的企业或行业，从而有利于实现社会效益的最大化。

2. 企业价值最大化目标的不足

(1)对于股票上市企业，虽然可以通过股票价格的变动揭示企业价值，但是股价是受多种因素影响的结果，特别是即期市场上的股价不一定能够直接揭示企业的获利能力，只有长期趋势才能做到这一点。

(2)为了控股或稳定购销关系，很多现代企业采用环形持股的方式，相互持股。法人股东对股票市价的敏感程度远不及个人股东，对企业价值最大化目标没有足够的兴趣。

(3)对于非股票上市企业，只有对企业进行专门的评估才能真正确定其价值。而在评估企业资产时，由于受评估标准和评估方式的影响，这种评估不易做到客观和准确，从而导致对企业价值确定的困难。

二、财务管理目标的协调

如果企业财务管理的目标是企业价值最大化，那么根据这一目标，财务活动所涉及的不同利益主体如何进行协调，就是财务管理必须解决的问题。

(一)所有者与经营者的矛盾与协调

企业价值最大化直接反映了企业所有者的利益，与企业经营者没有直接的利益关系。现代公司制企业的所有权与经营权完全分离，经营者不持有公司股票或部分持有公司股票，其经营的积极性就会降低，因为经营者拼命工作的所得不能全部归自己所有。此时，经营者不愿意为提高股价而冒险，并会想方设法用企业的钱为自己谋福利，从而导致股东财富受损。由于两者的行为目标不同，因此必然导致经营者利益与股东财富最大化之间的冲突。为了解决这一矛盾，企业应采取使经营者的报酬与绩效相联系的办法，并辅之以一定的监督约束措施和激励措施，从而使经营者自觉采取能够满足企业价值最大化目标的行为。

1. 监督约束措施

(1)通过所有者约束经营者，即解聘。所有者对经营者予以监督，如果经营者未能使企业价值达到最大，就解聘经营者。所以，经营者会因为害怕被解聘而努力实现企业财务管理目标。

(2)通过市场约束经营者，即接收。如果经营者经营决策失误或经营不力，未能采取有效措施使企业价值提高，该企业就可能被其他企业强行接收或吞并，经营者也会被解聘。所以，经营者为了避免这种接收，必须采取一切措施提高股票市价。

2. 激励措施

(1)“股票选择权”方式,即允许经营者以固定的价格购买一定数量的公司股票。股票的价格越高于固定价格,经营者所得的报酬就越多。经营者为了获取更大的股票涨价益处,必然主动采取能够提高股价的行为。

(2)“绩效股”形式,即公司运用每股利润、资产收益率等指标来评价经营者的业绩,然后视其业绩大小给予经营者数量不等的股票作为报酬。如果公司的经营业绩未能达到规定目标,经营者就会部分丧失原先持有的“绩效股”。这种方式使经营者不仅会为了多得“绩效股”而不断采取措施提高公司的经营业绩,而且为了使每股市价最大化会采取各种措施使股票市价稳定上升。

(二)所有者与债权人的矛盾与协调

企业的资本来自所有者和债权人。债权人的投资回报是固定的,而所有者的收益则会随着企业经营效益的变化而变化。当企业经营效益好时,债权人所得的固定利息只是企业收益中的一小部分,大部分利润归所有者所有;当企业经营状况差或陷入财务困境时,债权人就要承担资本无法追回的风险。这就使得所有者的财务目标与债权人渴望实现的目标发生了矛盾。首先,所有者可能未经债权人同意,要求经营者投资于比债权人预计风险要高的项目,这会增加负债的风险。高风险的项目一旦成功,额外利润就会被所有者独享;倘若失败,债权人却要与所有者共同负担由此而造成的损失。这对债权人来说,风险与收益是不对称的。其次,所有者未征得现有债权人的同意,而要求经营者发行新债券或借新债,这会增大企业破产的风险,致使旧债券的价值降低,从而侵犯了债权人的利益。

所有者与债权人的上述矛盾,一般通过以下方式解决:

(1)限制性借款。它是通过对借款用途的限制、借款的担保条款和借款的信用条件来防止和迫使所有者不能利用上述两种方法剥夺债权人的债权价值。

(2)收回借款或不再借款。它是当债权人发现公司有侵蚀其债权价值的意图时,采取收回债权或不给予公司重新放款的措施来保护自身的权益。

除债权人外,与企业经营者有关的各方都与企业有合同关系,都存在着利益冲突和限制条款。企业经营者若侵犯雇员、客户、供应商和所在社区的利益,都将影响企业目标的实现。所以说,企业是在一系列限制条件下实现企业价值最大化的。

第三节 财务管理环节

财务管理环节是指财务管理的一般工作步骤和程序。财务管理的环节是否严密、科学和完善,直接关系到企业管理工作的成败。实践证明,一个健全的财务管理系统至少应包括财务预测、财务决策、财务预算、财务控制、财务分析五个基本环节。这些环节相互配合,紧密联系,形成了周而复始的财务管理循环。

一、财务预测

财务预测是指根据企业财务活动的历史资料,考虑现实条件和管理要求,对企业未来的财务活动和财务成果作出科学预计和测算的过程。其目的在于通过测算,为企业财务决策、财务预算、财务控制、财务分析提供可靠依据。例如,通过预计财务收支的发展变化情况,测算企业的规模、结构和经营目标；通过测定各项定额和标准，为编制预算提供服务。财务预测工作的步骤包括：①明确预测对象和目的；②收集和整理相关资料；③确定预测方法，建立预测模型；④确定并提供预测结果。

二、财务决策

财务决策是指财务人员在财务目标的总体要求下，运用专门的方法从各种备选方案中选出最佳方案的过程。在现代企业财务管理系统中，财务决策是核心，它决定了企业未来的发展方向，关系到企业的兴衰成败。财务决策的工作步骤包括：①确定决策目标；②提出备选方案；③选择最优方案。

三、财务预算

财务预算是指运用先进的技术手段和方法，对预算目标进行综合平衡，从而制订出主要的计划指标的过程。财务预算是以财务决策确立的方案和财务预测提供的信息为基础编制的，是财务预测和财务决策所确定的经营目标的系统化、具体化，是控制、分析财务收支的依据，是落实企业奋斗目标和保证措施的必要环节。财务预算的主要工作步骤包括：①分析财务环境，确定预算指标；②协调财务能力，组织综合平衡；③选择预算方法，编制财务预算。

四、财务控制

财务控制是指财务管理机构及其人员以财务制度或预算指标为依据，采用特定的手段和方法，对各项财务收支进行日常的计算、审核和调节，将其控制在制度和预算规定的范围之内，发现偏差并及时进行纠正，以保证企业财务目标实现的过程。财务控制的主要工作步骤包括：①分解指标，落实责任；②计算误差，实时调控；③考核业绩，奖优罚劣。

五、财务分析

财务分析是指以会计核算资料为依据，对企业财务活动的过程和结果进行分析研究，评价预算完成情况，分析影响预算执行的因素及变化趋势的过程。通过财务分析，企业可以掌握各项财务预算和财务指标的完成情况，检查国家有关方针、政策及财经制度、法规的执行情况，以不断改善财务预测和财务预算工作，提高财务管理水平。财务分析工作的一般步骤包括：①收集资料，掌握信息；②计算对比，作出评价；③分析原因，明确责任；④提出措施，改进工作。

第四节 财务管理环境

财务管理环境是指对企业财务活动产生影响作用的企业内外部各种条件的统称。财务管理环境分析可以提高企业财务行为对环境的适应能力、应变能力和利用能力，从而更好地实现企业财务管理目标。

企业财务管理环境按其存在的空间，可分为内部财务环境和外部财务环境。内部财务环境主要包括企业的资本实力、生产技术条件、经营管理水平和决策者素质四个方面。由于内部财务环境存在于企业内部，因此企业可以从总体上采取一定的措施加以控制和改变。而外部财务环境由于存在于企业外部，因此无论是有形的硬环境，还是无形的软环境，它们对企业财务行为的影响，企业都难以控制和改变，企业只能是适应和因势利导。所以，这里主要介绍外部财务环境。影响企业外部财务环境的因素很多，其中最主要的有经济环境、法律环境和金融环境等。

一、经济环境

影响企业财务管理经济环境的主要因素有经济管理体制、经济周期、经济发展水平和经济政策等。

(一)经济管理体制

经济管理体制是指在一定的社会制度下，所存在的生产关系的具体形式以及组织、管理和调节国民经济的体系、制度、方式和方法的总称。世界各国的经济体制可分为两种，即计划经济体制和市场经济体制。在这两种不同的经济体制下，财务管理的立足点、目标、主体和手段等存在着根本性的区别。

(二)经济周期

在市场经济条件下，任何国家的经济发展与运行均带有一定的波动性，都大体上经历了复苏、繁荣、衰退和萧条四个阶段的循环。这种循环称为经济周期。我国的经济发展与运行也呈现出特有的周期特征，并带有一定的波动性。在不同的经济周期阶段，企业应采用不同的财务管理策略。当经济发展处于繁荣期时，经济发展速度较快，市场需求旺盛，销售额大幅度上升，企业为了扩大生产，需要增加投资，与此相适应，则需筹集大量的资金以满足投资扩张的需要；当经济发展处于衰退期时，经济发展速度缓慢，甚至出现负增长，企业的产量和销售量下降，投资锐减，资金时而紧缺时而闲置，财务运作将出现较大困难。此外，随着国际经济交流与合作的发展，国外经济周期产生的影响也会不同程度地波及我国。因此，企业财务人员必须认识到经济周期的影响，掌握在经济发展波动中理财的本领。

(三)经济发展水平

改革开放以来，我国的国民生产总值以很高的速度增长，这就给企业扩大规模、调整方向、打开市场，以及拓宽财务活动的领域带来了机遇。同时，在经济高速发展的过程中，资金短缺将长期存在，这又给企业财务管理带来了严峻的挑战。因此，企业财务管理工作者必须积极探索与经济发展水平相适应的财务管理模式。

(四)经济政策

政府具有对宏观经济发展进行调控的职能。在一定时期内，政府为了协调经济发展，往往通过计划、财税、金融等手段对国民经济总运行机制及其子系统提出一些具体的政策措施。这些宏观经济调控政策对企业财务管理的影响是直接的，企业必须按国家政策办事，否则将寸步难行。例如，国家采取收缩的调控政策时，会导致企业的现金流入减少、现金流出增加、资金紧张、投资压缩；反之，国家采取扩张的调控政策时，则会出现与之相反的情形。这就要求企业财务人员必须把握经济政策，更好地为企业的经营理财活动服务。

二、法律环境

财务管理的法律环境是指企业和外部发生经济关系时所应遵守的各种法律、法规和规章。市场经济是一种法治经济，企业的一切经济活动总是在一定的法律规范的范围内进行的。一方面，法律提出了企业从事一切经济业务所必须遵守的规范，从而对企业的经济行为进行约束；另一方面，法律也为企业合法从事各项经济活动提供了保护。影响企业财务管理法律环境的因素有企业组织法规、税收法规、财务法规及其他法规。

(一)企业组织法规

企业是市场经济的主体，不同组织形式的企业所适用的法律是不同的。按照国际惯例，企业可划分为独资企业、合伙企业和公司制企业，各国均有相应的法律来规范这三类企业的行为。因此，不同组织形式的企业在进行财务管理时，必须熟悉其企业组织形式的法律规定及其对财务管理的影响，从而作出相应的财务决策。

(二)税收法规

税法是税收法律制度的总称，是调整税收征纳关系的法律规范。与企业相关的税种主要有以下五种：

(1)所得税类，包括企业所得税、个人所得税。

(2)流转税类，包括增值税、消费税、营业税等。

(3)资源税类，包括资源税等。

(4)财产税类，包括财产税、房产税等。

(5)行为税类，包括印花税、车船税等。

企业财务人员应当熟悉国家税收法律的规定，不仅要了解各税种的计征范围、计征依据和税率，而且要了解差别税率的制度精神以及减税、免税的原则规定，自觉按照税收法律导向进行经营活动和财务活动。

(三)财务法律制度及其他法律

企业财务法律制度是规范企业财务活动、协调企业财务关系的法律规范总称。目前我国的企业财务法律制度包括企业财务通则、行业财务制度和企业内部财务制度三个层次。其他法律主要有《公司法》《票据法》《商业银行法》等。

三、金融环境

金融环境是企业最主要的环境因素。影响企业财务管理金融环境的主要因素有金融机构、金融工具、金融市场和利率等。

(一)金融机构

社会资金从资金供应者手中转移到资金需求者手中，大多要通过金融机构。金融机构包括银行业金融机构和其他金融机构。

1. 银行业金融机构

银行的主要职能是充当信用中介、充当企业之间的支付中介、提供信用工具、充当投资手段和充当国民经济的宏观调控手段。我国银行主要包括中国人民银行、各种商业银行和国家政策性银行。商业银行包括国有商业银行(如中国工商银行、中国农业银行、中国银行和中国建设银行)和其他商业银行(如广东发展银行、招商银行、光大银行等)；国家政策性银行主要包括中国进出口银行、国家开发银行等。

2. 其他金融机构

其他金融机构包括金融资产管理公司、信托投资公司、财务公司和金融租赁公司等。

(二)金融工具

金融工具是在信用活动中产生的、能够证明债权债务关系并据以进行货币资金交易的合法凭证，它对于债权债务双方所应承担的义务与享有的权利均具有法律效力。金融工具一般具有期限性、流动性、风险性和收益性四个基本特征。

金融工具按期限不同可分为货币市场工具和资本市场工具。前者主要包括商业票据、国库券(国债)、可转让大额定期存单、回购协议等;后者主要包括股票和债券。

(三)金融市场

金融市场是指资金供应者和资金需求者双方通过金融工具进行交易的场所。金融市场可以是有形的市场,如银行、证券交易所等;也可以是无形的市场,如利用计算机、电传、电话等设施通过经纪人进行资金融通活动。

金融市场的主要功能有五项:转化储蓄为投资;改善社会经济福利;提供多种金融工具并加速流动,使中短期资金聚集为长期资金;提高金融体系的竞争性和效率;引导资金流向。

金融市场的要素主要有以下几个方面:

(1)市场主体,即参与金融市场交易活动而形成买卖双方的各经济单位。

(2)金融工具,即借以进行金融交易的工具,一般包括债权债务凭证和所有权凭证。

(3)交易价格,即在一定时期内转让货币资金使用权的报酬。

(4)组织方式,即进行金融市场交易采用的方式。

金融市场的主要类型如图 1—1 所示。

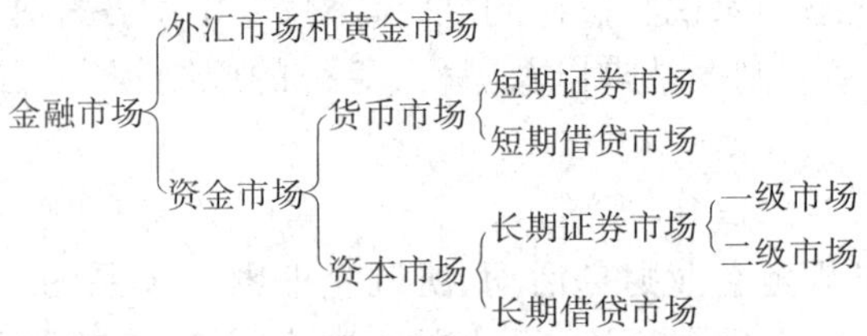

图 1—1 金融市场分类示意图

从企业财务管理的角度来看,金融市场作为资金融通的场所,是企业向社会筹集资金必不可少的条件。财务管理人员必须熟悉金融市场的各种类型和管理规则,有效利用金融市场组织资金的筹措和进行资本投资等活动。

(四)利率

利率也称利息率,是利息占本金的百分比指标。从资金的借贷关系来看,利率是一定时期运用资金这一资源的交易价格。资金作为一种特殊商品,是以利率作为价格标准的,资金的融通实质上是资源通过利率实行的再分配。因此,利率在资金分配及企业财务决策中起着重要的作用。

1. 利率的类型

(1)按利率之间变动关系的不同,利率可分为基准利率和套算利率。

基准利率又称基本利率,是指在多种利率并存的条件下起决定作用的利率。所谓"起决定作用",是指这种利率变动,其他利率也相应变动。因此,了解基准利率水平的变化趋势,就可以了解全部利率的变化趋势。基准利率在西方通常是中央银行的再贴现率,在我国则是中国人民银行对商业银行的存、贷款利率。

套算利率是指在基准利率确定后,各金融机构根据基准利率和借贷款项的特点而换算出的利率。例如,某金融机构规定,贷款 AAA 级、AA 级、A 级企业的利率,应分别在基准利率的基础上加 0.5%、1%、1.5%,加总计算所得的利率便是套算利率。

(2)按利率与市场资金供求情况的关系的不同,利率可分为固定利率和浮动利率。

固定利率是指在借贷期内固定不变的利率。在通货膨胀条件下实行固定利率,会使债权人的利益受到损害。

浮动利率是指在借贷期内可以调整的利率。在通货膨胀条件下采用浮动利率，可使债权人减少损失。

(3)按利率形成机制的不同，利率可分为市场利率和法定利率。

市场利率是指根据资金市场上的供求关系，随着市场规律而自由变动的利率。

法定利率是指由政府金融管理部门或者中央银行确定的利率。

2. 利率的一般计算公式

正如任何商品的价格均由供应和需求两方面来决定一样，资金这种特殊商品的价格——利率，也主要是由供给与需求来决定。但除了这两个因素外，经济周期、通货膨胀、国家货币政策和财政政策、国际政治经济关系、国家利率管制程度等因素，对利率的变动均有不同程度的影响。因此，资金的利率通常由三部分组成，即纯利率、通货膨胀补偿率（或称通货膨胀贴水）和风险收益率。利率的一般计算公式表示如下：

$$利率=纯利率+通货膨胀补偿率+风险收益率$$

纯利率是指在没有风险和通货膨胀情况下的资金供求均衡点利率。通货膨胀补偿率是指由于持续的通货膨胀会不断降低货币的实际购买力，为补偿其购买力损失而要求提高的利率。风险收益率包括违约风险收益率、流动性风险收益率和期限风险收益率。其中，违约风险收益率是指为了弥补因债务人无法按时还本付息而带来的风险，由债权人要求提高的利率；流动性风险收益率是指为了弥补因债务人资产流动性不好而带来的风险，由债权人要求提高的利率；期限风险收益率是指为了弥补因偿债期过长而带来的风险，由债权人要求提高的利率。

本章小结

财务管理是对企业财务活动及财务关系所进行的管理。企业财务活动包括筹资活动、投资活动、资金营运活动和分配活动等；企业财务关系包括企业与政府之间的财务关系、企业与投资者之间的财务关系、企业与债权人之间的财务关系、企业与受资企业之间的财务关系、企业与债务人之间的财务关系、企业内部各单位之间的财务关系、企业与职工之间的财务关系、企业与社会公众之间的财务关系等。财务管理目标是企业理财活动所希望实现的结果，是评价企业理财活动是否合理的基本标准。财务管理目标受理财环境的制约。当前企业财务管理的整体目标是企业价值最大化。在制定财务管理目标时，企业应以财务管理的假设为基础，遵循财务管理原则，使财务管理任务顺利完成。

财务管理的环境又称理财环境，是指对企业财务活动产生影响作用的企业内外部各种条件的统称。企业财务管理环境按其存在的空间，可分为内部财务环境和外部财务环境。影响企业外部财务环境的因素很多，其中最主要的有经济环境、法律环境和金融环境等。

本章案例

“大众”快餐店

张玉于2014年在A市的大学城附近开了第一家“大众”食品快餐店，经营各种口味的快餐，因口味独特，吸引了很多大学生。张玉共投资7万元用于购买店铺、饮食用具。经营了两年，每天营业额平均2 000元，年平均利润约35万元。因生意红火，有一些商人便有意购买此店。正赶上张玉发现有前景更好的项目，就以 14 万元的价格转让给了王飞。王飞接收后，在保持原有风格的基础上，对食品快餐店进行了改造，增加了花色品种，快餐店的生意日渐红火。王飞决定成立“大众快餐连锁公司”，加盟费 5 万元。大学城店成为总部，其他各店的经营范围、方式、理念均执行总店的统一标准。很快在 A 市发展了 20 家连锁店，“大众”快餐店步入了良性循环。

要求：根据案例分析并讨论下列问题：

(1)经过两年的经营，投资 7 万元的快餐店为什么能以 14 万元的价格转让？

(2)企业财务管理的目标应该是利润最大化还是股东财富最大化？这两种观点有何利弊？

第二章

资金时间价值与风险价值

学习目标

了解和熟悉财务管理的价值观念；掌握资金时间价值的概念和计算与应用；掌握投资风险价值的概念和计算与应用。

第一节 资金时间价值

一、资金时间价值的概念及表现形式

（一）资金时间价值的概念

资金时间价值是指资金经历一定时间的投资和再投资所产生的增值，也称货币的时间价值。它表现为同一数量的货币在不同的时点上具有不同的价值。资金时间价值几乎渗透到财务领域的每一个细节。资金的时间价值是资金在周转使用中产生的，是资金所有者让渡资金使用权而参与社会财富分配的一种形式。

在经济学中，现在 1 元钱的价值不等于将来 1 元钱的价值，现在的 1 元钱比将来的 1 元钱更值钱，即拥有更高的经济价值。比如你现在有 1 元钱，你不是将其消费，而是将其用于投资，就可以产生资金的时间价值。例如，你用它购买一年期 10％的国债，一年后你获得的资金是 1.1 元，产生了增值 0.1 元。这就是资金的时间价值。在本例中，现在的 1 元钱不等于一年后的 1 元钱，而是等于一年后的 1.1 元，现在的 1 元钱比一年后的 1 元钱更值钱。在市场经济中，我们常听到“时间就是金钱”这句话，这是对资金时间价值的最好说明。

（二）资金时间价值的表现形式

1. 相对数

相对数即资金时间价值率，通常相当于没有风险和没有通货膨胀条件下的社会平均资金报酬率。没有风险，意味着不考虑投资损失的情况。没有通货膨胀，货币不会发生由于通货膨胀造成的贬值损失。之所以以社会平均资金报酬率作为资金时间价值的表示尺度，是因为市场竞争的缘故。在市场竞争中，因竞争各行业的投资报酬率趋于平均化，企业在投资中，所赚

得的基本报酬率也必须达到社会平均资金报酬率，否则就不如投资于其他项目或行业。无风险和通货膨胀情况下的社会平均资金报酬率就成为企业投资要求的基本报酬。在通货膨胀很低的时候，由于政府债券基本上不存在到期无法偿还的风险，因此可以用一年期政府债券利率来表示。

2. 绝对数

绝对数即资金时间价值额，体现为使用资金的机会成本或资金成本，如利息额。

二、资金时间价值的计算

（一）单利与复利

单利和复利是利息的两种计算方式。单利方式下，每期都按初始本金计算利息，当期利息即使不取出也不计入下期本金，即计息基础不变、各期利息额不变的一种方法。

复利方式下，每期都要把上期的本金和利息作为下一期的本金计算利息，即当期利息计入下期本金，计息基础发生变化，各期利息额递增的一种方法。

现值，是指未来某一时点上的一定量现金折合为现在的价值，俗称本金，用 P 表示；终值又称之为将来值，是指现在一定量的现金在未来某一时点上的价值，俗称本利和，用 F 表示。

为计算方便，先设定以下符号标示：I 为利息；i 为每一期的利率（折现率），n 为计算利息的期数。

【例 2－1】 储户年初将 10 000 元（P）存入银行，存款期为 2 年，每年计息一次，年利率为 8%，要求按照单利制和复利制两种方法计算到期本利和（F）。

解析：

①若是按照单利制计算到期本利和（F），则：

$$
\begin{aligned}
F &= P\times(1+i\times n)\\
&= 10\,000\times(1+8\%\times 2)\\
&= 11\,600(\text{元})
\end{aligned}
$$

②若是按照复利制计算到期本利和（F），则：

$$
\begin{aligned}
F &= P\times(1+i)^n\\
&= 10\,000\times(1+8\%)^2\\
&= 11\,664(\text{元})
\end{aligned}
$$

（二）一次性收付款项的复利终值与复利现值

一次性收付款项是指在某一特定时点上一次性支付（或收取），经过一段时间后再相应地一次性收取（或支付）的款项。这种性质的款项在日常生活中十分常见。例如，年初存入银行一笔定期存款 1 000 元，年利率为 10%，年末取出 1 100 元，就属于一次性收付款项。在时间起点上发生的数额用 P 表示，在时间终点上发生的数额用 F 表示。

1. 一次性收付款项的复利终值

$$F=P\times(1+i)^n=P\times(F/P,i,n)$$

式中的 $(1+i)^n$ 称为复利终值系数，又叫作 1 元复利终值系数，它表示 1 元钱的本金在特定利率和期数条件下到期的本利和，也就是 1 元本金相当于到期的本利和，1 元现值与其复利终值在经济上是等值的。简记为 $(F/P,i,n)$。为便于计算，可根据利率 i 和期数 n 查“复利终值系数表”来确定 1 元复利终值。

【例 2－2】 某人将 10 000 元投资于某一事业，年收益率为 6%，计算经过 3 年时间的终值金额。

解析：

$F=P\times(1+i)^n$

$=P\times(F/P,i,n)$

$=10\ 000\times(F/P,6\%,3)$

$=10\ 000\times1.191$

$=11\ 910$(元)

因此可知，此人的10 000元，如果年收益率为6%，则经过3年的投资之后会达到11 910元。

【例2—3】 A企业目前有资金12万元，现有一投资机会，投资收益率为8%。请问这项投资要经过多少年才能使企业的资金增加到原来的2倍？

解析：

$12\times(F/P,8\%,n)=24$

$(F/P,8\%,n)=2$

查“复利终值系数表”，$(F/P,8\%,n)$最接近2的值是$(F/P,8\%,9)$，可知$n=9$。因此，A企业要经过9年才能使企业的资金增加到原来的2倍。

2. 一次性收付款项的复利现值

$$P=F\div(1+i)^n=F\times(1+i)^{-n}=F\times(P/F,i,n)$$

式中，$(1+i)^{-n}$为1元复利现值，其含义为1元终值在特定的利率i和期数n条件下折合的本金，简记为$(P/F,i,n)$。复利现值系数可通过查询“复利现值系数表”中对应的i和n获得。

复利终值系数$(1+i)^n$和复利现值系数$(1+i)^{-n}$互为倒数。

【例2—4】 假定李林在2年后需要1 000元，那么在利率为7%的条件下，李林现在需要向银行存入多少元钱？

解析：

$P=F\times(P/F,i,n)$

$=1\ 000\times(P/F,7\%,2)$

$=1\ 000\times0.873=873$(元)

因此，在利率为7%的条件下，李林需要向银行存入873元钱。

【例2—5】 王红拟购房，开发商提出了两种方案：一是现在一次性付款80万元；二是5年后付100万元。若目前的银行贷款利率是7%，应如何付款？

解析：

第一种方案：

P为80万元。

第二种方案：

$P=F\times(P/F,i,n)$

$=100\times(P/F,7\%,5)=100\times0.713=71.3$(万元)

由于第二种方案的现值小于第一种方案的现值，因此应选择第二种方案。

(三)普通年金的终值与现值

1. 年金的含义

在一定时期内每隔相同的时间都会发生等额的系列收付款项,这些等额系列收付款项就称为年金,一般用符号 A 表示。现实生活中的利息、租金、保险费、等额分期收款、等额分期付款以及零存整取或整存零取等一般都表现为年金的形式。

年金按其收付发生时点的不同,可分为普通年金、即付年金、递延年金、永续年金等几种。

2. 普通年金终值与现值的计算

普通年金又称为后付年金,是指一定时期每期期末发生的等额系列收付款项。

(1)普通年金终值的计算。普通年金的终值犹如零存整取的本利和,它是一定时期每期期末收付款项的复利终值之和。如果年金相当于零存整取储蓄存款的零存数,那么年金终值就是零存整取的整取数。即已知年金 A,求终值 F。

【例 2—6】 李明每年年末在银行存款 100 元,利率为 10%,则 3 年后李明可以拿到本息和共计多少元?

解析:

普通年金终值的计算如图 2—1 所示。

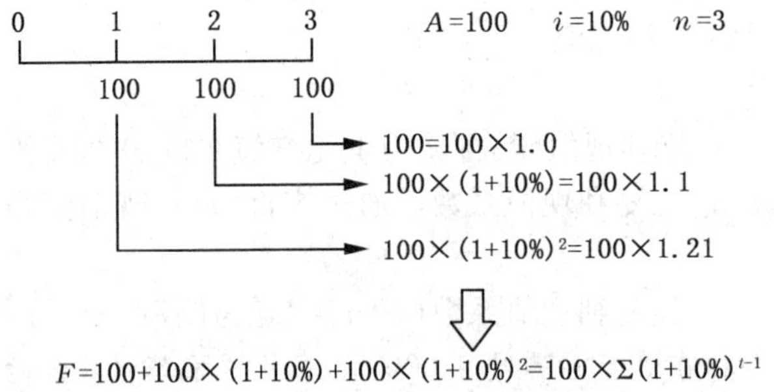

图 2—1　普通年金终值的计算

根据图 2—1,李明第 1 年年末存入银行的 100 元最后的本息和是 100 元本金加上两期的利息,第 2 年存入银行的 100 元最后的本息和是 100 元本金加上一期的利息,第 3 年存入银行的 100 元最后的本息和就是 100 元本金。

由此可知,李明 3 年后拿到的本息和为:

$$F=100\times(1+10\%)^0+100\times(1+10\%)^1+100\times(1+10\%)^2$$
$$=100\times\sum_{t=1}^{3}(1+10\%)^{t-1}$$
$$=331(元)$$

照此类推,n 期普通年金的终值 $F=A\times\sum_{t=1}^{n}(1+i)^{t-1}=A\times\frac{(1+i)^n-1}{i}$。其中,$\frac{(1+i)^n-1}{i}$被称为年金终值系数,又叫作 1 元年金终值系数,简记为$(F/A,i,n)$。年金终值系数可通过查询"年金终值系数表"中对应的 i 和 n 获得。

(2)偿债基金的计算,即已知终值 F,求年金 A。年偿债基金是指为了在约定的未来某一时点清偿某笔债务或积聚一定数额的资金(实际上等于年金终值 F)而必须分次等额提取的存款准备金(等于年金 A)。也就是说,年偿债基金的计算实际上是年金终值的逆运算。

【例 2—7】 假设某企业有一笔 4 年后到期的借款,到期值为 1 000 万元。若存款利率为 10%,则为偿还这笔借款应建立的偿债基金为多少万元?

解析:

$$F=A\times(F/A,i,n)$$

$$A=\frac{F}{(F/A,i,n)}$$

$$A=\frac{1\ 000}{(F/A,10\%,4)}=\frac{1\ 000}{4.641}=215.47(\text{万元})$$

式中,$\frac{1}{(F/A,i,n)}$称为偿债基金系数。偿债基金系数是年金终值系数的倒数,可以通过查询“年金终值系数表”,然后求倒数获得。

(3)普通年金现值的计算。即已知年金 A,求现值 P。年金现值是指一定时期内每期期末等额收付款项的复利现值之和。

【例 2—8】 李明每年年末在银行存款 100 元,利率为 10%,存款期为 3 年,则李明这 3 年存款的现值是多少元?

解析:

普通年金现值的计算如图 2—2 所示。

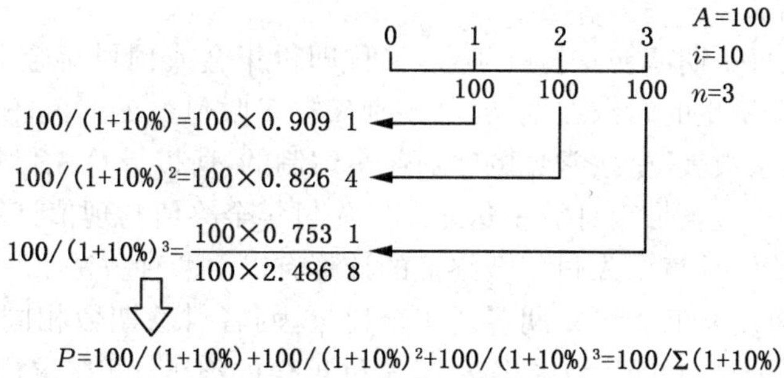

图 2—2　普通年金现值的计算

根据图 2—2 可知,李明这 3 年存入银行的存款现值为:

$$\begin{aligned}P&=100\div(1+10\%)^1+100\div(1+10\%)^2+100\div(1+10\%)^3\\&=100\times(1+10\%)^{-1}+100\times(1+10\%)^{-2}+100\times(1+10\%)^{-3}\\&=100\times\sum_{t=1}^{3}(1+10\%)^{-t}\\&=249(\text{元})\end{aligned}$$

以此类推,n 期普通年金的现值 $P=A\times\sum_{t=1}^{n}(1+i)^{-t}=A\times\frac{1-(1+i)^{-n}}{i}$。其中,$\frac{1-(1+i)^{-n}}{i}$被称为年金现值系数,又叫作 1 元年金现值系数,简记为(P,A,i,n)。年金现值系数可通过查询“年金现值系数表”中对应的 i 和 n 获得。

【例 2—9】 李明准备在银行存入一笔钱,希望在以后 5 年中,每年年末得到 100 元,如果利率为 10%,则李明现在应存入多少元钱?

解析：

$$
\begin{aligned}
P &= A\times(P/A,i,n)\\
&=100\times(P/A,10\%,5)\\
&=100\times2.791=379.1(\text{元})
\end{aligned}
$$

(4)投资回收基金的计算，即已知现值 P，求年金 A。投资回收基金是指为回收既定的年金现值(即投资额)，每年应获得的年金数额。

【例 2—10】 某企业现在借得 1 000 万元的贷款，在 10 年内以 12%的利率偿还，则每年应付的金额为多少万元？

解析：

$$P=A\times(P/A,i,n)$$

$$A=\frac{P}{(P/A,i,n)}$$

$$A=\frac{1\,000}{(P/A,12\%,10)}=\frac{1\,000}{5.65}=176.99(\text{万元})$$

式中，$\frac{1}{(P/A,i,n)}$称为投资回收基金系数。投资回收基金系数是年金现值系数的倒数，可以通过查询“年金终值系数表”，然后求倒数获得。

(四)先付年金的终值与现值

1. 先付年金的含义

先付年金是指在每一期期初支付的年金，又称即付年金或预付年金。普通年金发生的时点在期末，而先付年金发生的时点在期初，其差别仅在于收付款的时间不同。由于“年金终值系数表”和“年金现值系数表”是按常见的普通年金编制的，所以计算先付年金的终值和现值时需要将其转化为普通年金再加以计算。这是理解先付年金终值与现值计算的关键。

(1)先付年金终值的计算。先付年金终值的计算有以下两种方法：

第一种方法：n 期先付年金和 n 期普通年金比较，两者付款期数相同，但先付年金终值比普通年金终值要多一个计息期。为求得 n 期先付年金的终值，可在求出 n 期普通年金终值后，再乘以$(1+i)$。其计算公式如下：

$$F=A\times(F/A,i,n)\times(1+i)$$

第二种方法：将 n 期先付年金与$n+1$ 期普通年金相比，两者计息期是相同的，不同的是 n 期先付年金在计息终点少付了一次款。因此，可以将 $n+1$ 期普通年金的终值减去最后少付的那一次款，就可以得到 n 期先付年金的终值。其计算公式如下：

$$F=A\times[(F/A,i,n+1)-1]$$

【例 2—11】 某公司决定连续 5 年于每年年初存入 100 万元作为住房基金，银行存款利率为 10%，则该公司在第 5 年年末能一次取出的本利和是多少？

解析：

第一种方法：

$$
\begin{aligned}
F &=A\times(F/A,i,n)\times(1+i)\\
&=100\times(F/A,10\%,5)\times(1+10\%)\\
&=100\times6.105\times1.1\\
&=671.55(\text{万元})
\end{aligned}
$$

第二种方法：

$F=A\times[(F/A,i,n+1)-1]$

$=100\times[(F/A,10\%,6)-1]$

$=100\times(7.716-1)$

$=671.6$(万元)

(2)先付年金现值的计算。先付年金现值的计算有以下两种方法：

第一种方法：n 期先付年金现值和 n 期普通年金现值比较，两者付款期数相同，但先付年金现值比普通年金现值少贴现 1 期。为求得 n 期先付年金的现值，可在求出 n 期普通年金现值后，再乘以$(1+i)$。其计算公式如下：

$$P=A\times(P/A,i,n)\times(1+i)$$

第二种方法：将 n 期先付年金与 $n-1$ 期普通年金相比，两者计息期是相同的，不同的是 n 期先付年金在计息起点多付了一次款。那么，可以将 $n-1$ 期普通年金的现值加上开始多付的那一次款，就可以得到 n 期先付年金的现值。其计算公式如下：

$$P=A\times[(P/A,i,n-1)+1]$$

【例 2—12】　李明分期购买住房一套，每年年初支付 5 万元，期限为 15 年，利率为 6%，如果李明一次性付款，则他应付多少万元？

解析：

第一种方法：

$P=A\times(P/A,i,n)\times(1+i)$

$=5\times(P/A,6\%,15)\times(1+6\%)$

$=5\times9.712\times1.06$

$=51.47$(万元)

第二种方法：

$P=A\times[(P/A,i,n-1)+1]$

$=5\times[(P/A,6\%,15-1)+1]$

$=5\times(9.295+1)$

$=51.475$(万元)

(五)递延年金终值与现值

1. 递延年金的含义

递延年金是指第一次收付款项与第一期无关，而是隔若干期(假设为 m 期，$m\geqslant1$)后才开始发生的系列等额收付款项。它是普通年金的特殊形式，递延年金在最初的若干期是没有收付款项的，其收付形式如图 2—3 所示。

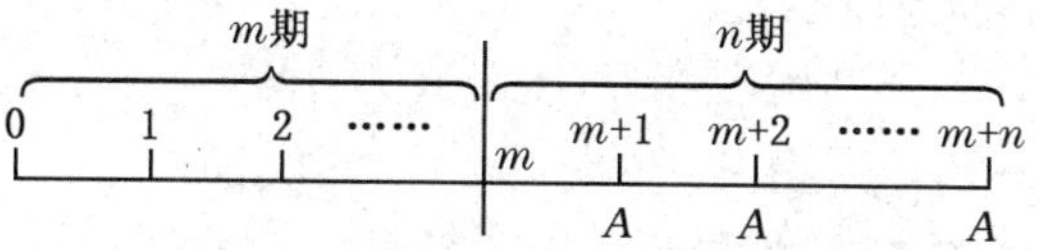

图 2—3　递延年金的收付形式

(1)递延年金终值的计算。递延年金终值与普通年金终值的计算方法是相同的。因为递延年金的终值只和付款的 n 期有关，与递延的 m 期是无关的。递延年金终值的计算公式如下：

$$F=A\times(F/A,i,n)$$

【例 2—13】 李明购买了一份分红保险，购买之后的前 3 年不分红，保险公司从第 4 年年末开始向李明分红，每年 10 000 元，分红期是 8 年。假设利率为 8%。请计算该笔分红保险的终值。

解析：

$F=A\times(F/A,i,n)$

$=10\ 000\times(F/A,8\%,8)$

$=10\ 000\times10.637$

$=106\ 370$(元)

(2)递延年金现值的计算。递延年金现值的计算有以下三种方法：

第一种方法：将递延年金当成普通年金，先计算 n 期普通年金的现值，然后再将这个现值折算到第一期的期初，就可以得到 n 期递延年金的现值。其计算公式如下：

$$P=A\times(P/A,i,n)\times(P/F,i,m)$$

第二种方法：假设前面的 m 期也发生了收付款项的行为，那就可以先计算出 $m+n$ 期的普通年金现值，然后再将前面 m 期的年金现值减去，就可以得到 n 期的递延年金现值。其计算公式如下：

$$P=A\times(P/A,i,m+n)-A\times(P/A,i,m)$$

第三种方法：将递延年金当成普通年金，先计算 n 期普通年金的终值，然后再将这个终值折算到第一期的期初，就可以得到 n 期递延年金的现值。其计算公式如下：

$$P=A(F/A,i,n)(P/F,i,n+m)$$

【例 2—14】 企业有一个项目于 2007 年年初开始动工，由于资金未到位导致工程延期，直到 2012 年年初才开始投产，投产之后每年的收益为 200 万元。按年利率 6%计算，请问到 2017 年初为止这个项目收益的现值是多少？

解析：

第一种方法：

$P=A\times(P/A,i,n)\times(P/F,i,m)$

$=200\times(P/A,6\%,5)\times(P/F,6\%,5)$

$=200\times4.212\times0.747$

$=629.27$(万元)

第二种方法：

$P=A\times(P/A,i,m+n)-A\times(P/A,i,m)$

$=200\times(P/A,6\%,10)-200\times(P/A,6\%,5)$

$=200\times7.36-200\times4.212$

$=629.6$(万元)

第三种方法：

$P=A(F/A,i,n)(P/F,i,n+m)$

$=200(F/A,6\%,5)(P/F,6\%,10)$

$=200\times5.637\times0.558$

$=629.09$(万元)

（六）永续年金的现值

永续年金是指无限期等额系列收付款项的年金，可视为普通年金的特殊形式，即期限趋于无穷远的普通年金。由于永续年金没有终止时间，永久持续，因此没有终值。

永续年金现值的计算公式可以由普通年金现值的计算公式推导。普通年金现值的计算公式是 $P=A\times\frac{1-(1+i)^{-n}}{i}$。由于永续年金的期限永久持续，当 $n\to\infty$ 时，$(1+i)^{-n}\to 0$，因此永续年金现值的计算公式为：

$$P=\frac{A}{i}$$

【例 2—15】 某企业准备在某高校建立一项永久性奖学金，每年计划发放 10 万元。假设利率为 8%。请问该企业现在应该一次性投入多少万元设立这项奖学金？

解析：

$P=\frac{A}{i}=\frac{10}{8\%}=125$(万元)

三、资金时间价值的运用

资金时间价值的观念贯穿财务活动的始终，遍及方方面面。有效运用资金时间价值的观念，能够帮助企业作出正确的经济决策。

【例 2—16】 某人准备第 1 年年末存入银行 1 万元，第 2 年年末存入银行 3 万元，第 3 年至第 5 年年末存入银行 4 万元，存款利率为 10%，则 5 年存款的现值合计是多少？

解析：

$$\begin{aligned}P&=1\times(P/F,10\%,1)+3\times(P/F,10\%,2)+4\times(P/A,10\%,3)\times(P/F,10\%,2)\\&=1\times0.909+3\times0.826+4\times2.487\times0.826\\&=11.6(\text{万元})\end{aligned}$$

【例 2—17】 某厂积累一笔设备更新基金，用于 4 年后更新设备。此项投资的总额为 500 万元，银行利率为 12%，则每年年末至少要存多少万元？

解析：

$F=A\times(F/A,i,n)$

$$\begin{aligned}A&=\frac{F}{(F/A,i,n)}\\&=\frac{500}{(F/A,12\%,4)}\\&=\frac{500}{4.779}\\&=104.62(\text{万元})\end{aligned}$$

【例 2—18】 某企业拟购买一个大型设备，价值 500 万元，有两种付款选择：第一种是一次性付款，可以优惠 12%；第二种是分期付款，不享受优惠，且首次付款必须达到 40%，第 1 年年末付 30%，第 2 年年末付 20%，第 3 年年末付 10%。假如企业购买设备所用资金是自有资金，它的机会成本为 10%，则企业应该选择哪种付款方式？又假如企业购买设备所用资金是借款，借款利率为 16%，则企业应该选择哪种付款方式？

解析：

(1)企业购买设备所用资金是自有资金的情况下，资金的机会成本是10%。

一次性付款：

一次性付款金额＝500×(1－12%)＝440(万元)

分期付款：

$$P=500\times40\%+500\times30\%\times(P/F,10\%,1)+500\times20\%\times(P/F,10\%,2)+500\times10\%\times(P/F,10\%,3)$$
$$=200+150\times0.909+100\times0.826+50\times0.751$$
$$=456.5(万元)$$

(2)企业购买设备所用资金是借款，借款利率是16%。

一次性付款：

一次性付款金额＝500×(1－12%)＝440(万元)

分期付款：

$$P=500\times40\%+500\times30\%\times(P/F,16\%,1)+500\times20\%\times(P/F,16\%,2)+500\times10\%\times(P/F,16\%,3)$$
$$=200+150\times0.862+100\times0.743+50\times0.641$$
$$=435.65(万元)$$

因此，在自有资金的情况下，企业应该选择一次性付款；在借款的情况下，企业应该选择分期付款。

四、关于资金时间价值计算的几个问题

在实际的经济业务中，往往会出现已知终值、现值而要求计算折现率 i 或期数 n 的问题。为解决此类问题，应用最为广泛的方法是插值法。下面就这两个问题分别介绍插值法在资金时间价值问题中的应用。

(一)计算折现率 i

对于一次性收付款项来说，若已知终值(F)、现值(P)、年金(A)和期数(n)，可以不用查表而利用公式直接计算。但是对于普通年金来说，无法直接套用公式，需要利用插值法来计算，现以已知 F、A、n 为例介绍插值法一般程序如下：

(1)计算 F/A 的值，设 $F/A=C$。

(2)由年金终值计算公式可知 $C=\frac{(1+i)^n-1}{i}=(F/A,i,n)$，查1元年金终值系数表。沿着已知 n 所在的行横向查找，若恰好能找到某一数值等于 C，则该数值所在的列数所对应的折现率便为所求的 i。

(3)若无法找到等于 C 的值，则应在表中 n 行上找到最为接近 C 的两个上下临界系数值，设为 m_1 和 m_2，且 C 值应介于两者之间，设 $m_1>C>m_2$。读出 m_1 和 m_2 所对应的临界折现率 i_1 和 i_2，满足 $i_1>i_2$。

(4)插值法的原理是假设折现率与相关的系数在较小范围内呈线性关系，因此所求的 i 可根据两组临界系数 m_1、m_2 和临界利率 i_1、i_2 计算出来。公式如下：

$$i=i_2+\frac{m_1-C}{m_1-m_2}\cdot(i_1-i_2)$$

【例2—19】 某企业于年初借入款项100 000元，规定在连续的8年期限内于每年年末还

款 16 000 元，试计算借款利率。

解析：

$P/A=100\ 000/16\ 000=6.25$

即$(P/A,i,8)=6.25$

查 1 元年金现值表，在 8 年这一行中没有恰好等于 8.25 的值，所以应该找两个分别大于和小于 6.25 的普通年金现值系数，如 6.463 和 6.210，其对应的折现率分别为 5%和 6%，运用公式计算：

$$i=5\%+(6\%-5\%)\times\frac{6.463-6.25}{6.463-6.210}$$
$$=5.84\%$$

(二)计算期数 n

在已知终值、现值、年金和折现率求期数的情况下，一般也应用插值法解决：

(1)计算 F/A 的值，设 $F/A=C$。

(2)由年金终值计算公式可知$C=\frac{(1+i)^n-1}{i}=(F/A,i,n)$，查 1 元年金终值系数表。沿着已知 i 所在的列纵向查找，若恰好能找到某一数值等于 C，则该数值所在的行数所对应的期数便为所求的 n。

(3)否则，应在表中 i 列上找到最为接近 C 的两个上下临界系数值，设为 t_1 和 t_2，且 $t_1>C>t_2$。读出 t_1 和 t_2 所对应的临界期数 n_1 和 n_2，满足 $n_1>n_2$。

(4)利用以下公式计算：

$$n=n_2+\frac{t_1-C}{t_1-t_2}\cdot(n_1-n_2)$$

【例 2－20】　某企业每年将 150 000 元存入银行，若年复利率为 7%。企业若想到期一次取出 1 000 000 元，需要存多少年？

解析：

$F/A=1\ 000\ 000/150\ 000=6.667$

即$(F/A,7\%,n)=6.667$

查 1 元年金终值表，在 7%这一列找到两个分别大于和小于 6.667 的普通年金终值系数，如 7.153 和 5.751，其对应的期数分别为 6 年和 5 年，运用公式计算：

$$n=5+(6-5)\times\frac{6.667-5.751}{7.153-5.751}$$
$$=5.65(\text{年})$$

(三)实际利率与名义利率的换算

在以上讨论中，均假定折现率为年利率，且每年只复利计息一次。但在实际生活中，某些款项在一年内不止复利一次，而是每月、每季度或每半年计息一次，如银行之间的拆借等。凡每年复利次数超过一次的年利率在经济上叫名义利率，而每年只复利一次的年利率才是实际利率。在理论上，按实际利率每年复利一次计算得到的利息应与按名义利率每年多次复利计算的利息是等价的。

假设一年内复利 m 次，名义利率为 r，则实际利率 i 的计算公式为：

$$i=\left(1+\frac{r}{m}\right)^m-1$$

【例 2—21】 企业于第 1 年年初存入银行本金 10 000 元，年利率 10%，每半年复利一次。要求计算该项存款的实际年利率和第 10 年年末的终值。

解析：

实际年利率 $i=\left(1+\frac{10\%}{2}\right)^2-1=10.25\%$

该项存款第 10 年年末终值 $F=10\ 000\times(1+10.25\%)^{10}=26\ 533$(元)

本题中对于第二个问题，还有更简便的计算方法。在这种方法下，不计算实际利率，而直接修正名义利率为 r/m，期数为 mn，如下：

修正后利率 $=r\div m=10\%\div 2=5\%$

修正后期数 $=mn=2\times 10=20$

该项存款第 10 年年末的终值为：

$F=10\ 000\times(F/P,5\%,20)=26\ 533$(元)

第二节　投资风险价值

一、风险的概念与分类

(一)风险的概念

风险是指在一定条件下和一定时期内可能发生的各种结果的变动程度。从财务管理的角度讲，风险是指在各项财务活动过程中，由于各种难以预料或难以控制因素的作用，使企业的实际收益与预计收益发生背离，从而蒙受经济损失的可能性。在市场经济环境下，由于对未来的不可预知性和信息的不对称性，因此所有的财务活动都是有风险的，只是有些财务活动的风险比较小，有些财务活动的风险比较大。

(二)风险的种类

1. 按风险的成因可分为经营风险和财务风险

经营风险是指企业在生产经营过程中，由于内外部客观因素引起的经营条件发生变化而导致的风险。市场环境变化、国家政策调整、原材料成本上涨、企业决策失误等因素都可以导致经营风险。

财务风险是指由于负债不当而引起的到期不能还本付息的风险。财务风险也称筹资风险。当企业息税前利润率高于借入资金利率时，使用借入资金获得的利润除了补偿利息外还有剩余，因而自有资金利润率提高。反之，则使用借入资金获得的利润还不够支付利息，还需动用自有资金的一部分利润来支付利息，从而使自有资金利润率降低。如果企业息税前利润还不够支付利息，就要用自有资金来支付，使企业发生亏损。若企业亏损严重，财务状况恶化，丧失支付能力，就会出现无法还本付息甚至招致破产的风险。

2. 按风险能否被分散可分为系统风险和非系统风险

系统风险是指那些无法预计到的、会影响到所有企业的风险，是不可分散风险。经济危机、税制改革、战争、通货膨胀、利率波动等因素都会导致系统风险。

非系统风险是指发生在个别企业的特有事件导致的风险，是可分散风险。

二、风险价值

(一)财务决策和风险价值的概念

根据对未来情况的掌握程度,财务决策可以分为三种类型:一是确定性决策,即未来情况能够确定或已知的决策;二是风险性决策,即未来情况不能完全确定,但各种情况发生的可能性已知的决策;三是不确定性决策,即未来情况不仅不能完全确定,而且各种情况发生的可能性也不清楚的决策。财务管理中对风险和不确定性并不作严格区分,往往把两者统称为风险。

风险价值是指投资者冒着风险进行投资而获得的超过资金时间价值的额外收益,又称风险收益、风险报酬或者风险溢价。

风险价值的表示方法有风险收益额和风险收益率两种。冒着风险进行投资而获得的超过资金时间价值的额外收益称为风险收益额。风险收益额与投资额的比率则称为风险收益率。

如果不考虑通货膨胀,投资者因冒风险进行投资所要求或期望的投资报酬率便是资金的时间价值(无风险报酬率)与风险报酬率之和,即:

期望投资报酬率＝资金时间价值(无风险报酬率)＋风险报酬率

(二)风险价值的计算

风险是指预期结果的不确定性,因而与概率直接相关。在对风险价值进行计算时,应注意以下几点:

1. 确定概率分布

在现实生活中,某一事件在完全相同的条件下可能发生也可能不发生,既可能出现这种结果又可能出现那种结果,我们称这类事件为随机事件。概率就是用百分数或小数来表示这类随机事件发生的可能性大小的数值。我们一般用 X 表示随机事件,用 X_i 表示随机事件的第 i 种结果,P_i 为出现该种结果的相应概率。若 X_i 出现,则 $P_i=1$;反之,若 X_i 不出现,则 $P_i=0$,同时所有可能结果出现的概率之和必定为 1。因此,概率必须符合下面两个要求:

(1)$0\leqslant P_i\leqslant 1$;

(2) $\sum_{i=1}^{n} P_i=1$。

2. 计算期望值

期望值是一个概率分布中所有可能的结果,以各自相应的概率为权数计算的加权平均值,一般用 $\overline{X}$ 表示。其计算公式如下:

$$\overline{X}=\sum_{i=1}^{n} P_iX_i$$

式中:X_i 表示第 i 种可能的结果;P_i 表示第 i 种可能的概率。

3. 计算标准差

标准差是反映各随机变量与期望值偏离程度的指标,标准差能以绝对额反映风险程度的大小,一般用 σ 表示。其计算公式如下:

$$\sigma=\sqrt{\sum_{i=1}^{n}P_i(X_i-\overline{X})^2}$$

式中:X_i 表示第 i 种可能的结果;P_i 表示第 i 种可能的概率;$\overline{X}$ 表示项目的期望值。

4. 计算标准差率

标准差是一个绝对指标，只能比较期望值相同的各个方案风险的大小，却不能比较期望值不同的各个方案风险的大小。标准差率是标准差与期望值相比的百分率，是用相对数来衡量项目的风险和收益，又称为变异指数，一般用 b 表示。其计算公式如下：

$$b=\frac{\sigma}{X}$$

标准差率属于相对数指标，常用于项目的多个方案之间的比较和选择。

【例 2—22】 南方公司某投资项目有 A、B 两个方案，其预期收益率的概率分布见表 2—1，分析 A、B 两个方案的风险程度。

表 2—1　　某投资项目 A、B 两个方案预期收益率的概率分布表

经济情况	发生概率 P_i	A 方案预期收益率 X_i	B 方案预期收益率 X_i
繁荣	0.2	40%	70%
正常	0.6	20%	20%
衰退	0.2	0	−30%
合计	1		

解析：

A 方案的期望值：$\overline{X}_A=40\%\times0.2+20\%\times0.6+0\times0.2=20\%$

B 方案的期望值：$\overline{X}_B=70\%\times0.2+20\%\times0.6-30\%\times0.2=20\%$

由此说明南方公司这个投资项目 A、B 两个方案的期望收益率都是 20%。值得注意的是，期望值并不能判断项目各方案风险的大小。

A 方案的标准差：

$$\sigma_A=\sqrt{(40\%-20\%)^2\times0.2+(20\%-20\%)^2\times0.6+(0-20\%)^2\times0.2}$$
$$=12.65\%$$

B 方案的标准差：

$$\sigma_B=\sqrt{(70\%-20\%)^2\times0.2+(20\%-20\%)^2\times0.6+(-30\%-20\%)^2\times0.2}$$
$$=31.62\%$$

标准差越大，说明所有可能结果的数值与期望值的偏离越大，风险也就越大；标准差越小，说明风险越小。A 方案的标准差小于 B 方案的标准差，说明 A 方案的风险小于 B 方案的风险。虽然 A 方案和 B 方案的期望收益率都是 20%，但是南方公司也应该选择风险较小的 A 方案。

A 方案的标准差率：$b_A=\frac{\sigma}{X}=\frac{12.65\%}{20\%}=63.25\%$

B 方案的标准差率：$b_B=\frac{\sigma}{X}=\frac{31.62\%}{20\%}=158.1\%$

标准差率越大，说明风险越大；反之，说明风险越小。B 方案的标准差率大于 A 方案的标准差率，说明 B 方案的风险大。

【例 2—23】 兴达公司准备对外投资，现有三家公司可供选择，分别为甲公司、乙公司和丙公司，这三家公司的资料见表 2—2。请依据此资料对兴达公司的投资作出选择。

表 2—2　　三家公司市场状况和预期收益分布表

市场状况	概率	年预期收益(万元)		
		甲公司	乙公司	丙公司
良好	0.3	40	50	60
一般	0.5	20	25	10
较差	0.2	5	—15	—20

解析：

(1)投资甲公司。

期望值：$\overline{X}$ 甲$=40\times0.3+20\times0.5+5\times0.2=23$(万元)

标准差：$\sigma_{甲}=\sqrt{(40-23)^2\times0.3+(20-23)^2\times0.5+(5-23)^2\times0.2}$

$=12.49$(万元)

标准差率：$b_{甲}=\dfrac{\sigma}{\overline{X}}=\dfrac{12.49}{23}=54.3\%$

(2)投资乙公司。

期望值：$\overline{X_{乙}}=50\times0.3+25\times0.5-15\times0.2=24.5$(万元)

标准差：$\sigma_{乙}=\sqrt{(50-24.5)^2\times0.3+(25-24.5)^2\times0.5+(-15-24.5)^2\times0.2}$

$=22.52$(万元)

标准差率：$b_{乙}=\dfrac{\sigma}{\overline{X}}=\dfrac{22.52}{24.5}=91.92\%$

③投资丙公司。

期望值：$\overline{X_{丙}}=60\times0.3+10\times0.5-20\times0.2=19$(万元)

标准差：$\sigma_{丙}=\sqrt{(60-19)^2\times0.3+(10-19)^2\times0.5+(-20-19)^2\times0.2}$

$=29.14$(万元)

标准差率：$b_{丙}=\dfrac{\sigma}{\overline{X}}=\dfrac{29.14}{19}=153.37\%$

根据计算出来的三个公司的期望值、标准差和标准差率，可以看出，投资乙公司的期望收益最高，投资甲公司的期望收益次之，投资丙公司的期望收益最低；从风险方面来看，投资甲公司的标准差率最小，投资乙公司的标准差率较高，投资丙公司的标准差率最高。这说明投资甲公司的风险最小。因此，综合比较后，建议兴达公司投资甲公司。

综上所述，通过上述方法将决策方案的风险量化后，决策者便可据此做出决策。对于单个方案，决策者可根据其标准离差(率)的大小，并将其同设定的可接受的此项指标最高限制对比，看前者是否低于后者，然后做出取舍。对于多个选择方案，决策者的行动准则应是选择低风险高收益的方案，即选择标准离差最低、期望收益高的方案。然而，高收益往往伴随高风险，低收益方案其风险程度也往往较低。究竟选择何种方案，就要权衡期望收益与风险，而且还要视决策者对风险的态度而定。对风险比较反感的人可能会选择期望收益较低，同时风险也较低的方案；喜欢冒风险的人则可能选择风险高，但同时收益也高的方案。

本章小结

资金时间价值观念、投资风险价值观念是现代财务管理的两个基础观念，它们贯穿于财务活动的方方面面。

资金时间价值是指资金经历一定时间的投资和再投资所增加的价值。企业在进行投资决策时，一定要考虑资金时间价值的影响，从而作出科学的投资决策。

风险是指在一定条件下和一定时期内可能发生的各种结果的变动程度。一般而言，风险越大，投资者对投资收益率的要求也就越高。企业在进行投资决策时，应当掌握投资风险和投资收益的平衡。

本章案例

一家房地产公司为了推广他们的经济型住房提供了以下几种方式供消费者选择：(1)支付100 000元现金；(2)5年后支付180 000元；(3)从购房当天起，每年支付14 000元，直到永远；(4)从购房当天起，每年支付19 000元，共10年；(5)从购房的第二年开始支付6 500元，以后每年增长5%，直到永远。

(1)假定适用的折现率均为12%。如果你来购房，你将选择哪种方式？为什么？

(2)假定适用的折现率均为12%。如果你来卖房，你将选择哪种方式？为什么？

第三章

筹资管理

学习目标

掌握筹资的概念及分类，能够采用合理的方法进行资金需要量的预测；掌握权益资金和负债资金筹集的方式，以及各类方式的含义、种类及其优缺点，能够进行相关信用条件下实际利率的计算；了解筹资渠道和筹资原则。

第一节　筹资管理概述

一、筹资概述

（一）筹资的概念

筹资是指企业根据生产经营、对外投资以及调整资本结构等的需要，通过一定的筹资渠道，采取适当的筹资方式，获取所需资金的一种财务活动。

无论是设立企业，还是维持企业的简单再生产或扩大再生产，都需要有一定的资金来源。企业的资金运动是从筹集资金开始的，筹资是决定企业资金运动规模和生产经营发展的重要环节。

筹资管理是企业财务管理的起点，加强筹资管理各环节的控制，努力降低筹资成本，是企业筹资管理的根本目标。

（二）筹资的分类

1. 按照企业取得的资金权益特性的不同，筹资可分为股权筹资、债务筹资和衍生工具筹资三类

在股权筹资方式下，所得资金称为主权资金或自有资金，是指企业通过发行股票、吸收直接投资、内部积累等方式筹集的资金。我国财务制度规定，企业的股权资金包括实收资本、资本公积、盈余公积和未分配利润。企业筹集的股权资金一般不用偿还，财务风险小，但付出的资金成本相对较高。

在负债筹资方式下，所得资金又称为借入资金或债务资金，是企业通过发行债券、各类借

款、商业信用等方式筹集的资金。企业筹集的负债资金，需按期归还本息，财务风险较高，但付出的资金成本相对较低。

衍生工具筹资包括兼具股权和债务特性的混合融资和其他衍生工具融资。我国上市公司目前最常见的混合融资是可转换债券，最常见的其他衍生工具融资是认股权证融资。

2. 按照所筹资金使用期限的长短，筹资可分为短期筹资和长期筹资

在短期筹资方式下，所得资金称为短期资金，是指使用期限在一年以内或超过一年的一个营业周期以内的资金。短期资金主要通过商业信用、短期银行借款来筹集，所筹资金主要用于货币资金、应收账款、存货等，一般短期内可收回。

在长期筹资方式下，所得资金称为长期资金，是指使用期限在一年以上或超过一年的一个营业周期以上的资金。长期资金主要通过吸收直接投资、发行股票、发行长期债券、融资租赁和利用留存收益等方式来筹集，所筹资金主要用于新产品的研发和推广、固定资产的更新、长期投资等，一般需要几年或十几年才能收回。

3. 按照筹资活动是否以金融机构为媒介，可分为直接筹资和间接筹资

直接筹资是指企业直接与资金供应者协商融通资本的一种筹资活动。直接筹资方式主要有吸收直接投资、发行股票、发行债券等。通过直接投资，既可以筹集股权资金，也可以筹集债务资金。按照法律规定，公司股票、公司债券等有价证券的发行需要通过证券公司等中介机构进行，但证券公司所起的只是承销作用，资金拥有者并未向证券公司让渡资金使用权，因此发行股票、债券属于直接向社会筹资。

间接筹资是指企业借助银行等金融机构融通资本的一种筹资活动。在间接筹资方式下，银行等金融机构预先集聚资金，资金拥有者首先向银行等金融机构让渡资金的使用权，然后由银行等金融机构将资金提供给企业。间接筹资的基本方式是向银行借款，此外还有融资租赁等。间接筹资形成的主要是债务资金，用以满足企业资金周转的需要。

4. 按照资金来源范围的不同，可分为内部筹资和外部筹资

内部筹资是指企业通过利润留存而形成资金的一种筹资活动。内部筹资数额的大小主要取决于企业可分配利润的多少和利润分配政策。内部筹资一般无需筹资费用，从而降低了资金成本。

外部筹资是指企业向外部筹措资金的一种筹资活动。内部筹资金额一般有限，特别是对于处于成长期的企业，内部筹资往往难以满足需要。这就需要企业广泛地开展外部筹资，如发行股票、发行债券、利用商业信用、向银行等金融机构借款等。企业向外部筹资一般需要花费一定的费用。

因此，企业应首先考虑内部筹资，再考虑外部筹资。

(三)筹资渠道和筹资方式

企业筹资必须通过一定的渠道、采取一定的方式来获取资金。

筹资渠道解决的是资金来源问题，筹资方式则解决通过何种方式取得资金的问题，它们之间存在一定的对应关系。一定的筹资方式可能只适用于某一特定的筹资渠道，但是同一渠道的资金往往可以采用不同的方式取得，同一筹资方式又往往适用于不同的筹资渠道。因此，企业在筹资时，应实现两者的合理配合。

1. 筹资渠道

筹资渠道是指企业筹集资金的来源方向与通道，体现了资金的来源和数量。筹资渠道主要由社会资本的提供者及数量分布决定。企业的筹资渠道有以下 7 种：政府财政资金；银行信

贷资金；非银行金融机构资金（非银行金融机构主要有信托投资公司、租赁公司、保险公司、证券公司、企业集团的财务公司等）；其他法人资金；居民个人资金；企业内部资金（企业内部资金主要是指企业通过提取盈余公积和保留未分配利润而形成的资金）；外商资金。

2. 筹资方式

筹资方式是指企业筹集资本所采取的具体形式和工具，体现了资本的属性和期限。筹资方式取决于企业资本的组织形式和金融工具的开发利用程度。企业筹资方式一般有下列7种：

(1)吸收直接投资。这是指企业以协议形式吸收政府、法人、自然人等直接投入的资本，以形成企业投入资本的一种筹资方式。吸收直接投资不以股票为媒介，适用于非股份制企业，是非股份制企业取得股权资本的基本方式。

(2)发行股票。这是指股份公司按照公司章程依法发售股票直接筹资，以形成公司股本的一种筹资方式。发行股票仅适用于股份制公司。

(3)发行债券。这是指企业按照债券发行协议通过发售债券直接筹资，以形成企业债权资本的一种筹资方式。

(4)利用留存收益。这是指企业将留存收益转化为投资的一种筹资方式，它是企业筹集权益性资金的一种重要方式。

(5)银行借款。这是指企业按照借款合同，从银行等金融机构借入各种款项的一种筹资方式。

(6)利用商业信用。这是指企业通过赊购商品、预收货款等商品交易行为筹集短期债权资本的一种筹资方式。

(7)利用融资租赁。这是指企业按照租赁合同租入资产，从而筹集资本的一种特殊筹资方式。

（四）筹资原则

1. 遵循国家法律法规，合法筹措资金

企业的筹资行为和筹资活动必须遵循国家的相关法律法规，依法履行法律法规和投资合同约定的责任，合法筹措资金，依法披露信息，维护各方的合法权益。

2. 正确预测资金需要量，筹资规模适当

企业筹集资金，首先要分析生产经营情况，合理预测资金需要量；同时，筹资规模应适当，要与资金需要量匹配。

3. 合理安排筹资时间，筹措及时

企业筹集资金，要根据资金需求的具体情况，合理安排资金的筹集时间，适时获取所需资金，使筹资与用资在时间上相衔接。

4. 了解筹资渠道，选择合适的资金来源

企业应当在考虑筹资难易程度的基础上，针对不同来源资金的成本进行分析，尽可能选择经济、可行的筹资渠道与方式，力求降低筹资成本。

5. 研究各种筹资方式，优化资本结构

企业筹集资金，要综合考虑各种筹资方式之间的关系，合理安排资本结构。

二、资金需要量预测

企业在筹集资金之前，应当充分考虑影响资金需要量的各种因素，并采取一定的方法预测资金需要量，使筹集的资金既能满足生产经营活动的需要，又不会有太多的闲置。

(一)资金需要量预测应考虑的因素

1. 法律规定

法律依据是指现行法律、法规对企业资金需要量的制约。

(1)按照现行《公司法》的相关规定，足额筹集满足企业章程规定的注册资本金的要求。

(2)企业负债限额的规定。现代企业的基本特征是有限责任，企业对外负债是以其完整的法人财产权作为担保的。为保护债权人的权益，法律从各个方面对企业的负债能力进行了制约，如限制企业债券的发行额度(根据规定，上市公司发行可转换债券，本次发行后累计公司债券余额不得超过最近一期末净资产额的40%)，或者要求特定行业的企业进行资产负债管理等。

2. 生产经营规模

企业的生产经营规模是确定资金需要量的主要依据。一般而言，公司经营规模越大，所需资本越多；反之，所需资本越少。企业必须根据生产经营规模、投资项目时间的长短来确定资金需要量，不能盲目筹资，要以“投”定“筹”。

3. 其他影响因素

利息率的高低、对外投资数额的多寡、企业信用状况的好坏等都会对资金需要量的预测产生一定的影响。

(二)资金需要量预测的方法

资金需要量预测的方法包括定性预测法和定量预测法。

定性预测法是指利用直观的资料，依靠个人的经验、主观分析及判断能力，对未来资金需要量作出预测的方法。定性预测法虽然实用，但却无法揭示资金需要量与有关因素之间的数量关系。

定量预测法是指根据比较完备的财务数据资料，运用数学方法进行科学分析处理，对资金的需要量作出定量的预测和估计的方法。常用的定量预测法主要有以下几种：

1. 比率预测法

比率预测法是指依据财务比率与资金需要量之间的关系，预测未来资金需要量的方法。能预测资金需要量的比率有很多，如存货周转率、应收账款周转率等，但最常用的是资金与销售额之间的比率，即销售额比率法。

销售额比率法又称销售百分比法，是根据资金与销售额之间的比例关系，预测企业资金需要量的一种方法。利用销售额比率法进行财务预测时，首先要根据历史资料分析收入、费用、资产与销售收入之间的比例关系；然后根据预计销售额和相应的比例预计资产、负债和所有者权益；最后根据“资产＝负债＋所有者权益”这一公式确定企业所需要的资金数量。

销售额比率法的基本步骤如下：

第一步，根据基期资产负债表的资料，找出资产负债表中随销售额的变动而同步变动的项目，并根据基期资产负债表和基期销售额计算这些项目随销售额变动的百分比，也就是随销售额变化的幅度。资产负债表中随销售额变动而变动，并在一定时期内存在固定比率的项目称为敏感性项目；短期内不随销售额变动而变动的项目则称为非敏感性项目。大部分流动资产属于敏感性项目，如货币资金、应收账款、存货等；固定资产等长期资产一般属于非敏感性项目。当生产能力有剩余时，增加销售收入不需要增加固定资产；当生产能力饱和时，增加销售收入则需要增加固定资产，但不一定按比例增加，此时应视不同情况确定固定资产是否为敏感性项目。此外,部分流动负债也属于敏感性项目,如应付账款等。

第二步,分析预测年度销售收入增加数,根据销售收入增加数和敏感性项目的销售百分比,确定需要筹集的资金总额。

第三步,根据有关财务指标,如销售净利率等的约束,测算留用的利润数,从需要筹集的资金总额中扣减留用的利润数,即为企业需要对外筹集的资金量。

【例 3—1】 某公司 2016 年的销售收入为 10 万元,现在还有生产能力(即增加生产经营量从而增加收入),但不需要进行固定资产方面的投资。该公司 2016 年 12 月 31 日的资产负债表见表 3—1。假定该公司的销售净利率为 10%,公司的利润分配给投资者的比率为 60%,2017 年的销售收入提高到 12 万元,预测该公司 2017 年需要对外筹集的资金量。

表 3—1　　公司资产负债表　　单位:元

资　产		负债及所有者权益	
货币资金	5 000	应付账款	15 000
应收账款	15 000	短期借款	25 000
存货	30 000	实收资本	30 000
固定资产净值	30 000	留存收益	10 000
资产合计	80 000	负债及所有者权益合计	80 000

解析:

第一,分析资产负债表中随销售收入变动而变动的敏感项目和不随销售收入变动而变动的非敏感项目,并计算出销售百分比。

在资产一方,除固定资产外,其余项目都将随销售收入的增加而增加。因为较多的销售量要占用较多的存货,发生较多的应收账款,导致货币资金需求量增加。在负债及所有者权益一方,应付账款也会因销售收入的增加而增加,但实收资本、短期借款、留存收益等不会增加。

将随着销售收入的增加而增加的项目列示在该公司销售百分比表中(见表 3—2)。表中不变动的项目是指该项目不随销售收入的变化而变化,占销售收入的百分比都是用资产负债表中的有关项目除以销售收入求得。例如,存货占销售收入的百分比=30 000÷100 000×100%=30%。

表 3—2　　公司销售百分比表

资　产	占销售收入的百分比	负债及所有者权益	占销售收入的百分比
现金	5%	应付账款	15%
应收账款	15%	短期借款	不变动
存货	30%	实收资本	不变动
固定资产净值	不变动	留存收益	不变动
合　计	50%	合　计	15%

第二,确定需要增加的资金量。从表 3—2 可以看出,该公司每增加 100 元的销售收入,就会增加 50 元的资金占用,但同时增加 15 元的资金来源。从 50%的资金需求中减去 15%自动产生的资金来源,就剩下 35%的资金需求。

因此，该公司将增加 7 000 元[(120 000—100 000)×35%]的资金需求，即该公司 2017 年需筹集的资金总量为 7000 元。

第三，确定需要对外筹集的资金量。上述 7 000 元的资金需求有些可通过企业内部来筹集。2017 年的净利润预计为 12 000 元(120 000×10%)，公司的利润分配给投资者的比率为 60%，则将有 40%的利润即 4 800 元被留存下来，因此企业向外界筹集的资金应为 2 200 元(7 000—4 800)。

上述预测过程也可用下列公式表示：

$$需要对外筹集的资金量=(A/S_1)(\Delta S)-(B/S_1)(\Delta S)-EP(S_2)$$

式中：A 为随销售收入变化的资金(变动资产)；B 为随销售收入变化的负债(变动负债)；S_1为基期销售额；S_2为预测期销售额；ΔS 为销售收入的变动额；P 为销售净利率；E 为留存收益比率。A/S_1表示变动资产占基期销售额的百分比；B/S_1变动负债占基期销售额的百分比。

因此，根据该公司的资料及上述公式可求得：

2017 年需要对外筹集的资金量=50%×20 000—15%×20 000—10%×40%×120 000
=2 200(元)

2. 资金习性预测法

资金习性预测法是根据资金习性预测未来资金需要量的一种方法。所谓资金习性，是指资金变动与产销量之间的依存关系。按照资金习性的不同，资金可分为不变资金、变动资金和半变动资金。

不变资金是指在一定的产销量范围内，不受产销量变化的影响，保持固定不变的那部分资金，包括为维持营业而占用的最低数额的现金、原材料的保险储备、必要的成品储备，以及厂房、机器设备等固定资产占用的资金。变动资金是指随产销量的变动而同比例变动的那部分资金，包括直接构成产品实体的原材料、外购件等占用的资金，以及最低储备以外的货币资金、存货、应收账款等。半变动资金是指虽然受产销量变动的影响，但不呈同比例变动的资金，包括一些辅助材料所占用的资金。

资金习性预测法有两种形式：一种是根据资金占用总额与产销量的关系来预测资金需要量；另一种是采用先分项后汇总的方式预测资金需要量。资金习性预测法原理如下：

设产销量为自变量 x，资金占用量为因变量 y，它们之间的关系可用下式表示：

$$y=a+bx$$

式中：a 为不变资金；b 为单位产销量所需变动资金，其数值可采用线性回归法或高低点法求得。

(1)线性回归法。线性回归法是根据若干期的业务量和资金占用的历史资料，运用最小平方法原理计算不变资金 a 和单位产销量所需变动资金 b 的一种方法。从理论上来说，线性回归法是一种计算结果最为精确的方法。线性回归法的计算公式如下：

由线性方程 $y=a+bx$ 得到：

$$\sum y=na+b\sum x$$

$$\sum xy=a\sum x+b\sum x^2$$

得到 a 和 b 的公式如下：

$$b=(n\sum xy-\sum x\sum y)/[n\sum x^2-(\sum x)^2]$$

$$a=(\sum x^2\sum y-\sum x\sum xy)/[n\sum x^2-(\sum x)^2]$$

另外，求出 b 后，a 还可以这样求解：

$$a=\sum y/n-b\sum x/n=Y-bX$$

【例 3－2】 某公司根据历史资料统计的业务量与资金需要量的有关情况见表 3－3。已知该公司 2017 年预计的业务量为 30 万件，采用线性回归法预测该公司 2017 年的资金需要量。

表 3－3　业务量与资金需要量表

年度 项目	2012	2013	2014	2015	2016
业务量（万件）	10	11	14	18	25
资金需要量（万元）	200	195	270	342	465

解析：

第一，根据 a、b 参数公式和历史资料，得到该公司的资金需要量预测表，见表 3－4。

表 3－4　资金需要量预测表

项目 年度	x_i	y_i	x_iy_i	x_i^2
2012	10	200	2 000	100
2013	11	195	2 145	121
2014	14	270	3 780	196
2015	18	342	6 156	324
2016	25	465	11 625	625
合计 $n=5$	$\sum x_i=78$	$\sum y_i=1\,472$	$\sum x_iy_i=25\,706$	$\sum x_i^2=1\,366$

第二，将表 3－4 中的数据代入 a、b 参数公式中，求得 a、b 的值：

$b=(n\sum xy-\sum x\sum y)/[n\sum x^2-(\sum x)^2]$

$=(5\times25\,706-78\times1\,472)\div(5\times1\,366-78^2)$

$=(128\,530-114\,816)\div(6\,830-6\,084)$

$=18.38$（元/件）

$a=(\sum y-b\sum x)/n$

$=(1\,472-18.38\times78)\div5$

$=7.67$（万元）

第三，将 a、b 的值代入 $y=a+bx$，建立预测方程式：$y=7.67+18.38x$

第四，将 $x=30$ 代入上式，求得 $y=559.07$。

因此，该公司 2017 年的资金需要量为 559.07 万元。

（2）高低点法。根据两点可以决定一条直线的原理，将高点和低点代入直线方程就可以求出 a 和 b。这里的高点是指产销量最大点及其对应的资金占用量，低点是指产销量最小点及其对应的资金占用量。将高点和低点代入直线方程：

最大产销量对应的资金占用量＝$a+b\times$最大产销量

$$最小产销量对应的资金占用量=a+b\times 最小产销量$$

解方程得：

$$b=\frac{最大产销量对应的资金占用量-最小产销量对应的资金占用量}{最大产销量-最小产销量}$$

$$a=最大产销量对应的资金占用量-b\times 最大产销量$$

或 $$a=最小产销量对应的资金占用量-b\times 最小产销量$$

注意：高点产销量最大，但对应的资金占用量可能最大，也可能不是最大；同样，低点产销量最小，但对应的资金占用量可能最小，也可能不是最小。高低点法在企业的资金变动趋势比较稳定的情况下较适宜采用。

【例3—3】 某公司根据历史资料统计的销售额与资金占用量的有关情况见表3—5。预计该公司2017年的销售额为320万元，利用高低点法预测该公司2017年的资金占用量。

表3—5 销售额与资金占用量表

项目＼年度	2012	2013	2014	2015	2016
销售额(万元)	200	240	260	280	300
资金占用量(万元)	11	13	14	15	16

解析：

根据高低点的定义，应先找出历史资料中的最高点和最低点两个销售额，然后再找出对应的资金占用量；先求 b，后求 a。

$b=(16-11)\div(300-200)=0.05$

式中：分子为“资金占用量之差”；分母为“销售额之差”。

将 $b=0.05$ 代入方程 $y=a+bx$，y 可以选择最大销售额对应的资金占用量，同时选择最大销售额，建立方程式：

$16=a+0.05\times 300$

则：$a=16-0.05\times 300=1$

或者，y 可以选择最小销售额对应的资金占用量，同时选择最小销售额，建立方程式：

$11=a+0.05\times 200$

则：$a=11-0.05\times 200=1$

2017年的资金占用量 $=1+0.05\times 320=17$(万元)

第二节 股权资金的筹集与管理

股权筹资是指企业通过吸收直接投资、发行股票、利用留存收益等方式来筹集资金。

一、吸收直接投资

(一)吸收直接投资的含义与种类

吸收直接投资是指企业按照“共同投资、共同经营、共担风险、共享利润”的原则直接吸收国家、法人、个人投入资金的一种筹资方式。吸收直接投资的方式适用于非上市公司。

吸收直接投资的种类包括：吸收国家投资、吸收法人投资和吸收个人投资。

(二)吸收直接投资中的出资方式

吸收直接投资中的出资方式主要包括：以现金出资、以实物出资、以无形资产出资。

1. 以现金出资

现金在使用上具有灵活性大的特点，它既可用于购置资产，也可用于支付费用。因此，企业应尽量动员投资者采用以现金出资的方式。

2. 以实物出资

以实物出资即投资者以厂房、建筑物、设备等固定资产和原材料、商品等流动资产进行的投资。企业吸收的实物资产应是企业确实所需，并且技术先进、作价合理。其作价方式应按国家规定的有关方式执行或本着客观、公正的原则进行，如按第三方(中介评估机构)的资产评估确定其价值，或者按双方签订的合同、协议约定的价值进行作价。

3. 以无形资产出资

以无形资产出资即投资者以专有技术权、商标权、专利权、土地使用权等无形资产进行的投资。一般来说，企业吸收的应该是技术先进，能帮助企业节能减耗、提高生产效率、增强竞争力的无形资产。吸收无形资产需要注意的是：无形资产的作价必须合理，并要符合国家对无形资产出资限额的规定。

(三)吸收直接投资的优缺点

1. 吸收直接投资的优点

第一，吸收直接投资增大了企业的资本金，提高了企业的信誉和借款能力，对扩大企业经营规模、壮大企业实力具有重大作用；第二，吸收直接投资尤其是吸收实物资产和无形资产投资，能直接获得投资者的先进设备和技术，有利于尽快形成生产能力，占领市场先机；第三，由于企业吸收的直接投资属于企业的权益性资金，无需偿还，企业可以自主使用，因此财务风险较小；第四，与股票筹资相比，吸收直接投资方式所履行的法律程序相对简单，因此筹资速度相对较快。

2. 吸收直接投资的缺点

第一，企业对于权益性资金支付的成本较高。因为向投资者支付的报酬是根据其出资的数额和企业实现利润的比例来计算的，尤其是在企业经营状况较好和盈利较多时，企业往往会给投资者分配较多的利润，从而导致企业吸收直接投资的资金成本较高。第二，采取吸收直接投资的方式筹集资金，投资者往往会取得与投资金额相适应的经营管理权，甚至取得企业的控制权，这也是企业吸收权益性资金的代价之一。第三，由于吸收直接投资不以证券为媒介，因此其产权转让和交易不利于吸引广大投资者投资。

(四)吸收直接投资的管理

吸收直接投资的管理主要包括以下几方面的内容：

1. 合理确定吸收直接投资的总量

企业在创建时，必须注意其资金筹集规模应与生产经营相适应，不能因资金筹集规模不足而影响生产经营效益。

2. 保持合理的出资结构与资产结构

由于在吸收直接投资形式下，各种不同出资方式形成的资产的周转能力与变现能力不同，对企业正常生产经营能力的影响也不相同，因此企业应在吸收直接投资时确定较合理的结构关系。这些结构关系包括:现金出资与非现金出资之间的结构关系;实物资产与无形资产之间的结构关系;流动资产与长期资产之间的结构关系(包括流动资产与固定资产之间的结构关系)等。同时,保持各种出资方式资产之间的合理搭配,还能提高资产的运营效率,使企业在未来经营中动态地调整资产结构,保持所吸收资产的流动性和弹性。

3. 明确投资过程中的产权关系

不同投资者的投资数额不同,从而其所享有的权益也不相同。因此,企业在吸收直接投资时必须明确一系列产权关系,如企业与投资者之间的产权关系,以及各投资者之间的产权关系。

二、发行股票

(一)股票的含义、特征、构成与分类

1. 股票的含义

股票是股份公司发给投资者用以证明其在公司的股东权利和投资入股份额,并据以获得股利收入的有价证券。股票的持有人就是股东,在法律上拥有股份公司的一部分所有权,享有一定的经营管理上的权利与义务,同时承担公司的经营风险。

2. 股票的基本特征

第一,股票具有无期性。股票是一项无确定期限的投资,不允许投资者中途退股,只允许出售或转让。第二,股票价格具有波动性。股票价格受社会上诸多因素的影响,经常处于波动起伏的状态,正是这种波动使投资者有可能实现短期获利。第三,股票投资具有风险性。股票一经买进就不能退还本金,股价的波动就意味着持有者的盈亏变化。上市公司的经营状况直接影响投资者获取收益的多少,一旦公司破产清算,首先受到补偿的不是投资者,而是债权人。第四,股票具有流动性。股票虽不可退回本金,但流通股却可以随意转让出售或作为抵押品。

3. 股票的构成

股票由面值、市值、股权、股息、红利五部分构成。将股份公司的资本总额化分成若干股,每一股代表的资本额就是面值。股票上市后在市场上的价格即为股票的市值,市值有发行价格和交易买卖价格之分。股票持有者按股额比例行使的权利和义务称之为股权。股份公司按股额比例支付给股东的收入为股息。股份公司经营获利后,每年按股额比例分给股东的经济利益为红利。

4. 股票的分类

(1)按股票持有者不同,股票可分为国家股、法人股、个人股三种。三者的权利和义务基本相同。不同的是,国家股投资资金来自国家,不可转让;法人股投资资金来自企事业单位,必须经主管部门批准后才可以转让;个人股投资资金来自个人,可以自由上市流通。

(2)按股东权利的不同,股票可分为普通股和优先股两种。普通股是指在公司的经营管理、盈利及财产的分配上享有普通权利的股份。在满足所有债权偿付要求和优先股股东的收益权与求偿权要求后,普通股股东对企业盈利和剩余财产具有索取权。普通股构成了公司资本的基础,是股票的一种基本形式,也是发行量最大、最为重要的股票。目前在上海和深圳证券交易所交易的股票,都属于普通股。

普通股股票持有者按照所持有股份比例享有以下基本权利:第一,公司决策参与权。普通股股东有权参与股东大会,并有建议权、表决权和选举权,也可以委托他人代表其行使股东权利。第二,利润分配权。普通股股东有权从公司利润分配中得到股息。普通股的股息不是固定的，由公司盈利状况及其分配政策决定。普通股股东必须在优先股股东取得固定股息之后才有权享受股息分配权。第三，优先认股权。如果公司需要扩张而增发普通股股票时，现有普通股股东有权按其持股比例，以低于市价的某一特定价格优先购买一定数量的新发行股票，以保持其对企业所有权的原有比例。第四，剩余资产分配权。当公司破产或清算时，若公司的资产在偿还欠债后还有剩余，则剩余部分资产按先优先股股东、后普通股股东的顺序进行分配。

优先股是相对于普通股而言的，在利润分红及剩余财产分配的权利方面，优先于普通股。优先股股票持有者有以下两种权利：第一，在公司分配盈利时，优先股股东具有优先分配权，而且享受固定数额的股息，即优先股的股息率是固定的。而普通股的红利是不固定的，它视公司盈利情况而定，利多多分，利少少分，无利不分，上不封顶，下不保底。第二，在公司解散、分配剩余财产时，优先股股东在普通股股东之前分配。

(3)按票面形式的不同，股票可分为有面额股票、无面额股票及有记名股票、无记名股票四种。有面额股票的票面上标注有票面价值，一经上市，其面额往往没有多少实际意义；无面额股票仅标明其占资金总额的比例。记名股票将股东姓名记入专门设置的股东名簿，转让时须办理过户手续；无记名股票不将持有者姓名记入名簿，买卖后无需过户。

(4)按享受投票权益的不同，股票可分为单权股票、多权股票及无权股票三种。每张股票仅有一份表决权的股票称为单权股票；每张股票享有多份表决权的股票称为多权股票；没有表决权的股票称为无权股票。

(5)按发行范围的不同，股票可分为A股、B股、H股和F股四种。A股是指在我国国内发行，供国内居民和单位用人民币购买的普通股票；B股是指专供境外投资者在境内以外币买卖的特种普通股票；H股是指在我国境内注册的公司在香港发行并在香港联合交易所上市的普通股票；F股是指我国股份公司在海外发行上市流通的普通股票。

(二)股票发行

1. 股票发行条件

股票发行分为新设发行、改组发行、增资发行和定向募集发行四种形式，股份公司发行股票必须符合《证券法》和《股票发行与交易管理暂行条例》等规定的发行条件。

2. 股票发行程序

股票发行必须依照以下法定程序进行：作出新股发行决议；做好新股发行准备；提出发行股票申请；提交有关机构审核；签署股票承销协议；公布招股说明书；按规定程序招股；认股人缴纳股款；向认股人交割股票等。

3. 股票发行价格

股票发行时可以根据市场行情确定一定的发行价格，采取面值发行、市值发行、中间价发行等方法。面值发行又称等价发行、平价发行，就是以股票的票面金额为发行价格。这种发行价格一般在股票的初次发行或在股东内部分摊增资的情况下采用。面值发行股票容易推销，但无从取得股票溢价收入。市值发行又称时价发行，就是以本公司股票的现行市场价格作为增发新股的发行价格。采用这种发行价格的公司往往不是第一次发行股票，股票在发行时已经增值，收益率已经发生变化。市值发行股票考虑了股票的现行市场价值，对投资者也有较大的吸引力。中间价发行就是以股票市场价格与面额间的中间值作为发行价格。按时价或中间价发行股票，股票发行价格会高于或低于其票面金额。如果股票发行价格高于其票面金额，则称为溢价发行；反之，则称为折价发行。如属溢价发行，发行公司所获的溢价款列入资本公积。我国《公司法》规定，股票发行价格可以等于票面金额(等价)，也可以超过票面金额(溢价)，但不得低于票面金额(折价)。

4. 股票发行方式

股票的发行方式是指股份有限公司向社会公开发行股票时所采取的股票销售方法。股票发行方式有两类:自销和委托承销。

(1)自销。股票发行的自销方式也即私募发行,是指发行公司自己直接将股票销售给认购者。这种发行方式可由发行公司直接控制发行过程,实现发行意图,并可以节省发行费用。不足之处是,这种发行方式往往筹资时间长,发行公司要承担全部发行风险,并需要发行公司有较高的知名度、信誉和实力。

(2)委托承销。股票发行的承销方式也即公募发行,是指发行公司将股票销售业务委托给证券经营机构代理。这种发行方式是发行股票所普遍采用的。我国《公司法》规定,股份有限公司向社会公开发行股票,必须与依法设立的证券经营机构签订承销协议,由证券经营机构承销。委托承销又分为包销和代销两种具体方法。所谓包销,是指根据承销协议商定的价格,证券经营机构一次性全部购进发行公司公开募集的全部股份,然后以较高的价格出售给社会上的认购者。对发行公司来说,包销的办法可及时筹足资本,免于承担发行风险(股款未募足的风险由承销商承担),但将股票以较低的价格售给承销商会损失部分溢价。所谓代销,是指证券经营机构仅替发行公司代售股票,并由此获取一定的佣金,但不承担股款未募足的风险。

(三)股票上市

股票上市是指股份有限公司公开发行的股票经批准在证券交易所进行挂牌交易。

1. 股票上市的有利影响

(1)公司股票上市后,会有更多的投资者认购公司股份,因此公司可将部分股份转售给这些投资者,从而使公司资本大众化,分散了公司风险。

(2)股票上市必须经过有关机构的审查批准,并接受相应的管理,以及执行各种信息披露和股票上市的规定,这使得上市公司为社会所知,并被认为经营优良,因此能为公司带来良好的声誉,增强社会公众对公司的信赖,从而吸引更多的认购者,扩大销售量。

(3)由于人们通常认为上市公司实力雄厚,因此这也便于公司采用其他方式(如负债)筹措资金,改善公司的财务状况。

(4)股票上市后,公司股价有市价可循,便于确定公司的价值,有利于促进公司财富最大化。

(5)股票上市后,既提高了股票的流动性和变现力,便于投资者购买,也有利于公司利用股票收购其他公司,或者利用股票激励员工。

2. 股票上市的不利影响

(1)股票上市后,公司将负担较高的信息披露成本,各种信息公开的要求可能会泄露公司的商业秘密,使公司失去隐私权。

(2)股票上市也限制了经理人员操作的自由度,还需要负担很高的上市费用。

(四)普通股筹资的优缺点

1. 普通股筹资的优点

(1)发行普通股筹措资本具有永久性、无到期日、不需归还的特点。这对保证公司对资本的最低需要、维持公司的长期稳定发展极为有益。

(2)发行普通股筹资没有固定的股利负担,股利支付与否和支付多少,视公司有无盈利和经营需要而定,经营波动给公司带来的财务负担相对较小。由于普通股筹资没有固定的到期还本付息的压力，所以筹资风险较小。

(3)发行普通股筹集的资本是公司最基本的资金来源，它反映了公司的实力，可作为其他筹资方式的基础，尤其可为债权人提供保障，从而增强了公司的举债能力，提高了公司的信誉。

(4)由于普通股的预期收益较高并可一定程度地抵消通货膨胀的影响(通常在通货膨胀期间，不动产升值时普通股也随之升值)，因此普通股筹资容易吸收资金。

2. 普通股筹资的缺点

(1)普通股的资金成本较高。从投资者的角度来讲，投资普通股的风险较高，相应地要求有较高的投资报酬率；从筹资公司的角度来讲，普通股股利从税后利润中支付，不像债券利息那样作为费用从税前支付，因而不具有抵税作用。此外，普通股的发行费用一般也高于其他证券。

(2)以普通股筹资会增加新股东，这可能会分散公司的控制权。此外，新股东分享公司未发行新股前积累的盈余，会降低普通股的每股净收益，从而可能引发股价的下跌。

三、利用留存收益

利用留存收益筹资是指企业将留存收益转化为投资的过程。企业将生产经营所实现的净收益留在企业，不作为股利分配给股东，其实质是原股东对企业追加投资。

(一)利用留存收益筹资的渠道

1. 盈余公积

盈余公积是指有指定用途的留存净利润。

2. 未分配利润

未分配利润是指未限定用途的留存净利润。未分配利润有两层含义：一是这部分净利润没有分给公司的股东；二是这部分净利润未指定用途。

(二)利用留存收益筹资的优缺点

1. 利用留存收益筹资的优点

(1)利用留存收益筹资不发生实际的现金支出，资金成本较低。利用留存收益筹资不同于负债筹资，不必支付定期的利息；它也不同于发行股票筹资，不必支付股利。同时，利用留存收益筹资还免去了相关的手续费、发行费等方面的开支。

(2)利用留存收益筹资能增强公司信誉，保持企业举债能力。留存收益实质上属于股东权益的一部分，它可以作为企业对外举债的基础。先利用留存收益筹资，减少了企业对外部资金的需求，当企业遇到市盈率很高的项目时，再向外部筹资，不会使企业因债务已达到较高的水平而难以筹到资金。

(3)利用留存收益筹资不会使企业的控制权受到影响。如果采取其他方式筹资，可能会影响到企业的控制权。例如，增加发行股票，原股东的控制权会被分散；发行债券或增加负债，债权人可能对企业施加限制性条件。采用留存收益筹资则不会出现此类问题。

2. 利用留存收益筹资的缺点

(1)筹资数额、筹资期间受到限制。留存收益的多少取决于企业生产经营成果的好坏，因此筹资数额会受到一定的限制；此外，企业必须经过一定时期的积累，才可能拥有一定数量的留存收益。因此，企业难以在短期内获得扩大再生产所需的资金，筹资期间受到一定的限制。

(2)与股利政策的权衡。如果留存收益过高，现金股利过少，则可能影响企业的形象，从而给今后进一步的筹资增加困难。因此，利用留存收益筹资必须考虑公司的股利政策，不能随意变动。

(3)利用留存收益筹资实质上是原股东对企业追加投资,股东对这部分投资与以前缴给企业的股本一样,也要求有一定的报酬。

第三节 负债资金的筹集与管理

负债是企业的一项重要的资金来源,企业仅凭自有资金,不运用负债,很难满足自身发展的需要。负债筹资是指通过负债筹集资金,主要包括向银行借款、发行债券、融资租赁、利用商业信用等。

一、向银行借款

向银行借款是企业根据借款合同从有关银行或非银行金融机构借入所需资金的一种筹资方式。

(一)银行借款的分类

1. 按借款期限的不同,银行借款可分为短期借款、中期借款和长期借款

短期借款是指借款期限在1年以内(含1年)的借款。

中期借款是指借款期限在1年以上(不含1年)5年以下(含5年)的借款。

长期借款是指借款期限在5年以上(不含5年)的借款。

2. 按提供借款的机构的不同,银行借款可分为向政策性银行取得的政策性银行贷款、向商业银行取得的商业银行贷款和向其他金融机构取得的贷款

政策性银行贷款是指执行国家政策性贷款业务的银行向企业发放的贷款,通常为长期借款,如国家开发银行发放的贷款、农业发展银行发放的贷款、进出口银行发放的贷款等。向政策性银行借款的利率较优惠,贷款期限较长。

商业性银行贷款是指由各商业银行向工商企业提供的贷款,主要是为了满足企业生产经营的资金需要,包括短期贷款和长期贷款。

其他金融机构贷款是指从非银行金融机构如信托投资公司取得的实物或货币形式的信托投资贷款、从财务公司取得的各种中长期贷款、从保险公司取得的贷款等。

3. 按有无担保,银行借款可分为信用借款和担保借款

信用借款是指以借款人的信用或保证人的信用为依据而获得的借款,企业取得这种借款,无需以财产作抵押。

担保借款是以有关方面的保证责任、质押物或抵押物为担保而获得的借款,它包括保证贷款、质押贷款和抵押贷款。

4. 按借款用途的不同,银行借款可分为基本建设借款、专项借款和流动资金借款

基本建设借款是指企业因从事新建、改建、扩建等基本建设项目需要资金,而向银行申请借入的款项。基本建设借款主要用于固定资产的更新改造等,具有期限长、利率高的特点。

流动资金借款是指企业为了满足流动资金的需求而向银行申请借入的款项,包括流动基金借款、生产周转借款、临时借款、结算借款和卖方信贷。

专项借款是指企业因为专门用途而向银行申请借入的款项,如大修理借款。

（二）向银行借款的程序

向银行借款的一般程序是：企业提出借款申请，填写《借款申请书》→银行审查借款申请→双方签订借款合同→企业取得借款→企业还本付息。

（三）向银行借款的信用条件

按照国际惯例，银行在发放贷款时往往要附加一些信用条件。这些信用条件主要有以下几个方面：

1. 信贷额度（贷款限额）

信贷限额是银行对借款人规定的无担保贷款的最高额。信贷限额的有效期限通常为1年，但根据情况也可延期1年。一般来讲，企业在批准的信贷限额内，可随时使用银行借款。但是，银行并不承担必须提供全部信贷限额的义务。如果企业信誉恶化，即使银行曾同意过按信贷限额提供贷款，企业也可能得不到借款。这时，银行不会承担法律责任。

2. 周转信贷协定

周转信贷协定是指银行具有法律义务地承诺提供不超过某一最高限额的贷款协定。在协定的有效期内，银行必须满足企业在任何时候提出的借款要求。企业享用周转信贷协定，必须对贷款限额的未使用部分向银行支付一笔承诺费，这实际上是提高了企业的借款利率。

【例3—4】 某企业与银行协定的信贷限额是3 000万元，承诺费率为0.5%，借款企业年度内使用了2 400万元，余额为600万元，则企业应向银行支付的承诺费是多少？

解析：

企业应向银行支付的承诺费＝600×0.5%＝3（万元）

3. 补偿性余额

补偿性余额是指银行要求借款人在银行中保留按借款限额或实际借用额的一定百分比计算的最低存款余额。企业在使用资金的过程中，必须始终保持一定的补偿性余额在银行存款的账户上。这实际上增加了借款企业的利息，提高了借款的实际利率，加重了企业的财务负担。

【例3—5】 某企业按8%的利率向银行借款100万元，银行要求保留20%的补偿性余额，那么企业可以动用的借款只有80万元，则该项借款的实际利率是多少？

解析：

补偿性余额贷款实际利率＝名义利率÷（1－补偿性余额比率）

＝8%÷（1－20%）

＝10%

或，补偿性余额贷款实际利率＝利息÷实际可使用借款额

＝（100×8%）÷80

＝10%

4. 借款抵押

除信用借款以外，银行向财务风险大、信誉不好的企业发放贷款时，往往需要企业以抵押品作为借款的担保，以减少自己蒙受损失的风险。抵押品通常是借款企业的应收账款、存货、股票、债券及房屋等。银行接受抵押品后，将根据抵押品的账面价值决定贷款金额，一般为抵押品账面价值的30%～50%。企业接受抵押借款后，其抵押财产的使用及将来的借款能力都会受到限制。

5. 偿还条件

无论何种贷款，一般都会规定还款期限。根据我国金融制度的规定，贷款到期后仍无力偿还的，视为逾期贷款，银行要照章加收逾期罚息。贷款的偿还有到期一次还清和在贷款期内定期等额偿还两种方式。企业一般不希望采取后一种方式，因为这样会提高贷款的实际利率。

6. 以实际交易为贷款条件

当发生经营性临时资金需求时，企业可以向银行贷款以求解决。银行以企业的实际交易额为贷款基础，单独立项，单独审批，最后确定贷款的相应条件和信用保证。对这种一次性借款，银行要对借款人的信用状况、经营情况进行个别评价，然后才能确定贷款的利息率、期限和数量。

7. 保护性信用条款

与银行签订的借款合同中会有一些保护性条款，这些保护性条款通常分为以下三类：

(1)例行性保护条款。这类条款作为例行常规，在大多数合同中都会出现，如定期向贷款机构提交财务报表等。

(2)一般性保护条款。这类条款是对企业资产的流动性及偿债能力等方面进行要求的条款。这类条款应用于大多数借款合同中，如要求企业必须保持最低数额的营运资金和最低流动比率、限制非经营性支出等。

(3)特殊性保护条款。这类条款是针对特殊情况而出现在部分借款合同中的条款，只有在特殊情况下才能生效，如贷款专款专用、不准企业投资于短期内不能收回资金的项目、限制企业高级职员的薪金和奖金总额、要求企业主要领导人在合同有效期间担任领导职务、要求企业主要领导人购买人身保险等。

(四)银行短期借款利息的支付方式

1. 利随本清法

利随本清法又称收款法，即在短期借款到期时向银行一次性支付利息和本金。在这种方法下，借款的实际利率等于名义利率。

2. 贴现法

贴现法是银行向企业发放借款时，先从本金中扣除利息部分，而借款到期时企业再偿还全部本金的方法。在这种方法下，借款的实际利率高于名义利率。

【例3—6】 某企业从银行取得借款200万元，期限1年，名义利率为10%，利息20万元。按照贴现法支付利息，企业实际可动用的借款为180万元，则该项贷款的实际利率是多少？

解析：

贴现借款的实际利率＝利息÷(贷款金额－利息)

＝20÷(200－20)

＝11.11%

或，贴现借款的实际利率＝名义利率÷(1－名义利率)

＝10%÷(1－10%)

＝11.11%

3. 加息法

加息法是银行发放分期等额偿还贷款时采用的利息收取方法。在分期等额偿还贷款的情况下，银行要将根据名义利率计算的利息加到贷款本金上，计算出贷款的本息和，要求企业在贷款期内分期偿还本息之和的金额。由于贷款要分期等额偿还，因此借款企业实际上只平均使用了贷款本金的半数，却支付了全额利息。这样，企业所负担的实际利率便高于名义利率大约1倍。

（五）向银行借款筹资的优缺点

1. 向银行借款筹资的优点

（1）向银行借款筹资与发行股票、债券等筹资方式相比，借款手续简便，耗时少，筹资速度快。

（2）向银行借款筹资的成本较低。同样是长期资金，长期借款融资的成本比股票融资的成本要低，因为长期借款利息可在所得税前列支，从而减少了企业实际负担的成本。与债券融资相比，长期借款利率一般低于债券利率，借款筹资的筹资费用也较少。

（3）向银行借款筹资弹性较好。借款时，企业与银行直接交涉，有关条件可谈判确定；用款期间，企业如因财务状况发生某些变动，亦可与银行再协商。因此，向银行借款筹资对企业而言具有较大的灵活性。

（4）向银行借款筹资易于保守企业机密。向银行办理借款，可以避免向公众提供公开的财务信息，有利于减少财务信息的披露面，对保守财务秘密有益。

2. 向银行借款筹资的缺点

（1）利用银行借款，企业必须按期还本付息，偿债压力大，财务风险较高。

（2）银行为了保证贷款的安全性，往往会附加很多限制性条款，从而制约了企业对资金的自主使用和调配。

（3）银行出于对风险的控制，一般会对企业借款的数量进行限制，不像发行股票、债券那样，可一次性筹集大量资金。

二、发行债券

债券是债券发行者为筹集资金而发行的到期还本付息的有价证券，也是债权人按规定取得固定利息和到期收回本金的债权证书。企业发行的债券称为企业债券或公司债券。公司债券是公司依照法定程序发行的，约定在一定期限内还本付息的有价证券。发行债券是公司筹集债权资本的重要方式。按照我国《公司法》和国际惯例，股份有限公司和有限责任公司发行的债券称为公司债券，习惯上又称公司债。

（一）债券的基本要素

1. 债券的面值

债券的面值包括两个基本内容：一是币种；二是票面金额。币种可用本国货币，也可用外币，这取决于发行者的需要和债券的种类。票面金额是债券到期时偿还债务的金额，它印在债券上，固定不变，到期必须足额偿还。

2. 债券的期限

债券有明确的到期日，债券从发行日起至到期日之间的时间称为债券的期限。债券的期限有日益缩短的趋势。在债券的期限内，公司必须定期支付利息；债券到期时，必须偿还本金。

3. 债券的利率及利息

债券上通常载明利率，一般为固定利率，也有少数是浮动利率。债券的利率为年利率，面值与利率相乘可得出年利息。

4. 债券的价格

理论上，债券的面值就是它的价格。但在实际操作中，由于发行者的要求或资金市场上供求关系、利率的变化，债券的市场价格常常脱离它的面值，但差额并不大。发行者计算利息、偿付本金都以债券的面值为根据，而不以价格为根据。

（二）债券的种类

1. 债券按是否记名，可分为记名债券和不记名债券

记名债券是指企业发行债券时，债券购买者的姓名和地址在发行债券企业登记的一种债券。偿付本息时，按名册付款。这种债券的优点是比较安全，缺点是转让时手续比较复杂。

不记名债券即带有息票的债券。企业发行这种债券时，无须登记购买者的名字，持有人凭息票领取到期利息，凭到期债券收回本金。无记名债券转让时随即生效，无须背书，因此比较方便。

2. 债券按有无抵押担保，可分为信用债券和抵押债券

信用债券是无抵押担保的债券，是仅凭发行者的信誉发行的。由于这种债券无抵押，只作保证，因此债券持有者要承担一定的风险。同时，这种债券的利率往往高于有抵押担保的债券利率。

抵押债券是以一定的抵押品作抵押才能发行的债券。这种债券在国外比较常见。抵押债券按抵押品的不同，又可分为不动产抵押债券、设备抵押债券和证券抵押债券。如果债券到期不能偿还，持券人有权拍卖抵押品作为补偿。

3. 债券按能否转换，可分为可转换债券和不可转换债券

可转换债券是指根据发行契约，允许持券人按预定的条件、时间和转换率将持有的债券转换为公司普通股的债券。公司应当按照转换办法向债券持有人换发股票，但债券持有人对转换股票或者不转换股票有选择权。

不可转换债券是指不享有将债券转换为股票的权利的债券。

4. 债券按利率确定方式的不同，可分为固定利率债券和浮动利率债券

固定利率债券是指在发行时规定利率在整个偿还期内不变的债券。

浮动利率债券是指在发行时规定债券利率随市场利率定期浮动的债券，其利率通常根据市场基准利率加上一定的利差来确定。浮动利率债券往往是中长期债券。由于利率可以随市场利率浮动，因此采取浮动利率债券可以有效规避利率风险。

5. 债券按能否提前收兑，分为可提前收兑债券和不可提前收兑债券

可提前收兑债券是指企业按照发行时的条款规定，依一定条件和价格在企业认为合适的时间收回债券。这类债券的优点在于：当利率降低时，企业可用“以新换旧”的办法，收回已发行的利率较高的债券，代之以新的、利率相对较低的债券，以降低债务成本。

不可提前收兑债券是指不能从债权人手中提前收回的债券，它只能在证券市场上按市场价格买回，或等到债券到期后收回。

6. 其他分类方法

债券还可按偿还期限分为长期债券、中期债券、短期债券；按计息方式分为贴息债券、零息债券、附息债券；按发行方式分为公募债券和私募债券等。

（三）债券的发行

1. 债券的发行条件

根据我国《证券法》的规定，发行公司债券必须符合下列条件：股份有限公司的净资产额不低于人民币 3 000 万元，有限责任公司的净资产额不低于人民币 6 000 万元；累计债券总额不超过公司净资产的 40%；最近三年平均可分配利润足以支付公司债券一年的利息；筹集的资

金投向符合国家产业政策；债券的利率不得超过国务院限定的利率水平；国务院规定的其他条件。此外，发行公司债券所筹集的资金，必须用于核准的用途，不得用于弥补亏损和非生产性支出。

发行公司发生下列情形之一的，不得再次发行公司债券：前一次发行的公司债券尚未募足的；对已发行的公司债券或者其债务有违约或者延迟支付本息的事实，且仍处于继续状态的；违反《证券法》的规定，改变公开发行公司债券所募资本的用途的。

2. 债券的发行方式

债券的发行可采取公募发行和私募发行两种方式。

(1)公募发行。这是以非特定的多数投资者为募集对象，向众多的投资者发行债券的方式。公募发行可筹集较多的资金，提高发行者在债券市场上的知名度。公募发行的优点是：债券利率较低，可以公开上市交易，有比较好的流动性。公募发行的缺点是：发行费用较高，需要的发行时间较长。

(2)私募发行。这是以特定的少数投资者为募集对象发行债券的方式。私募发行的优点是：能节约发行费用，并且缩短发行时间，限制条件较少。私募发行的缺点是：需要向投资者提供高于公募债券的利率，债券一般不能上市交易，缺乏流动性，且债务集中于少数债权人手中，发行者的经营管理容易受到干预。

3. 债券的发行价格

(1)决定债券发行价格的因素。债券发行价格的高低，主要取决于下述四项因素：一是债券面额。一般而言，债券面额越大，发行价格越高。二是票面利率。债券的票面利率越高，发行价格也越高；反之，发行价格就越低。三是市场利率。债券发行时的市场利率越高，债券的发行价格越低；反之，发行价格就越高。四是债券期限。债券期限越长，债权人的风险越大，要求的利息报酬就越高，债券的发行价格就可能较低；反之，发行价格就可能较高。此外，债券利息的支付方式也在一定程度上影响债券的发行价格。

(2)确定债券发行价格的方法。在实务中，债券的发行价格通常有三种情况，即等价、溢价、折价。等价是指以债券的票面金额作为发行价格，多数公司债券采用等价发行；溢价是指按高于债券票面金额的价格发行债券；折价是指按低于债券票面金额的价格发行债券。

债券的价值是由它未来给其持有人所带来的收益决定的。一般而言，债券的发行价格取决于债券的现值，即债券到期应付的面值和各期应付的利息按市场利率折合的现值。这里涉及与资金的时间价值相关的一对概念：现值与终值。现值即现在收款或付款的价值；终值即若干年后包括本金和利息在内的未来价值。由于债券偿还期较长，因此应按现值发行。分期付息时，债券的发行价格是按市场利率折算的本金复利现值和利息的年金现值之和。一次还本付息时的发行价格是到期按市场利率计算的复利现值。

(四)债券的收回和偿还

1. 收回条款

一些企业在发行债券的契约中规定有收回条款，即企业在债券到期日之前可以用特定的价格收回债券。具有收回条款的债券使企业的融资具有较大的弹性。企业资金有节余或预测市场利率将下降时，企业都可以收回债券，然后以较低的利率发行新债券。

2. 偿债基金

一些企业在发行债券的契约中规定有偿债基金，即要求企业每年提取固定的偿债基金，以便顺利偿还债券。偿债基金根据每年的销售额或盈利计算。

3. 分批偿还

一些企业在发行债券的当时，就为不同编号或不同发行对象的债券规定了不同的到期日。这种到期日不同的债券，其利率和发行价格也不同，便于投资者选择最合适的到期日，因而便于发行。

4. 新债券换旧债券

企业可以根据需要，以发行新债券来调换一次或多次发行的旧债券。企业之所以要进行债券的调换，一般有以下几个原因：一是原有债券的契约中订有较多的限制条款，不利于企业的发展；二是将多次发行、尚未彻底偿清的债券进行合并，以减少管理费；三是有的债券到期，但企业现金不足，只能借新债还旧债。

5. 将债券转换成普通股

企业通过发行可转换债券的方式将债券转换为普通股来收回债券。

6. 到期一次以现金偿还

我国发行的债券多数采用这种方式。债券到期日的前三天，债券发行人应将兑付现金划入指定的账户，用于债券的偿还。

（五）发行债券筹资的优缺点

1. 发行债券筹资的优点

（1）发行债券筹资的资金成本相对较低。与股票的股利相比，债券的利息允许在所得税前支付，发行公司可享受税收上的优惠，因此公司实际负担的债券成本一般低于股票成本。

（2）发行债券筹资可利用财务杠杆作用。无论发行公司的盈利有多少，债券持有人一般只收取固定的利息，而更多的收益可分配给股东或留存公司用于生产经营，从而增加了股东和公司的财富。

（3）发行债券筹资有利于保障股东对公司的控制权。债券持有者无权参与企业的管理决策，因此通过发行债券筹资，既不会稀释股东对公司的控制权，又能扩大公司的投资规模。

（4）发行债券筹资有利于调整资本结构。公司在进行债券发行种类的决策时，如果适时选择可转换债券或可提前收兑债券，则对企业主动调整其资本结构十分有利。

2. 发行债券筹资的缺点

（1）债券有固定的到期日，并且定期支付利息，无论企业经营好坏都要偿还，筹资风险较高。

（2）债券发行契约书上的限制条款比优先股和短期债务严格得多，可能会影响企业以后的发展或筹资能力。

（3）公司发行债券筹资要受公司资质及相关条件的约束，筹资额有限。

二、融资租赁

融资租赁是由租赁公司按承租单位要求出资购买设备，在较长的契约或合同期内提供给承租单位使用的一种信用业务。融资租赁是以融通资金为主要目的的租赁。一般借贷的对象是资金，而融资租赁的对象是实物，融资租赁是融资与融物的结合。

（一）融资租赁的主要特点

（1）融资租赁一般涉及三方当事人，即出租人、承租人和供应商。

（2）融资租赁需要签订两个或两个以上的合同，即融资租赁合同、买卖合同、担保合同等。

（3）由承租人选定租赁物件和供货商。

(4)出租人不承担租赁物的瑕疵责任，可在一次租期内完全收回投资并盈利。

(5)融资租赁的标的物是特定设备，承租人也是特定的，因此租赁合同一般情况下不能中途解约。

(6)租赁期满后，承租人一般对设备有留购、续租和退租三种选择(在融资租赁交易中，承租人对租赁物几乎都要留购)。

(二)融资租赁的种类

融资租赁按其业务的不同特点，可分为如下三种具体形式：

1. 直接租赁

直接租赁是融资租赁的典型形式，通常所说的融资租赁就是指直接租赁。

2. 售后租回

在这种形式下，制造企业按照协议先将其资产卖给租赁公司，再作为承租企业将所售资产租回使用，并按期向租赁公司支付租金。

3. 杠杆租赁

杠杆租赁是国际上比较流行的一种融资租赁形式。它一般涉及承租人、出租人和贷款人三方当事人。从承租人的角度来看，它与其他融资租赁形式并无区别，同样是按合同的规定，在租期内获得资产的使用权，按期支付租金。但其对出租人却不同，出租人只垫支购买资产所需现金的一部分(一般为20%～40%)，其余部分则以该资产为担保向贷款人借资支付。因此，在这种情况下，租赁公司既是出租人又是借资人，既要收取租金又要支付债务。由于这种融资租赁形式的租赁收益一般大于借款成本支出，出租人借款购物出租可获得财务杠杆利益，因此被称为杠杆租赁。

(三)融资租赁的程序

1. 选择租赁公司

企业决定采用租赁方式获取某项设备时，首先要了解各家租赁公司的经营范围、业务能力、资信情况，以及与其他金融机构如银行的关系，取得各家租赁公司的融资条件和租赁费率等资料并加以比较，从中择优选择。

2. 办理租赁委托

企业选定租赁公司后，便可向其提出申请，办理委托。这时，承租企业需要填写“租赁申请书”，说明所需设备的具体要求，同时还要向租赁公司提供企业的财务状况文件，包括资产负债表、利润表和现金流量表等。

3. 签订购货协议

由承租企业与租赁公司的一方或双方合作组织选定设备制造厂商，并与其进行技术与商务谈判，在此基础上签署购货协议。

4. 签订租赁合同

租赁合同由承租企业与租赁公司签订，它是租赁业务的重要文件，具有法律效力。融资租赁合同的内容可分为一般条款和特殊条款两部分。

5. 办理验货、付款与保险

承租企业按购货协议收到租赁设备时，要进行验收。验收合格后签发交货及验收证书，并提交租赁公司，租赁公司据此向供应厂商支付设备价款。同时，承租企业要向保险公司办理投保事宜。

6. 支付租金

承租企业应在租期内按合同规定的租金数额、支付方式向租赁公司支付租金。

7. 合同期满处理设备

融资租赁合同期满时，承租企业应按租赁合同的规定，对设备退租、续租或留购。租赁期满的设备通常都以低价卖给承租企业或无偿赠送给承租企业。

（四）融资租赁租金的构成

在融资租赁方式下，承租企业需按合同规定向租赁公司支付租金。租金的数额和支付方式对承租企业未来的财务状况具有直接的影响，这也是融资租赁决策的重要依据。从出租人的角度看，购置设备需要支付一定的代价，并以此来取得收益。这些代价或收益都需要通过租金收入来补偿或取得。因此，租金的构成主要包括：

（1）租赁设备的购置成本，即设备价款，包括设备的买价、运杂费和途中保险费等。

（2）预计设备的残值，即设备租赁期满时预计的可变现净值。

（3）利息，即租赁公司为承租企业购置设备进行融资而应计的利息。

（4）租赁手续费，包括租赁公司承办租赁设备的营业费用以及一定的盈利。

（五）融资租赁租金的支付形式

融资租赁的租金通常采用分次支付的方式，具体类型有：按支付间隔期的长短，可以分为年付、半年付、季付和月付等方式；按支付时期的先后，可以分为先付租金和后付租金两种；按每期支付金额的多少，可以分为等额支付和不等额支付两种。

（六）融资租赁租金的计算方法

在我国的租赁实务中，租金一般采用平均分摊法或等额年金法来确定。

1. 平均分摊法

平均分摊法也称直线法，是指按事先确定的利率和手续费率计算出租赁期间的利息和手续费总额，然后连同设备成本按支付次数进行平均。这种方法不考虑资金的时间价值因素，计算较为简单。其计算公式如下：

每期支付租金＝（设备成本－预计净残值＋租赁期利息＋租赁手续费）÷租期

【例3－7】 假定某企业2017年1月向租赁公司租入设备一套，价值为100万元。租期为6年，预计残值为10万元（归出租方所有），租期年利率为10%，租赁手续费率为设备价值的3%，租金每年年末支付一次。采用平均分摊法计算该企业每年应支付的租金。

解析：

租赁期内利息$=100\times(1+10\%)^6-100=100\times(F/P,10\%,6)-100=77.2$（万元）

租赁期内手续费$=100\times3\%=3$（万元）

每期租金$=(100-10+77.2+3)\div6=28.4$（万元）

2. 等额年金法

等额年金法是将利息率与手续费综合成贴现率，运用年金现值计算确定每年应付租金的方法。用这种方法计算出来的每期租金包含租赁手续费在内。等额年金法又分为两种情况：一种是每期期初支付租金，即采用先付年金（即付年金）方式；另一种是每期期末支付租金，即采用后付年金（普通年金）方式。一般情况下，承租公司与租赁公司商定的租金支付方式为后付年金方式。

根据资本回收额的计算公式，得出后付租金方式下每年年末支付租金数额的计算公式如下：

$$A=P/(P/A,i,n)$$

根据即付年金现值的公式，得出先付等额租金的计算公式如下：

$$A=P/[(P/A,i,n-1)+1]$$

【例 3—8】 假定某企业 2017 年 1 月向租赁公司租入设备一套，价值为 100 万元。租期为 6 年，租赁的综合费率为 13%，且不考虑残值。采用等额年金法计算该企业每年应支付的租金。

解析：

若每年年末支付租金，则：

每年末支付租金 $=100\div(P/A,13\%,6)=25.0$（万元）

若每年年初支付租金，则：

每年年初支付租金 $=100\div[(P/A,13\%,5)+1]=22.1$（万元）

从上述两种计算方法来看，平均分摊法没有考虑资金的时间价值因素，因此它每年支付的租金要比等额年金法多。企业在选择租金计算方法时，应采用等额年金法，这样对承租人有利。从等额年金法的先付与后付两种方式看，名义支付的租金额有出入（先付租金小于后付租金），但实质上并没有差别。

（七）融资租赁的优缺点

1. 融资租赁的优点

（1）融资租赁能迅速获得所需资产。融资租赁集“融资”与“融物”于一身，往往比借款购置设备更迅速，可使企业尽快形成生产经营能力。

（2）融资租赁的限制条件较少。企业运用股票、债券、长期借款等筹资方式都会受到相当多的资格条件限制。相比之下，融资租赁的限制条件较少。

（3）免遭设备陈旧过时的风险。随着科学技术的不断进步，固定资产的更新周期日趋缩短，企业设备陈旧过时的风险很高，相对于自己拥有设备而言，融资租赁可降低这种风险。因为融资租赁的期限一般为资产使用年限的 75%以上，不会像自己购买设备那样在整个期间都承担风险，并且许多租赁协议都规定由出租人承担设备陈旧过时的风险。

（4）融资租赁到期还本的负担轻。租金在整个租期内分期支付，不用到期归还大量本金。许多借款都在到期日一次偿还本金，这会给财务基础较弱的公司造成相当大的困难，有时还会造成不能偿付的风险，而融资租赁则把这种风险分摊在整个租期内，可适当减少不能偿付的风险。

（5）融资租赁的税收负担轻。

（6）融资租赁可提供一种新的资金来源。

2. 融资租赁的缺点

融资租赁的主要缺点是资金成本高。融资租赁通常比向银行借款或发行债券所负担的利息高得多，而且租金总额通常要高于设备价值的 30%。承租企业在财务困难时期，支付固定的租金也将构成一项沉重的负担。若承租企业不享有设备残值，那么这也是一种损失。

四、利用商业信用

商业信用是指在商品交易中以延期付款或预收货款方式进行购销活动而形成的借贷关系，是企业之间的一种直接信用行为。商业信用是由于商品交换过程中货与钱在空间上和时间上的分离而产生的，其主要形式有两种：一是先收货后付钱；二是先收钱后交货。

(一)商业信用的类型

企业之间商业信用的形式主要有以下几种：

1. 应付账款

应付账款即赊购商品，是一种典型的商业信用形式。为了促使购买单位按期付款、提前付款，销售单位往往规定一定的信用条件。例如，规定“2/10，n/30”，即购买单位如在10天内付款，可以减免货款2%；全部货款必须在30天内付清。

应付账款这种信用方式，按其是否支付代价，可分为免费信用、有代价信用和展期信用三种。

(1)免费信用。免费信用是指企业不需要支付任何代价而取得的信用，一般包括法定付款期限和销售者允许的折扣期限。若企业在法定期限内付款，则免费信用期为付款期限，免费信用额度为扣除现金折扣后的净购价。

(2)有代价信用。有代价信用是指企业需要支付一定代价而取得的信用。在带有折扣的条件下，购货企业要想取得商业信用，就必须放弃折扣，而所放弃的折扣就是取得此种信用付出的代价，也就是放弃现金折扣的成本。如前所述，购货企业要取得延期20～30天付款的信用，就必须全额付款，这种信用就是有代价信用。企业在选择是否延期付款时，可以通过计算放弃现金折扣成本率来分析放弃现金折扣的成本。放弃现金折扣成本率的计算公式如下：

放弃现金折扣成本率=[现金折扣率/(1－现金折扣率)]×[360/(信用期－折扣期)]

【例3－9】 某企业按“3/10，*n*/30”的信用条件购入价款为10万元的一批商品，请分析企业获取商业信用的代价。

解析：

如果企业在10天内付款，则可获得现金折扣0.3万元(10×3%)，免费信用额为9.7万元(10－0.3)。

如果该企业放弃这笔折扣，在30天内付款，则该企业将承受放弃现金折扣的机会成本。

放弃现金折扣的成本率=3%/(1－3%)×360/(30－10)=55.67%

从以上计算可以看出，如果放弃现金折扣，则企业要付出的成本是非常可观的，这种成本要比短期借款的成本高出许多。因此，企业应尽可能享受这种优惠，而不要放弃现金折扣。

(3)展期信用。展期信用是指企业在销售者提供的信用期限届满后以拖延付款的方式强制取得的信用。展期越长，则机会成本越小。但展期信用会使企业信誉受到一定的损害，也就是说，企业若过度拖延付款时间，就会降低企业的信用等级，给今后的各种筹资造成不利的影响。如【例3－9】，若企业选择在第50天付款，则其放弃现金折扣的成本率为27.84%。

2. 应付票据

应付票据是企业在采购商品物资时以商业汇票作为结算手段而推迟付款获得的一种商业信用形式。对于购货企业来说，应付票据是一种短期筹资方式。这种筹资方式是由商品交易而产生的，具有方便、灵活的特点。但是，利用商业汇票所筹资本的使用期限通常较短，如我国有关法律规定，商业汇票的付款期限由交易双方商定，但最长不得超过6个月。商业汇票可以是无息票据，也可以是带息票据。在采用无息商业汇票时，购货企业等于得到一笔无息贷款，不需承担资金成本。与应付账款相比，商业汇票相当于付款人给收款人出具的一个书面承诺，因此，其信用会更好一些。如果付款人在汇票到期时未能支付票款，就会对其信誉产生严重的损害。

3. 预收货款

预收货款是指销货单位按照合同或协议的规定，在付出商品之前向购货单位预先收取部分或全部货物价款的信用行为。通常，买方对于紧俏商品乐意采用这种结算方式办理货款结算；对于生产周期长、售价高的商品，生产者也经常要向订货者分次预收货款，以缓和本企业经营收支不平衡的矛盾。

此外，企业在生产经营活动中往往还会形成应付职工薪酬、应交税费、应付利息等费用。这些费用项目的发生受益在先，支付在后，支付期晚于发生期，因此它们也属于“自然筹资”的范围。由于这些项目的支付具有时间规定性，负债额度较为稳定，因此企业习惯上称之为“定额负债”或“视同自有资金”。

（二）利用商业信用筹资的优缺点

1. 利用商业信用筹资的优点

（1）商业信用什么时候需要，或需要多少，在限定的额度内由买方自行决定。

（2）较之其他筹资方式，商业信用条件宽松，不需要担保或抵押，选择余地大。

（3）大多数商业信用都是由卖方免费提供的，因此筹资成本较低。

2. 利用商业信用筹资的缺点

（1）利用商业信用筹资的期限通常较短，企业应当在销售方给予的信用期限内支付货款，否则就会给企业带来信誉上的损失。在有现金折扣的情况下，如果企业取得现金折扣，就必须在折扣期限内支付款项，筹资的期限会更短；如果放弃现金折扣，就要付出较高的资金成本。

（2）商业信用的规模会受到个别企业商品数量和规模的影响。

（3）商业信用一般是由卖方提供给买方，受商品流转方向的限制，商业信用的方向也会受到限制。

本章小结

筹资是指企业根据生产经营、对外投资以及调整资本结构等的需要，通过一定的筹资渠道，采取适当的筹资方式，获取所需资金的一种财务活动。企业筹资必须通过一定的渠道、采取一定的方式来获取资金。

企业在筹集资金之前，应当采取一定的方法预测资金需要量。资金需要量预测的方法包括定性预测法和定量预测法。定性预测法是指利用直观的资料，依靠个人的经验、主观分析及判断能力，对未来资金需要量作出预测的方法。定量预测法是指根据比较完备的财务数据资料，运用数学方法进行科学分析处理，对资金的需要量作出定量的预测和估计的方法。常用的定量预测法主要有比率预测法和资金习性预测法。比率预测法是指依据财务比率与资金需要量之间的关系，预测未来资金需要量的方法。能预测资金需要量的比率有很多，如存货周转率、应收账款周转率等，但最常用的是资金与销售额之间的比率。资金习性预测法是根据资金习性预测未来资金需要量的一种方法。资金习性预测法有两种形式：一种是根据资金占用总额同产销量的关系来预测资金需要量；另一种是采用先分项后汇总的方式预测资金需要量。

股权筹资是指企业通过吸收直接投资、发行股票、利用留存收益等方式来筹集资金。负债筹资是指通过负债筹集资金，负债资金的筹集主要包括向银行借款、发行债券、融资租赁、利用商业信用等。衍生工具筹资包括混合融资和其他衍生工具融资，上市公司目前最常见的主要有可转换债券、认股权证。

本章案例

短期资金筹资决策

丰收公司是一家季节性很强、信用为AA级的大中型企业。每年一到生产经营旺季，公司就面临着产品供不应求、资金严重不足的问题，这让公司领导和财务经理大伤脑筋。2017年，公司同样碰到了这一问题，公司生产中所需的A种材料面临缺货，急需200万元资金投入，而公司目前尚无多余资金。如果这一问题得不到解决，就会给企业的生产及经营效益带来严重影响。为此，公司领导要求财务经理张健尽快想出办法解决。接到任务后，张健马上会同公司其他财务人员商讨对策，以解燃眉之急。经过一番讨论，公司形成了四种备选筹资方案。

方案一：银行短期借款。工商银行提供期限为3个月的短期借款200万元，年利率为8%，银行要求保留20%的补偿性余额。

方案二：票据贴现。将面额为220万元的未到期(不带息)商业汇票提前3个月进行贴现，贴现率为9%。

方案三：商业信用融资。天龙公司愿意以“2/10，n/30”的信用条件，向其销售200万元的A材料。

方案四：安排专人将250万元的应收账款催回。

丰收公司的产品销售利润率为9%。

请思考：财务经理张健应如何选择丰收公司的短期资金筹集方式？

第四章

资金成本与资本结构

学习目标

掌握资金成本的含义并了解各种不同的资金成本，掌握各种资金成本的计算；了解财务管理中的杠杆原理，掌握财务杠杆、经营杠杆、总杠杆的含义及其计算；理解资本结构的含义，掌握资本结构优化的每股收益无差别点分析法、比较资金成本分析法，能够通过计算进行企业筹资决策的分析。

第一节　资金成本概述

一、资金成本的含义

资金成本是企业为筹集和使用资金而付出的代价。资金成本包括资金筹集费用和资金占用费用两部分。资金成本是资金所有权与资金使用权分离的结果。对于筹资者而言，由于取得了资金使用权，因此其必须向出资者支付一定数量的费用作为补偿。

(一)资金筹集费用

资金筹集费用是指企业在资金筹措过程中为获取资金而付出的代价，如向银行支付的借款手续费、因发行股票或债券而支付的发行费等。资金筹集费用通常在资金筹集时一次性支付，在资金使用过程中不再发生。

(二)资金占用费用

资金占用费用是指企业在资金使用过程中因占用资金而付出的代价，如向股东支付的股利、向银行等债权人支付的利息等。资金占用费用是因占用他人资金而支付的费用，是资金成本的主要内容。

资金成本是影响企业筹资总额的重要因素，也是企业选择资金来源的基本依据，它对于企业的投资决策具有重要的意义。资金成本可以用绝对数来表示，也可以用相对数来表示。资金成本用绝对数来表示，即为资金总成本，它是资金筹集费用和资金占用费用之和，但由于它不能反映用资的多少，因此较少使用。资金成本用相对数来表示，即为资金成本率，它是资金

占用费用与实际筹得资金(即筹资总额扣除资金筹集费用后的余额)的比率。其计算公式如下:

$$资金成本率=资金占用费用/实际筹得资金\times 100\%$$

企业以不同方式筹集的资金所支付的代价一般是不同的,企业总的资金成本是由个别资金成本与资金比重所决定的。

二、个别资金成本

个别资金成本是指单一筹资方式的资金成本,包括银行借款资金成本、公司债券资金成本、优先股资金成本、普通股资金成本和留存收益资金成本,前两项可称为债务资金成本,后三项可称为权益资金成本。个别资金成本可用于比较和评价各种筹资方式。

(一)银行借款资金成本

银行借款是企业获取资金的方式之一,银行借款资金成本包括借款利息费用和借款手续费用。借款利息费用可以在税前列支,从而产生节税效应。银行借款资金成本率的计算公式如下:

$$K_b=\frac{i\times(1-T)}{1-f}\times 100\%$$

式中,K_b为银行借款资金成本率;i 为银行借款年利率;f 为筹资费用率;T 为所得税税率。

【例 4—1】 光明公司向银行取得 3 年期的借款 500 万元,借款年利率为 8%,所得税税率为 25%,筹资费用为 2 万元,则银行借款资金成本率是多少?

解析:

$$银行借款资金成本率=\frac{8\%\times(1-25\%)}{1-\frac{2}{500}}\times 100\%=6.02\%$$

(二)公司债券资金成本

公司债券资金成本包括债券利息和债券的发行费用。公司债券资金成本率的计算公式如下:

$$K_c=\frac{I\times(1-T)}{L\times(1-f)}\times 100\%$$

式中,K_c为公司债券资金成本率;I 为公司债券年利息;f 为筹资费用率;T 为所得税税率;L 为公司债券筹资总额。

【例 4—2】 光明公司以 105 元价格,溢价发行面值为 100 元、期限为 5 年、票面利率为 6%的公司债券一批,每年付息一次、到期一次还本,发行费用率为 3%,所得税税率为 20%,则公司债券资金成本率是多少?

解析:

$$公司债券资金成本率=\frac{100\times 6\%\times(1-20\%)}{105\times(1-3\%)}\times 100\%=4.71\%$$

(三)优先股资金成本

优先股资金成本是企业以优先股方式筹集资金所支付的各项费用。企业发行优先股筹集资金要支付筹资费用和固定股息。优先股资金成本率的计算公式如下:

$$K_p=\frac{D_p}{P_p\times(1-f)}\times100\%$$

式中：K_p为优先股资金成本率；D_p为优先股总额的每年股利支出；f 为筹资费用率；P_p为优先股筹资总额。

【例 4—3】 某企业以面值发行优先股 1 000 万元，筹资费用率为 4%，股利年率为 12%，则优先股资金成本率是多少？

解析：

$$\text{优先股资金成本率}=\frac{1\ 000\times12\%}{1\ 000\times(1-4\%)}\times100\%=12.5\%$$

（四）普通股资金成本

普通股资金成本的计算需要考虑股利增长及发行新股时发生的筹资费用对资金成本的影响。普通股资金成本率的计算公式如下：

$$K_s=\frac{D_1}{P_0\times(1-f)}+g$$

式中，K_s为普通股资本成本率；D_1为普通股第 1 年的预期股利额；f 为筹资费用率；P_0为普通股市价；g 为普通股股利的预期年增长率。

【例 4—4】 某公司普通股每股市价 20 元，筹资费用率为 2%，本年发放现金股利每股 0.4 元，预期股利每年增长率为 10%，则普通股资金成本率是多少？

解析：

$$\text{普通股资金成本率}=\frac{0.4\times(1+10\%)}{20\times(1-2\%)}+10\%=12.24\%$$

（五）留存收益资金成本

企业的留存收益是股东对企业追加的投资；股东对这部分投资，也要求有一定的报酬，所以留存收益也要计算成本。留存收益资金成本率表现为股东追加投资要求的报酬率，它的计算与普通股资金成本率相同，不同点在于留存收益资金成本率不考虑筹资费用。

三、加权平均资金成本

企业的全部资金，不可能是凭借单一的筹资方式取得的，而是各种筹资方式的组合。因此，在衡量和评价企业筹资总体的经济性时，就要计算企业的加权平均资金成本。加权平均资金成本是以各项个别资金成本在企业全部资金成本中的比重为权数，对各项个别资金成本率进行加权平均而得到的。加权平均资金成本的计算公式如下：

$$K_w=\sum_{j=1}^{n}k_jW_j$$

式中，K_w为加权平均资金成本；k_j为第 j 种个别资金成本；W_j为第 j 种个别资金成本在全部资金成本中的比重。

【例 4—5】 某公司共有资金 100 万元，其中：银行借款 30 万元，占 30%；优先股 20 万元，占 20%；普通股 40 万元，占 40%；留存收益 10 万元，占 10%。个别资金成本率分别为 6%、10%、14%、15%，试计算该企业的加权平均资金成本。

解析：

$$\begin{aligned}\text{该企业的加权平均资金成本}&=30\%\times6\%+20\%\times10\%+40\%\times14\%+10\%\times15\%\\&=10.9\%\end{aligned}$$

四、边际资金成本

边际资金成本是企业追加筹资的成本。前述的个别资金成本与加权平均资金成本，是企业过去筹集的或目前使用的资金的成本。然而，企业在追加筹资时，不能仅仅考虑目前所使用资金的成本，还要考虑新筹集资金的成本，即边际资金成本。边际资金成本是指资金每增加一个单位而增加的成本。企业在追加筹资时，应考虑边际资金成本的高低。

计算边际资金成本的步骤如下：

(1)确定公司最优资本结构。

(2)确定各种筹资方式的资金成本。

(3)计算筹资总额分界点。筹资总额分界点是某种筹资方式的成本分界点与目标资本结构中该种筹资方式所占比重的比值，反映了在保持某资金成本的条件下，可以筹集到的资金总额。一旦筹资额超过筹资分界点，即使维持现有的资本结构，其资金成本也会增加。

(4)计算边际资金成本。根据计算出的分界点，可以得出若干组新的筹资范围，对各筹资范围分别计算加权平均资金成本，即可得到各种筹资范围的边际资金成本。

第二节　杠杆原理

一、杠杆效应

杠杆原理是物理学中的概念，财务管理中也存在类似于物理学中的杠杆效应，具体表现为：由于固定支出或费用的存在，导致当某一财务变量以较小幅度变动时，另一相关变量会以较大幅度变动。财务管理中的杠杆效应有三种，即经营杠杆、财务杠杆和总杠杆。杠杆效应既可以产生杠杆利益，也可能带来杠杆风险。

二、经营杠杆

(一)经营杠杆

由于固定性经营成本的存在，使得企业的息税前利润变动率大于产销业务量变动率的杠杆效应，称为经营杠杆。经营杠杆反映了资产报酬的波动性，用于评价企业的经营风险。当产品中存在固定成本时，在其他条件不变的情况下，产销业务量的增加虽然不会改变固定成本总额，但会降低单位产品分摊的固定成本，从而提高单位产品利润，使息税前利润的增长率大于产销业务量的增长率，进而产生经营杠杆。当不存在固定性经营成本时，所有成本都是变动成本，那么边际贡献等于息税前利润，这时息税前利润变动率就同产销业务量变动率完全一致。

(二)经营杠杆系数

只要企业存在固定性经营成本，就存在经营杠杆效应。但在不同产销业务量基础上，其经营杠杆效应的大小是不一样的。经营杠杆效应的大小是通过经营杠杆系数来描述的。经营杠杆系数是息税前利润变动率相当于产销业务量变动率的倍数。其计算公式如下：

$$DOL=(\Delta EBIT/EBIT)/(\Delta Q/Q)$$

式中：DOL 为经营杠杆系数；$\Delta EBIT$ 为息税前利润变动额；ΔQ 为产销业务量变动额。

上式经过整理，经营杠杆系数的计算可以简化为：

$$经营杠杆系数(DOL)=基期边际贡献/基期息税前利润$$
$$=(EBIT+F)/EBIT=M/(M-F)$$

式中，$EBIT$ 为息税前利润；F 为固定成本；M 为基期边际贡献。

【例 4—6】 某公司有关资料见表 4—1，计算该公司 2016 年的经营杠杆系数。

表 4—1　**公司财务数据表**　金额单位：万元

项　目	2015 年	2016 年	变动额	变动率
销售额	800	900	+100	12.5%
变动成本	480	540	+60	12.5%
边际贡献	320	360	+40	12.5%
固定成本	160	160	0	0
息税前利润	160	200	+40	25%

解析：

根据上述公式，计算经营杠杆系数如下：

该公司 2016 年的经营杠杆系数=(40/160)/(100/800)=2

同理，也可按简化公式计算如下：

该公司 2016 年的经营杠杆系数=320/(320−160)=2

(三)经营杠杆与经营风险

引起企业经营风险的原因主要是市场需求和生产成本等因素的不确定性。一般而言，不同行业、不同企业之间的经营风险存在一定的差异。影响经营风险的因素主要包括：产品需求、产品售价、单位产品变动成本、固定成本的比重。经营风险在一定程度上取决于企业固定成本的大小。如果企业的固定成本占很大比重，那么企业产销业务量发生变化就会引起息税前利润的大幅变化。因此，经营杠杆本身并不是利润不确定的根源，只是利润波动的表现。但是，经营杠杆放大了市场和生产成本等因素变化对利润波动的影响。经营杠杆系数越大，表明利润波动程度越大，企业的经营风险就越大。

四、财务杠杆

(一)财务杠杆

由于固定性资金成本的存在，使得普通股股东的权益变动大于息税前利润变动的杠杆效应，称为财务杠杆。当有固定利息费用等资金成本存在时，如果其他条件不变，息税前利润的增加虽然不会改变固定利息费用总额，但会降低每 1 元息税前利润分摊的利息费用，从而提高每股盈余，使得普通股股东每股收益的增长率高于息税前利润的增长率，进而产生财务杠杆效应。如果不存在固定利息费用等资金成本，则普通股股东每股收益的变动率将与息税前利润的变动率保持一致。

(二)财务杠杆系数

只要在企业融资方式中存在固定性资金成本，就会存在财务杠杆效应。在同一固定的资金成本的支付上，不同的息税前利润水平，对固定的资金成本的承受负担是不一样的，其财务杠杆效应的大小也不相同。对于财务杠杆的测算，主要指标是财务杠杆系数。财务杠杆系数是普通股每股收益变动率相当于息税前利润变动率的倍数。其计算公式如下：

$$DFL=(\Delta EPS/EPS)/(\Delta EBIT/EBIT)$$

式中：DFL 为财务杠杆系数；ΔEPS 为普通股每股收益变动额；EPS 为基期普通股每股收益；$\Delta EBIT$ 为息税前利润变动额；$EBIT$ 为基期息税前利润。

上式经过整理，财务杠杆系数的计算公式也可以简化为：

$$\text{财务杠杆系数}(DFL)=\text{基期息税前利润}/(\text{基期息税前利润}-\text{利息})$$
$$=EBIT/(EBIT-I)$$

【例 4—7】 某公司发行在外的普通股股份数为 20 000 股，其他有关资料见表 4—2，计算该公司 2016 年的财务杠杆系数。

表 4—2 **公司财务数据表** 金额单位：元

项 目	2015 年	2016 年	变动额	变动率
息税前利润	200 000	400 000	+200 000	100%
债务利息	40 000	40 000	0	0
税前利润	160 000	360 000	+200 000	125%
所得税(25%)	40 000	90 000	+50 000	125%
税后利润	120 000	270 000	+150 000	125%
每股收益	6	13.5	+7.5	125%

解析：

根据上述公式，计算财务杠杆系数如下：

该公司 2016 年的财务杠杆系数=(7.5/6)/(200 000/200 000)=1.25

同理，也可按简化公式计算如下：

该公司 2016 年的财务杠杆系数=200 000/(200 000—40 000)=1.25

(三)财务杠杆与财务风险

财务风险是指在未来收益不确定的情况下，企业因负债筹资而产生的风险，尤其是指在筹资活动中利用财务杠杆可能导致企业普通股利润大幅度变动的风险。由于财务杠杆的作用，当企业息税前利润下降时，就不足以补偿固定利息支出，企业的普通股每股收益将以更快的速度下降，从而给企业造成财务风险。财务风险的实质是将借入资金的经营风险转移给了权益资本。财务杠杆放大了资产报酬变化对普通股收益的影响，财务杠杆系数越高，表明普通股收益的波动程度越大，财务风险也就越大。

四、总杠杆效应

(一)总杠杆

经营杠杆考察产销量变化对息税前利润的影响程度，财务杠杆考察息税前利润变化对每股收益的影响程度。如果两种杠杆同时起作用，那么产销量的变动就会使每股收益产生更大的变动。这种由于固定性经营成本和固定性资金成本共同存在而导致的普通股每股利润变动率大于产销量变动率的杠杆效应，称为总杠杆效应。

(二)总杠杆系数

只要企业同时存在固定性经营成本和固定性资金成本，就存在总杠杆效应。对总杠杆效应程度的测算指标是总杠杆系数。总杠杆系数是指普通股每股收益变动率相当于产销量变动率的倍数。其计算公式如下：

$$总杠杆系数(DTL)=普通股每股收益变动率/产销量变动率$$
$$=(\Delta EPS/EPS)/(\Delta Q/Q)$$

总杠杆系数与经营杠杆系数、财务杠杆系数的关系可用下式表示：

$$总杠杆系数(DTL)=经营杠杆系数(DOL)\times财务杠杆系数(DFL)$$

如果企业没有发行优先股，则总杠杆系数的计算可简化为：

$$总杠杆系数(DTL)=基期边际贡献/基期利润总额$$
$$=M/(EBIT-I)$$
$$=M/(M-F-I)$$

【例4—8】 某企业有关资料见表4—3，计算该企业2016年的经营杠杆系数、财务杠杆系数以及总杠杆系数。

表4—3　**企业财务数据表**　金额单位：万元

项　目	2015年	2016年	变动率
销售收入	1 000	1 200	20%
变动成本	400	480	20%
固定成本	400	400	0
息税前利润	200	320	60%
利息	80	80	0
税前利润	120	240	100%
所得税(25%)	30	60	100%
净利润	90	180	100%
普通股股份数	1 000	1 000	0
每股收益	0.09	0.18	100%

解析：

经营杠杆系数=(120/200)/(200/1000)=3

财务杠杆系数=(0.09/0.09)/(120/200)=1.67

总杠杆系数=(0.09/0.09)/(200/1000)=5

(三)总杠杆与企业风险

总杠杆系数反映了经营杠杆和财务杠杆之间的关系，用于评价企业的整体风险水平。总杠杆系数对企业风险的意义如下：首先，使公司管理层在产销量发生变化时，能够对每股收益的影响程度作出判断。其次，通过对经营杠杆和财务杠杆之间关系的揭示，有利于对经营风险和财务风险进行控制。也就是说，要保持一定的风险水平，需要维持一定的总杠杆系数。经营杠杆和财务杠杆可以有不同的组合。

第三节 资本结构

一、资本结构的含义

资本结构是指企业资本总额中各种资本的构成及其比例关系。资本结构有广义和狭义之分。广义的资本结构是指全部资金(包括长期资金、短期资金)的结构;狭义的资本结构是指长期资金的结构,即长期债务资金和权益资金的构成。狭义的资本结构中不包括短期负债。短期资本的需要量和筹集是经常变化的,并且在整个资本总量中所占的比重不稳定,因此只能作为营运资金来管理。本书所指的资本结构是狭义的资本结构。

资本结构一般只考虑长期资本的来源、组成及相互关系。资本结构是企业筹资决策的核心问题。企业筹集的资金主要有负债资金和权益资金两类,因此,资本结构问题总体来说是负债资金的比例问题,即负债资金在企业全部资本中所占的比重。

不同的资本结构会给企业带来不同的后果。企业举债经营具有双重影响,既可以发挥财务杠杆效应,也可能带来财务风险。因此,企业必须权衡财务风险和资金成本的关系,确定最佳资本结构。所谓最佳资本结构,是指在一定条件下使企业加权平均资金成本最低、企业价值最大的资本结构。从理论上讲,最佳资本结构是存在的,但由于企业内部条件和外部环境的经常性变化,保持最佳资本结构十分困难。因此,在实践中,目标资本结构通常是企业结合自身实际进行适度负债经营所确立的资本结构。

二、影响资本结构的因素

影响资本结构的因素很多,除了前面所提到的资金成本和风险以外,还要考虑以下几方面因素:

(一)企业产销业务量的稳定程度

企业产销业务量的稳定程度对资本结构具有重要的影响:如果产销业务量稳定,则企业可以较多地负担固定的财务费用;如果产销业务量和盈余有周期性,则负担固定的财务费用会承担较大的财务风险。此外,预计未来销售的增长率,可以决定财务杠杆在多大程度上扩大每股利润。

(二)企业的财务状况

财务状况良好、信用等级高的企业,举债融资能力强;相反,如果企业财务状况欠佳、信用等级不高,债权人的投资风险就会增大,因此企业只能以高利率来筹集资金,从而加大了债务资金成本。

(三)企业的资产结构

资产结构对企业资本结构的影响主要有:拥有大量固定资产的企业主要通过长期负债和发行股票来筹集资金,拥有较多流动资产的企业更多地依赖流动负债来筹集资金;资产适用于抵押贷款的企业负债较多,以技术研发为主的企业负债较少。

(四)企业所有者和管理人员的态度

从企业所有者的角度来看,如果企业股权分散,则企业可能更倾向于筹集权益资金,以分散企业风险;如果企业为少数股东控制,为防止控股权被稀释,企业一般尽量避免发行普通股,而倾向于发行优先股或筹集债务资金。从管理人员的角度来看，不喜欢冒险的管理人员倾向于选择低负债比例的资本结构。

（五）行业因素和企业发展周期

行业不同，企业的资本结构就会有很大差别。一般而言，产品市场稳定的成熟产业经营风险相对较低，可以提高债务资金的比重；需要大量科研经费投入、市场不成熟的产业经营风险相对较高，应该降低债务资金的比重。在同一企业的不同发展时期，资本结构也有所不同。在引入期和成长期，企业财务风险较低，经营风险较高，企业筹资以权益资金为主；企业发展至成熟期时，产销业务量稳定持续增长，经营风险较低，可适度增加债务资本比重；企业发展至收缩期时，经营风险逐步加大，应逐步降低债务资金比重，保持企业的持续经营能力，降低破产风险。

（六）税务政策和货币政策

企业利用负债可以获得减税利益，因此，所得税税率越高，债务资金的抵税作用就越大。同样，利率水平的变动趋势也会影响企业的资本结构。如果实行紧缩的货币政策，市场利率较高，则企业的债务资金成本率就会增大，企业就会选择权益资金。

三、资本结构优化的方法

（一）每股收益无差别点分析法

在资本结构的管理中，利用负债筹资是通过它的杠杆效应来增加股东财富的。财务杠杆多关注息税前利润的变化引起每股收益变动的程度，主要应用于具有不同债务筹资规模或比率的方案的财务风险的比较。但如果想解决在预期盈利水平下的筹资方式选择问题，特别是在债务资金筹集与发行普通股之间进行选择时，就可以运用每股收益无差别点分析法。企业通过分析每股收益与资本结构的关系，可以找到每股收益无差别点。

所谓每股收益无差别点，是指在不同筹资方式下，每股收益都相等时的息税前利润水平或产销业务量水平。根据每股收益无差别点，企业可以判断在什么样的息税前利润水平或产销业务量水平下，何种融资组合方式会给股东带来更大的净收益。每股收益无差别点满足如下公式：

$$(EBIT-I_1)(1-T)/N_1=(EBIT-I_2)(1-T)/N_2$$

式中，$EBIT$ 为息税前利润的平衡点，即每股收益无差别点；I_1、I_2为两种筹资方式下的债务利息；N_1、N_2为两种筹资方式下的普通股股数；T 为所得税税率。

在每股收益无差别点上，无论是采用负债筹资，还是股权筹资，每股收益都是相等的。当预计追加筹资后的 $EBIT$ 大于每股收益无差别点的 $EBIT$ 时，运用负债筹资可获得较高的每股收益；反之，当预计追加筹资后的 $EBIT$ 小于每股收益无差别点的 $EBIT$ 时，运用权益筹资可获得较高的每股收益。

【例 4—9】 某公司目前资金总额为 1 500 万元。因扩大规模准备追加筹资 500 万元，新的筹资方式有两种：发行债券或者发行股票。该公司资金结构变化情况见表 4—4，所得税税率为 25%，试比较并选择两种方案。

表 4—4　**该公司资金结构变化情况表**　金额单位：万元

项目＼筹资方式	原资金结构	增发普通股	增发债券
公司债券(利率 8%)	200	200	700
普通股(面值 10 元)	400	600	400
资本公积	500	800	500
留存收益	400	400	400
资金总额	1 500	2 000	2 000
普通股股数(万股)	40	60	40

注：发行新股时，每股价格为 25 元，筹资 500 万元需发行 20 万股。普通股股本增加 200 万元，资本公积增加 300 万元。

解析：

根据资金结构的变化情况，我们可采用每股收益分析法分析不同资金结构下普通股每股收益的影响，详细分析见表 4—5。

表 4—5　**该公司不同资金结构下的每股收益**　金额单位：万元

项目＼筹资方式	增发普通股	增发债券
预计息税前利润	300	300
减：利息	16	56
税前利润	284	244
减：所得税(25%)	71	61
净利润	213	183
普通股股数(万股)	60	40
每股收益(EPS)	3.55	4.575

从表 4—5 中可以看到，在息税前利润为 300 万元的情况下，采用增发债券的形式筹资，每股收益较高，更符合理财目标。

当息税前利润处于某一点时，无论采用哪种方式，每股收益都是相等的，这就是每股收益无差别点。

将公司资料代入每股收益无差别点的公式，则：

$(EBIT-16)\times(1-25\%)/60=(EBIT-56)\times(1-25\%)/40$

求得：$EBIT=136$(万元)

在此点：$EPS_1=EPS_2=1.5$(元)

因此，当盈利能力 $EBIT>136$ 万元时，采用发行债券的方式筹资较为有利；当盈利能力 $EBIT<136$ 万元时，采用发行普通股的方式筹资较为有利；当 $EBIT=136$ 万元时，两种筹资方式没有差别。该公司预计息税前利润为 300 万元，故采用发行债券的方式筹资较为有利。

（二）比较资金成本法

比较资金成本法是指企业在筹资决策时，首先拟定多个备选方案，然后分别计算各个方案的加权平均资金成本，最后通过比较确定最佳资本结构的方法。

【例 4—10】 某公司目前拥有资金 1 000 万元，其中：长期债券 400 万元，年利率 10%；普通股 600 万元，上年支付的每股股利为 2 元，预计股利增长率为 5%。普通股每股发行价格为 20 元。该公司所得税税率为 25%。假设发行的各种证券均无筹资费用。

该公司现拟筹集资金 100 万元以扩大生产经营规模，现有两个方案可供选择。

甲方案：增加长期借款 100 万元，借款利率增至 12%，假设其他条件不变。

乙方案：增发普通股 40 000 股，普通股每股市价增至 25 元，假设其他条件不变。

根据以上资料，用比较资金成本法确定该公司的最佳资本结构。

解析：

首先，计算筹资前的加权平均资金成本。

其资本结构为：长期债券 40%；普通股 60%。

债券资金成本＝10%×(1－25%)＝7.5%

普通股资金成本＝2×(1＋5%)/20＋5%＝15.5%

加权平均资金成本＝7.5%×40%＋15.5%×60%＝12.3%

其次，计算甲方案的加权平均资金成本。

债券资金成本＝10%×(1－25%)＝7.5%

普通股资金成本＝2×(1＋5%)/20＋5%＝15.5%

长期借款资金成本＝12%×(1－25%)＝9%

加权平均资金成本＝7.5%×(400÷1 100)＋15.5%×(600÷1 100)＋9%×(100÷1 100)＝12%

最后，计算乙方案的加权平均资金成本。

债券资金成本＝10%×(1－25%)＝7.5%

普通股资金成本＝2×(1＋5%)/25＋5%＝13.4%

加权平均资金成本＝7.5%×(400÷1 100)＋13.4%×(700÷1 100)＝11.25%

从以上计算可以看出，乙方案的加权平均资金成本较低，所以应选择乙方案，即增发普通股。

比较资金成本法仅以加权平均资金成本最低为选择标准，因测算过程简单，所以是一种相对便捷的方法。但这种方法只是比较了各种筹资组合方案的资金成本，难以区别不同筹资方案之间财务风险因素的差异。

本章小结

资金成本是企业为筹集和使用资金而付出的代价，是企业选择资金来源、选择筹资方案的依据。资金成本一般不用绝对金额来表示，而用资金成本率来表示。资金成本包括个别资金成本、平均资金成本和边际资金成本三种。

财务管理中的杠杆效应是由于固定费用的存在而导致的。经营杠杆是指由于固定性经营成本的存在，使得企业的息税前利润变动率大于产销业务量变动率的杠杆效应。经营杠杆的计量指标是经营杠杆系数，即息税前利润变动率相当于产销业务量变动率的倍数。经营杠杆会给企业带来一定的利益,同时也会带来相应的经营风险。

财务杠杆是指由于固定性资金成本的存在,使得普通股股东的权益变动大于息税前利润变动的杠杆效应。财务杠杆的计量指标是财务杠杆系数,即普通股每股收益变动率相当于息税前利润变动率的倍数。财务杠杆会给股东带来额外利益,也会加大企业财务风险。

只要企业同时存在固定性经营成本和固定性资金成本,就存在总杠杆效应。总杠杆的计量指标是总杠杆系数,即普通股每股收益变动率相当于产销量变动率的倍数。

资本结构是指企业资本总额中各种资本的构成及其比例关系。资本结构优化的方法有每股收益无差别点分析法、比较资金成本法等。这些方法适用于不同的情况,从不同的角度研究资本结构的优化。

本章案例

华中整体橱柜公司是一家上市公司,专业生产、销售整体橱柜。近年来,我国经济快速发展,居民掀起购房和装修热,该公司生产的不同类型的整体橱柜需求旺盛,销售收入增长迅速。公司预计北京及其周边地区的市场潜力较为广阔,销售收入预计每年将增长50%～100%。为此,公司决定在2017年年底前在北京郊区建成一座新厂,需要筹措资金5亿元,其中2 000万元可以通过公司自有资金解决,剩余的4 .8亿元需要从外部筹措。2016年8月31日,公司总经理周建召开总经理办公会议,研究筹资方案,并要求财务经理陆华提出具体计划,以提交董事会会议讨论。

公司在2016年8月31日的有关财务数据如下:

①资产总额为27亿元,资产负债率为50%。

②公司有长期借款2.4亿元,年利率为5%,每年年末支付一次利息。其中,6 000万元将在2年内到期,其他借款的期限尚余5年。借款合同规定公司资产负债率不得超过60%。

③公司发行在外的普通股为3亿股。

另外,公司2015年完成净利润2亿元。预计2016年全年可完成净利润2.3亿元。公司适用的所得税税率为25%。假定公司一直采用固定股利率分配政策,年股利率为每股0.6元。随后,公司财务经理陆华根据总经理办公会议的意见设计了两套筹资方案,具体如下:

方案一:以增发股票的方式筹资4.8亿元。

公司目前的普通股每股市价为10元。拟增发股票每股定价为8.3元,扣除发行费用后,预计净价为8元。为此,公司需要增发6 000万股股票以筹集4.8亿元资金。为了给公司股东以稳定的回报,维护其良好的市场形象,公司仍将维持其设定的每股0.6元的固定股利率分配政策。

方案二:以发行公司债券的方式筹资4.8亿元。

鉴于目前银行存款利率较低,公司拟发行公司债券。设定债券年利率为4%,期限为10年,每年付息一次,到期一次还本,发行总额为4.9亿元,其中预计发行费用为1 000万元。

请思考:上述两种筹资方案的优缺点有哪些?从中选出较佳的筹资方案。

第五章

项目投资管理

学习目标

理解项目投资的含义、特点与决策程序；掌握项目投资的现金流量的计算；掌握项目投资决策的评价指标及其计算方法；掌握项目投资决策评价指标的具体运用。

第一节　项目投资概述

一、项目投资的含义与类型

项目投资是一种以特定建设项目为对象，直接与新建项目或更新改造项目有关的长期投资行为。

工业企业的投资项目主要分为以新增生产能力为目的的新建项目和以恢复或改善原有生产能力为目的的更新改造项目两大类。

（一）新建项目

1. 单纯固定资产投资项目

是指只涉及固定资产投资而不涉及其他长期投资和流动资金投资的项目。

2. 完整工业投资项目

投资项目是指以新增工业生产能力为主的投资项目，其投资内容不仅包括固定资产投资，而且还包括流动资金投资。

（二）更新改造项目

1. 更新项目

更新项目即以全新的固定资产替换原有同型号的固定资产，投资该类项目的目的在于恢复固定资产的生产效率。

2. 改造项目

改造项目即以一种新型号的固定资产替换旧型号的固定资产，投资该类项目的目的在于改善生产条件。

二、项目投资的特点

与其他形式的投资相比，项目投资具有以下特点：

1. 投资金额大，影响时间长

项目投资，尤其是新建项目的投资，其规模一般较大，从资金投入到取得投资成果往往需要几年，甚至更长一段时间。

2. 投资风险大

由于项目投资的投资金额大、影响时间长，因此企业在投资决策时，需要对各种影响因素进行预测。同时，项目投资中的固定资产具有“专用性”，由于未来是不确定的，因此一旦市场发生难以意料的变化，就会给企业带来较大的损失。

3. 发生频率低

与营运资金投资相比，项目投资一般很少发生，特别是大规模的投资，一般要几年甚至几十年才能发生一次。

4. 变现能力差

固定资产投资的实物形态主要是厂房和机器设备等固定资产，这些资产不易改变用途，出售困难，变现能力较差。因此，固定资产投资一经完成，再想改变用途，不是无法实现就是代价太大。所以，有人称固定资产投资具有不可逆转性。

三、项目计算期的构成

项目计算期是指投资项目从投资建设开始到最终清理结束整个过程的全部时间，即该项目的有效持续期间。完整的项目计算期包括建设期和运营期。

建设期是指从项目资金正式投入开始到项目建成投产为止所需要的时间。建设期的第 1 年年初称为建设起点(记为第 0 年)，建设期的最后 1 年年末称为投产日(记作第 s 年)。在实践中，企业通常应参照项目建设工期或项目建设进度计划合理确定建设期。项目计算期的最后 1 年年末称为终结点，假定项目最终报废或清理均发生在终结点(但更新改造项目除外)。

运营期是指从投产日到终结点之间的时间间隔，包括试产期和达产期(完全达到设计生产能力)两个阶段。试产期是指项目投入生产，但生产能力尚未完全达到设计能力时的过渡阶段。达产期是指项目生产运营能力达到预期水平后的时间。运营期一般应根据项目主要设备的经济使用寿命期确定。

项目计算期(n)、建设期(s)和运营期(p)之间存在以下关系：

$$\text{项目计算期}(n)=\text{建设期}(s)+\text{运营期}(p)$$

$$\text{运营期}=\text{试产期}+\text{达产期}$$

图 5—1 为项目计算期构成示意图。

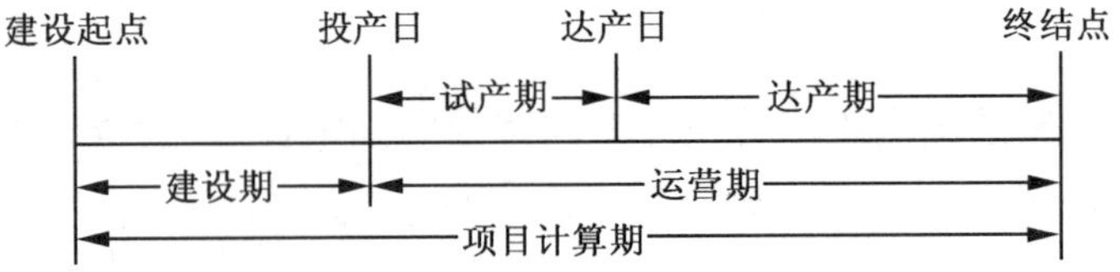

图 5—1 项目计算期构成示意图

四、项目投资的内容

(一)原始投资

从项目投资的角度看,原始投资(又称初始投资)是指企业为使该项目完全达到设计生产能力、开展正常经营而投入的全部现实资金,包括建设投资和流动资金投资两项内容。

1. 建设投资

建设投资是指在建设期内按一定生产经营规模和建设内容进行的投资,具体包括固定资产投资、无形资产投资和其他资产投资三项内容。

(1)固定资产投资是指项目用于购置或安装固定资产应当发生的投资。固定资产投资是任何类型项目中都不可缺少的投资内容。固定资产原值与固定资产投资之间的关系如下:

固定资产原值=固定资产投资+建设期资本化借款利息

(2)无形资产投资是指项目用于取得无形资产应当发生的投资。

(3)其他投资是指建设投资中除固定资产投资和无形资产投资以外的投资,包括生产准备投资和开办费投资。

2. 流动资金投资

流动资金投资是指项目投产前后分次或一次投放于流动资产项目的投资增加额,又称垫支流动资金投资或营运资金投资。

(二)项目总投资

项目总投资是反映项目投资总体规模的价值指标,它等于原始投资与建设期资本化利息之和。其中,建设期资本化利息是指在建设期发生的与购建项目所需的固定资产、无形资产等长期资产有关的借款利息。

项目总投资=原始投资+建设期资本化利息

【例5－1】 某企业拟新建一条生产线,需要在建设起点一次投入固定资产200万元,在建设期末投入无形资产25万元。建设期为1年,建设期资本化利息为10万元,全部计入固定资产原值。流动资金投资合计20万元。根据上述资料,计算该项目的固定资产原值、建设投资、原始投资、项目总投资等有关指标。

解析:

(1)固定资产原值=200+10=210(万元)

(2)建设投资=200+25=225(万元)

(3)原始投资=225+20=245(万元)

(4)项目总投资=245+10=255(万元)

五、项目资金投入的方式

原始投资的投入方式包括一次投入和分次投入两种形式。一次投入是指投资行为集中一次发生在项目计算期第1个年度的年初或年末。分次投入是指投资行为涉及2个或2个以上年度,或虽然只涉及1个年度但分别在该年的年初和年末发生。

六、项目投资决策的一般程序

(一)投资项目的提出

投资项目的提出是在把握良好投资机会的情况下,根据企业的长远发展战略、中长期投资计划和投资环境的变化来确定。一般而言，企业管理当局和企业高层管理人员提出的投资项目多是具有战略意义的项目或扩大生产能力的项目，其投资金额巨大，影响深远；企业各级管理部门和相关部门领导提出的投资项目多是一些战术性项目或维持性项目。

（二）投资项目的评价

投资项目的评价主要涉及以下几项工作：①拟定达到投资目标的各种可能的备选方案。②为每个备选方案搜集尽可能多的、对它们有影响的资料，包括政治、经济、法律、社会环境等方面的资料，其中有关预期成本、预期收入和潜在风险的数据要尽可能做到全面、可靠。③计算相关项目的建设周期，测算项目投产后的收入、费用和经济效益，估计相关现金流量。④运用各种投资评价指标，对备选方案进行分析比较。⑤确定最优方案，提交可行性报告，由决策部门批准。

（三）投资项目的决策

按照管理的决策权限，由企业高层管理人员或相关部门经理作出最后决策，形成以下结论之一：①接受项目，进行投资；②拒绝项目，不能投资；③重新论证项目。

（四）投资项目的执行

决定对某个项目进行投资后，企业应积极筹集资金，实施项目投资。在项目实施过程中，企业必须加强对工程进度、工程质量、施工成本和工程概预算等的管理，以确保工程质量，保证按时完成。

（五）投资项目的再评价

在投资项目的执行过程中，如果发现国家政策、市场环境、企业内部环境等方面发生了重大变化，使原来的投资决策变得不合理，企业必须确定是否终止投资，或采取其他补救措施，以减少损失。

第二节　项目投资的现金流量分析

一、现金流量的含义及作用

（一）现金流量的含义

在项目投资决策中，现金流量是指投资项目在其计算期内各项现金流入量与现金流出量的统称。这里的“现金”是广义的现金，它不仅包括各种货币资金，而且包括项目投资需要投入的企业拥有的非货币资源的变现价值。例如，一个项目需要使用原有的厂房、设备和材料等，则相关的现金流量是指它们的变现价值，而不是它们的账面成本。

（二）现金流量的作用

项目投资的决策依据是投资方案的现金流量而不是期间利润，这是因为现金流量在项目投资决策中有以下两个方面的作用：

1. 采用现金流量指标有利于考虑资金时间价值因素

由于投资项目的时间较长，因此资金时间价值的作用和影响不容忽视。通过确定投资项目每次收入与支出款项的具体发生时间，将现金流量信息与项目计算期的各个时点密切结合，有助于企业在计算投资决策评价指标时，应用资金时间价值的形式进行动态投资效果的综合评价。而利润的计算，并不考虑资金收支的时间。

2. 采用现金流量指标评价投资项目的经济效益更符合实际情况

利润的计算在一定程度上会受到存货估价、费用摊销和折旧计提等不同方法的影响，具有更大的主观性。而且，利润反映的是企业某个会计期间“应计”的现金流量，而不是实际的现金流量。如果企业将尚未实际收到现金的收入作为项目收入，则会高估项目的经济效益。

当然，在项目投资决策中采用现金流量指标，并非完全摒弃利润指标。如果不考虑资金的时间价值，在项目的计算期内，项目各期的利润总额与项目的现金净流量是一致的，而且项目投资决策中的现金流量可以净利润为基础进行适当调整得到。

二、确定现金流量应注意的问题和相关假设

(一)应注意的问题

准确估计投资项目的现金流量是投资决策分析最关键的问题，也是最困难的问题。只有合理地估计投资项目现金流量发生的时间和数量，才能作出正确的投资决策。合理估计投资项目的现金流量必须注意以下几个问题：

1. 在增量的基础上考虑现金流量

在确定投资方案的相关现金流量时，应遵循的基本原则是：只有增量现金流量才是与投资决策相关的现金流量。所谓增量现金流量，是指接受某个投资方案后，企业总现金流量发生变动的部分。由于采纳某个投资方案引起的企业现金流入的增加额，才是该方案的现金流入量；同样，由于采纳某个投资方案引起的企业现金流出的增加额，才是该方案的现金流出量。

2. 不能考虑沉没成本因素

沉没成本是指已经使用掉而无法收回的资金。这一成本对企业当前的投资决策不产生任何影响。例如，某公司在 2015 年曾经打算新建一个车间，并请一家会计师事务所作过可行性分析，支付咨询费 10 万元。后来，公司有了更好的投资机会，该项目就被搁置下来，但该笔咨询费作为费用已经入账了。2017 年旧事重提，公司在进行投资分析时，这笔咨询费已经发生，不管公司是否采纳新建车间的方案，它都已经无法收回，且与公司未来的现金流量无关。

3. 充分关注机会成本

在投资方案的选择中，如果选择了一个投资方案，就必须放弃投资于其他方案的机会，其他投资机会可能取得的收益，是实行本方案的一种代价，被称为这项投资方案的机会成本。机会成本并不是我们通常意义上所说的“成本”，它不是支出或费用，而是一种失去的潜在收益。例如，某公司把拥有的一块土地作为项目建设用地。如果这块土地出售可得 100 万元的收入，则这 100 万元就是该项目的机会成本。机会成本总是针对具体方案而言的，离开被放弃的方案就无法计量。机会成本在决策中的意义在于，它有助于全面考虑可能采取的各种方案，从而为既定资源寻求最为有利的使用途径。

4. 考虑项目对企业其他部门的影响

公司采纳一个新的投资项目后，可能会对公司其他部门产生有利或不利的影响。因此，公司在进行决策分析时，要考虑采用该投资方案对其他部门产生的影响。例如，某电器公司原来是生产电风扇的，现在准备投资新设备生产空调，预计新产品上市后，将对电风扇的销售产生不利影响。因此，公司在估计现金流量时，不能仅计算生产空调所增加的销售收入，而要在生产空调所增加的销售收入中扣除电风扇销售收入的减少额。

(二)相关假设

1. 投资项目类型的假设

假设投资项目只包括单纯固定资产投资项目、完整工业投资项目和更新改造投资项目三种类型。

2. 财务可行性分析假设

假设投资项目已经具备技术可行性和国民经济可行性,确定现金流量就是为了进行项目的财务可行性研究。

3. 项目投资假设

假设在确定项目现金流量时,站在企业投资者的立场,考虑全部投资的运动情况,而不具体区分为自有资金和借入资金等具体形式的现金流量。即使实际存在借入资金,也将其作为自有资金对待(但在计算固定资产原值和项目总投资时,还需要考虑借款利息因素)。

4. 运营期与折旧年限一致假设

假设项目主要固定资产的折旧年限或使用年限与运营期相同。

5. 时点指标假设

为了便于利用资金时间价值的形式,不论现金流量具体内容所涉及的价值指标实际上是时点指标还是时期指标,均假设按照年初或年末的时点指标处理。

在建设期内,流动资金投资在年初发生;在运营期内,各年的收入、成本、折旧、摊销、利润、税金等项目的确认均在年末发生;项目最终报废或清理均发生在终结点(但更新改造项目除外)。

6. 确定性因素假设

假设与项目现金流量有关的价格、产销量、成本水平、所得税税率等因素均为已知常数。

7. 产销平衡假设

假设运营期同一年的产量等于该年的销售量,假设按成本项目计算的当年成本费用等于按要素计算的成本费用。

三、现金流量的种类及其内容

(一)按现金流动的方向,现金流量可分为现金流出量和现金流入量

1. 现金流出量

现金流出量是指能够使投资方案的现实货币资金减少或需要动用现金的项目,简称现金流出。其主要包括以下内容:

(1)建设投资,即在建设期内按一定生产经营规模和建设内容进行的固定资产投资、无形资产投资和开办费投资等的总称,它是建设期发生的主要现金流出量项目。

(2)流动资金投资,即有关项目所发生的用于生产经营期周转使用的营运资金投资,又称为垫支流动资金。项目投资会引起库存现金、应收账款等流动资产和应付账款等流动负债的变化。

(3)经营成本,即在运营期内为了满足正常的生产经营活动而动用现实货币资金支付的成本费用,又称为付现的营运成本(简称付现成本),它是生产经营阶段最主要的现金流出量项目。

(4)各项税款,即项目投产后依法缴纳的、单独列示的各种税款,包括增值税、所得税等。

(5)其他现金流出,即不包括在以上内容中的现金流出量项目(如营业外净支出等)。

2. 现金流入量

现金流入量是指能够使投资方案的现实货币资金增加的项目，简称现金流入。其主要包括以下内容：

(1)营业收入，即固定资产投入运行以后新增产品的销售收入，它是运营期主要的现金流入量项目。

(2)收回的固定资产余值，即固定资产运行期满可收回的残值收入或提前变卖可收回的变价收入。

(3)收回的营运资金，即固定资产运行期满将收回的营运资金。

(4)其他现金流入量，即除以上三项指标外的现金流入量项目。

(二)按现金流动的时间，现金流量可分为初始现金流量、营业现金流量和终结现金流量

1. 初始现金流量

初始现金流量是指与投资方案相关的并于投资开始时(主要指项目建设工程中)发生的现金流量，也称初始投资。其主要包括：

(1)固定资产投资额，包括固定资产的购建成本、安装费、运杂费等现金流出量项目。

(2)流动资产投资额，即由于项目投入生产而发生的购置原材料、在产品等流动资产的现金流出量项目。

(3)机会成本。

(4)其他投资费用，即与投资项目有关的筹建费用、职工培训费用、谈判费用、注册费用等现金流出量项目。

(5)原有固定资产的变价收入，即固定资产更新时变卖原有固定资产所得的现金收入。

(6)所得税效应，即在更新改造项目中，固定资产重置时变价收入的税负损益。按规定，出售资产(如旧设备)时，如果出售价高于原价或账面净值，则应缴纳所得税，多缴的所得税构成现金流出量；如果出售价低于原价或账面净值，则出售资产产生的损失可以抵减当年的所得税支出，少缴的所得税构成现金流入量。

2. 营业现金流量

营业现金流量是指项目建成投产后，在整个经营期间内，因生产经营活动而产生的现金流入和流出的数量。营业现金流量通常按年计算。营业现金流入量主要是指因生产经营而使企业增加的营业收入，营业现金流出量则主要由付现成本和所得税构成。

3. 终结现金流量

终结现金流量是指项目终结(报废或转让)时发生的各种现金流量。其主要包括：

(1)固定资产变价净收入或残值收入，以及出售时的税负损益。固定资产出售时，如果预计固定资产残值收入大于税法规定的数额，则应上缴所得税，多缴的所得税形成现金流出量；反之，则可抵减所得税，少缴的所得税形成现金流入量。

(2)收回投资时垫支的营运资金。

四、完整工业投资项目现金流量的估算

(一)现金流入量的估算

1. 营业收入的估算

营业收入应按项目在运营期内有关产品的各年预计单价和预测销售量估算。营业收入作为现金收入本应按照当期现销收入额与回收以前年度应收账款合计数确认，但为了简化核算，

可假定正常经营年度内每期发生的赊销额与回收的应收账款大体相同，直接用营业收入作为现金流入。

2. 补贴收入的估算

补贴收入是与运营期收益有关的政府补贴，可根据按政策退还的增值税、按销量或工作量分期计算的定额补贴和财政补贴等予以估算。

3. 固定资产余值的估算

一般用固定资产的原值乘以法定净残值率估算终结点发生的固定资产余值。

4. 流动资金回收额的估算

假定在运营期不发生提前回收流动资金，在终结点一次性回收的流动资金等于各年垫支的流动资金投资额的合计数。

(二)现金流出量的估算

1. 建设投资的估算

建设投资包括固定资产投资、无形资产投资和其他资产投资三项内容。固定资产投资是所有类型的项目投资在建设期必然会发生的现金流出量项目，应按项目规模和投资计划所确定的各项建筑工程费用、设备购置成本、安装工程费用和其他费用来估算。无形资产投资和其他资产投资，应根据需要和可能，逐项按有关资产的评估方法和计价标准进行估算。

2. 流动资金投资的估算

流动资金是指在运营期内长期占用并周转使用的营运资金。流动资金投资的估算可按下式进行：

某年流动资金投资额(垫支数)＝本年流动资金需用数－截至上年的流动资金投资额
＝本年流动资金需用数－上年流动资金需用数

本年流动资金需用数＝该年流动资产需用数－该年流动负债可用数

上式中的流动资产只考虑存货、货币资金、应收账款和预付账款等项内容；流动负债只考虑应付账款和预收款项。

为了简化计算，我国有关建设项目的评估，假定流动资金投资可以从投产第 1 年开始安排。

【例 5－2】 某企业完整工业投资项目投产第 1 年预计流动资产需用额为 30 万元，流动负债可用额为 15 万元，假定该项投资发生在建设期末；投产第 2 年预计流动资产需用额为 40 万元，流动负债可用额为 20 万元，假定该项投资发生在投产后第 2 年年末。根据上述资料估算下列指标：

(1)每次发生的流动资金投资额。

(2)终结点回收的流动资金。

解析：

(1)投产第 1 年的流动资金需用额＝30－15＝15(万元)

第 1 年流动资金投资额＝15－0＝15(万元)

投产第 2 年的流动资金需用额＝40－20＝20(万元)

第 2 年流动资金投资额＝20－15＝5(万元)

(2)终结点回收流动资金＝15＋5＝20(万元)

3. 经营成本的估算

经营成本是所有类型的项目投资在运营期都要发生的主要现金流出量项目，它与融资方案无关。其估算公式如下：

某年经营成本＝该年的总成本费用(含期间费用)－该年折旧额
－该年无形资产和开办费的摊销额－该年计入财务费用的利息支出
＝该年不包括财务费用的总成本费用－该年折旧额
－该年无形资产和开办费的摊销额
＝该年外购原材料燃料和动力费＋该年工资及福利费
＋该年维修费＋该年其他费用

式中，其他费用是指从制造费用、管理费用和销售费用中扣除了折旧费、摊销费、材料费、修理费、工资及福利费以后的剩余部分。

【例 5－3】 某企业完整工业投资项目投产后第 1～5 年每年预计外购原材料、燃料和动力费为 50 万元，工资及福利费为 30 万元，其他费用为 10 万元，每年折旧费为 20 万元，无形资产摊销额为 5 万元；第 6～10 年每年不包括财务费用的总成本费用为 150 万元，其中：每年预计外购原材料、燃料和动力费为 90 万元，每年折旧额为 20 万元，无形资产摊销额为 0。根据上述资料估算下列指标：

(1)投产后各年的经营成本。

(2)投产后第 1～5 年每年不包括财务费用的总成本费用。

解析：

(1)投产后第 1～5 年每年的付现成本＝该年外购原材料、燃料和动力费＋该年工资及福利费＋该年维修费＋该年其他费用＝50＋30＋10＝90(万元)

投产后第 6～10 年每年的付现成本＝该年不包括财务费用的总成本费用－该年折旧额－该年无形资产和开办费的摊销额＝150－20－0＝130(万元)

(2)投产后第 1～5 年每年不包括财务费用的总成本费用＝该年付现成本＋该年折旧额＋该年无形资产摊销额＝90＋20＋5＝115(万元)

4. 税金及附加的估算

在项目投资决策中，企业在运营期内应缴纳的税金及附加应按消费税、资源税、城市维护建设税和教育费附加等逐项进行估算。

5. 维持运营投资的估算

本项投资是指矿山、油田等行业为维持正常运营而需要在运营期投入的固定资产。维持运营投资应根据特定行业的实际需要估算。

6. 调整所得税的估算

为了简化计算，调整所得税等于息税前利润与适用所得税税率的乘积。

调整所得税＝息税前利润×适用所得税税率

息税前利润＝营业收入－不包括财务费用的总成本费用－营业税金及附加
＝利润总额＋利息

五、净现金流量的确定

(一)净现金流量的含义

净现金流量(*NCF*)又称现金净流量，是指在项目计算期内由每年现金流入量与同年现金流出量的差额所形成的序列指标。它是计算项目投资决策评价指标的重要依据。其计算公式如下：

建设期某年净现金流量(NCF_t)=该年现金流入量(CI_t)-该年现金流出量(CO_t)

其中,$t=0,1,2,\cdots,n$。

净现金流量具有以下两个特征:第一,无论是在运营期内还是在建设期内,都存在净现金流量的范畴。第二,由于项目计算期不同阶段的现金流入量和现金流出量发生的可能性不同,因此各阶段的净现金流量在数值上表现出不同的特点。例如,建设期内的净现金流量一般小于或等于零,运营期内的净现金流量则多为正值。

(二)项目投资净现金流量的简化计算方法

为了简化净现金流量的计算,企业可以根据项目计算期不同阶段的现金流入量和现金流出量的具体内容,直接计算各阶段的净现金流量。

1. 单纯固定资产投资项目

(1)建设期净现金流量的计算。若单纯固定资产投资项目的固定资产投资均在建设期内投入,则建设期某年净现金流量可按如下简化公式计算:

建设期某年净现金流量=-该年发生的固定资产投资额

(2)运营期净现金流量的计算。运营期某年净现金流量的简化计算公式如下:

运营期某年所得税前净现金流量=营业收入-经营成本-营业税金及附加
=该年因使用该固定资产新增的息税前利润
+该年因使用该固定资产新增的折旧

运营期某年所得税后净现金流量=营业收入-经营成本-营业税金及附加-调整所得税
=该年因使用该固定资产新增的息税前利润
×(1-所得税税率)+该年因使用该固定资产
新增的折旧

(3)终结点净现金流量的计算。终结点净现金流量的简化计算公式如下:

终结点所得税前净现金流量=营业收入-经营成本-营业税金及附加+回收的固定
资产净残值
=该年因使用该固定资产新增的息税前利润+该年因使用
该固定资产新增的折旧+回收的固定资产净残值

终结点所得税后净现金流量=营业收入-经营成本-营业税金及附加-调整所得税
+回收的固定资产净残值
=该年因使用该固定资产新增的息税前利润×(1-所得税
税率)+该年因使用该固定资产新增的折旧+回收的
固定资产净残值

【例5-4】 企业拟购建一项固定资产,需在建设起点一次投入全部资金1 000万元,固定资产的预计使用寿命为10年,期末有100万元净残值,按直线法计提折旧。建设期为1年,发生建设期资本化利息100万元。预计投产后每年可使企业新增100万元的息税前利润,适用的企业所得税税率为25%。计算该项目各年净现金流量。

解析:

项目计算期=1+10=11(年)

固定资产原值=1 000+100=1 100(万元)

投产后第1~10每年的折旧额=(1 100-100)÷10=100(万元)

建设期净现金流量:

NCF_0＝－1 000 万元

NCF_1＝0

运营期所得税前净现金流量：

$NCF_{2\sim10}$＝100＋100＋0＝200(万元)

终结点所得税前净现金流量：

NCF_{11}＝100＋100＋100＝300(万元)

运营期所得税后净现金流量：

$NCF_{2\sim10}$＝100×(1－25%)＋100＝175(万元)

终结点所得税后净现金流量：

NCF_{11}＝100×(1－25%)＋100＋100＝275(万元)

2. 完整工业投资项目

建设期某年净现金流量＝－该年原始投资额

如果项目在运营期内不追加流动资金投资，则完整工业投资项目的运营期某年所得税前净现金流量可按如下简化公式计算：

运营期某年所得税前净现金流量＝该年息税前利润＋该年折旧＋该年摊销－该年维持运营投资

完整工业投资项目的运营期某年所得税后净现金流量可按如下简化公式计算：

运营期某年所得税后净现金流量＝该年息税前利润×(1－所得税税率)＋该年折旧＋该年摊销－该年维持运营投资

如果不考虑维持运营投资，而且回收额为零，则运营期所得税后净现金流量又称为经营净现金流量。按照有关回收额均发生在终结点上的假设，运营期内回收额不为零时的所得税后净现金流量亦称为终结点所得税后净现金流量。显然，终结点所得税后净现金流量等于终结点那一年的经营净现金流量与该期回收额之和。

【例 5－5】 某工业项目需要原始投资 1 250 万元，其中固定资产投资 1 000 万元，开办费投资 50 万元，流动资金投资 200 万元。建设期为 1 年，建设期发生与购建固定资产有关的资本化利息为 100 万元。固定资产投资和开办费投资于建设起点投入，流动资金于完工时，即第 1 年年末投入。该项目寿命期为 10 年，固定资产按直线法折旧，期满有 100 万元净残值。开办费于投产当年一次摊销完毕，流动资金于终结点一次回收。预计投产后第 1 年可获息税前利润 100 万元，运营期第 2～5 年的息税前利润均为 180 万元，第 6～10 年的息税前利润均为 200 万元。适用的企业所得税税率为 25%。分别计算项目投资各年的税后净现金流量。

解析：

项目计算期＝1＋10＝11(年)

固定资产原值＝1000＋100＝1100(万元)

投产后第 1～10 每年的折旧额＝(1100－100)÷10＝100(万元)

建设期净现金流量：

NCF_0＝－(1 000＋50)＝－1050(万元)

NCF_1＝－200 万元

运营期所得税后净现金流量：

NCF_2＝100×(1－25%)＋100＋50＝225(万元)

$NCF_{3\sim6}$＝180×(1－25%)＋100＝235(万元)

$NCF_{7\sim10}=200\times(1-25\%)+100=250$(万元)

终结点所得税后净现金流量：

$NCF_{11}=200\times(1-25\%)+100+100+200=550$(万元)

3. 更新改造投资项目

建设期某年净现金流量＝－(该年发生的新固定资产投资－该年旧固定资产变价净收入)

建设期末的净现金流量＝因旧固定资产提前报废发生净损失而抵减的所得税税额

如果建设期为零，则运营期所得税后净现金流量的简化公式如下：

运营期第1年所得税后净现金流量＝该年因更新改造而增加的息税前利润×(1－所得税税率)＋该年因更新改造而增加的折旧额＋因旧固定资产提前报废发生净损失而抵减的所得税税额

运营期其他各年所得税后净现金流量＝该年因更新改造而增加的息税前利润×(1－所得税税率)＋该年因更新改造而增加的折旧额＋该年回收新固定资产净残值超过假定继续使用的旧固定资产净残值的差额

因旧固定资产提前报废发生净损失而抵减的所得税税额＝旧固定资产清理净损失×所得税税率

【例5－6】 某企业打算变卖一套尚可使用5年的旧设备，另购置一套新设备来替换它。取得新设备的投资额为150 000元，旧设备的折余价值为60 000元，其变价净收入为50 000元。到第5年年末，新设备与继续使用旧设备届时的预计净残值相等。新旧设备的替换将在当年内完成(即更新设备的建设期为0)。使用新设备可使企业在第1年增加营业收入60 000元，增加经营成本35 000元；从第2～5年内每年增加营业收入70 000元，增加经营成本40 000元。设备采用直线法计提折旧，适用的企业所得税税率为25%。计算该更新设备项目在项目计算期内各年的差量净现金流量。

解析：

①更新设备比继续使用旧设备增加的投资额＝新设备的投资－旧设备的变价净收入＝150 000－50 000＝100 000(元)

②运营期第1～5年每年因更新改造而增加的折旧＝100 000÷5＝20 000(元)

③运营期第1年不包括财务费用的总成本费用的变动额＝该年增加的经营成本＋该年增加的折旧＝35 000＋20 000＝55 000(元)

④运营期第2～5年每年不包括财务费用的总成本费用的变动额＝40 000＋20 000＝60 000(元)

⑤因旧设备提前报废发生的处理固定资产净损失＝旧设备的折余价值－变价净收入
＝60 000－50 000＝10 000(元)

⑥因旧固定资产提前报废发生净损失而抵减的所得税税额＝10 000×25%＝2 500(元)

⑦运营期第1年息税前利润的变动额＝60 000－55 000＝5 000(元)

⑧运营期第2～5年每年息税前利润的变动额＝70 000－60 000＝10 000(元)

⑨按简化公式确定的建设期差量净现金流量如下：

$\Delta NCF_0 = -(150\ 000 - 50\ 000) = -100\ 000$(元)

$\Delta NCF_1 = 5\ 000 \times (1-25\%) + 20\ 000 + 2\ 500 = 26\ 250$(元)

$\Delta NCF_{2\sim5} = 10\ 000 \times (1-25\%) + 20\ 000 = 27\ 500$(元)

第三节　项目投资决策的评价指标

一、投资决策评价指标及其类型

(一)投资决策评价指标的含义

投资决策评价指标是指用于衡量和比较投资项目的可行性,据以进行方案决策的定量化标准与尺度。

(二)投资决策评价指标的分类

1. 按是否考虑资金时间价值,可分为静态评价指标和动态评价指标

静态评价指标是指在计算过程中不考虑资金时间价值因素的指标,又称为非贴现的评价指标,包括投资收益率和静态投资回收期;动态评价指标是指在指标计算过程中充分考虑和利用资金时间价值的指标,又称为贴现评价指标,主要包括净现值、净现值率、获利指数和内部收益率。

2. 按指标性质的不同,可分为正指标和反指标

在一定范围内越大越好的指标是正指标,越小越好的指标是反指标。如静态投资回收期为反指标。

3. 按指标在决策中的重要性的不同,可分为主要指标、次要指标和辅助指标

净现值、内部收益率等为主要指标;静态投资回收期为次要指标;投资收益率为辅助指标。

二、静态评价指标的含义及计算方法

(一)静态投资回收期

1. 静态投资回收期的含义

静态投资回收期,简称回收期,是指在不考虑资金时间价值的情况下,以投资项目经营净现金流量抵偿原始总投资所需要的全部时间。

2. 静态投资回收期的种类

静态投资回收期可分为包括建设期的回收期和不包括建设期的回收期。

$$\text{包括建设期的回收期}(PP) = \text{不包括建设期的回收期}(PP') + \text{建设期}$$

3. 静态投资回收期的计算公式

(1)当某一项目的投资全部发生在建设期内,投产后一定期间内每年经营净现金流量相等,且其合计大于或等于原始投资额,可按如下简化公式计算投资回收期:

$$\text{不包括建设期的回收期}(PP') = \frac{\text{原始投资合计}}{\text{运营期每年相等的净现金流量}}$$

(2)如果每年净现金流量不相等,或原始投资是分几年投入的,其计算公式如下:

$$\text{不包括建设期的回收期}(PP') = \text{累计净现金流量最后出现负数的年份数} + \frac{\text{该年尚未收回的投资额}}{\text{次年的净现金流量}}$$

【例 5—7】 假设某企业有三个投资项目,有关数据见表 5—1,计算三个投资项目的静态投资回收期。

表 5—1 **三个投资项目的现金流量表** 单位:万元

年份	项目 A	项目 B	项目 C
第 0 年	—20 000	—9 000	—12 000
第 1 年	11 800	1 200	4 600
第 2 年	13 240	6 000	4 600
第 3 年		6 000	4 600

解析:

三个投资项目静态投资回收期的计算见表 5—2。

表 5—2 **三个投资项目静态投资回收期的计算表** 单位:万元

项目	年份	现金流量	累计回收金额	未回收金额
项目 A	第 0 年	—20 000	0	20 000
	第 1 年	11 800	11 800	8 200
	第 2 年	13 240	25 040	0
项目 A 的静态投资回收期=1+(8 200÷13 240)=1.62(年)				
项目 B	第 0 年	—9 000	0	9 000
	第 1 年	1 200	1 200	7 800
	第 2 年	6 000	7 200	1 800
	第 3 年	6 000	13 200	0
项目 B 的静态投资回收期=2+(1 800÷6 000)=2.30(年)				
项目 C 的静态投资回收期=12 000÷4 600=2.61(年)				

4. 静态投资回收期法的优缺点

静态投资回收期法的优点:①能够直观地反映原始投资的返本期限。②便于理解,计算比较简单。③可以直接利用回收期之前的净现金流量信息。

静态投资回收期法的缺点:①没有考虑资金时间价值因素。②不能正确反映不同的投资方式对项目的影响。③没有考虑回收期满后发生的净现金流量,可能会导致投资者优先考虑急功近利的投资项目。

5. 静态投资回收期法的决策原则

只有静态投资回收期指标小于或等于基准投资回收期(通常由企业自行确定或根据行业标准确定)的投资项目,才具有财务可行性。

在实务分析中,独立项目比较时,包括建设期的回收期≤计算期的 1/2,不包括建设期的回收期≤运营期的 1/2,方案可行;互斥项目比较时,应选择回收期最短的方案。

(二)投资收益率

1. 投资收益率的含义

投资收益率又称投资报酬率,是指达产期正常年份的年息税前利润或运营期年均息税前利润占项目总投资的百分比,记作 *ROI*。

2. 投资收益率的计算公式

$$投资收益率(ROI)=\frac{年息税前利润或年均息税前利润}{项目投资总额}\times 100\%$$

【例 5—8】 接【例 5—7】,项目 A、B、C 的年息税前利润见表 5—3,计算三个投资项目的投资收益率。

表 5—3 **三个投资项目的年息税前利润表** 单位:万元

年份	项目 A	项目 B	项目 C
第 1 年	1 800	—1 800	600
第 2 年	3 240	3 000	600
第 3 年		3 000	600

解析:

$$项目 A 的投资收益率=\frac{(1\ 800+3\ 240)\div 2}{20\ 000}\times 100\%=12.6\%$$

$$项目 B 的投资收益率=\frac{(-1\ 800+3\ 000+3\ 000)\div 3}{9\ 000}\times 100\%=15.6\%$$

$$项目 C 的投资收益率=\frac{(600+600+600)\div 3}{12\ 000}\times 100\%=5\%$$

【例 5—9】 某工业项目的原始投资为 800 万元,建设期为 2 年,建设期发生的与购建固定资产有关的资本化利息为 200 万元,项目运营期为 5 年,项目投产后每年获得的息税前利润分别为 100 万元、200 万元、250 万元、300 万元、250 万元,计算该项目的投资收益率指标。

解析:

$$投资收益率=\frac{(100+200+250+300+250)\div 5}{800+200}\times 100\%=22\%$$

3. 投资收益率法的优缺点

投资收益率法的优点:计算公式简单。

投资收益率法的缺点:①没有考虑资金时间价值因素,也不能说明投资项目的可能风险。②不能正确反映建设期的长短、投资方式的不同和回收额的有无等条件对项目的影响。③分子、分母的时间特征不一样,计算口径的可比性较差。④计算时使用会计上的数据,无法直接利用净现金流量信息。

4. 投资收益率法的决策原则

只有投资收益率指标大于或等于基准投资收益率指标(通常由企业自行确定或根据行业标准确定)的投资项目,才具有财务可行性。在多个投资项目的互斥性决策中,项目的投资收益率越高,说明该项目的投资效果越好,因此应该选择投资收益率最高的投资项目。

三、动态评价指标的含义及计算方法

(一)净现值

1. 净现值的含义

净现值(net present value,NPV)是指在项目计算期内,按行业基准收益率或企业根据项目特点设定的贴现率计算的投资项目未来现金流入现值与未来现金流出现值之间的差额(即现金净流量现值的代数和)。

2. 净现值的计算公式

$$NPV=\sum_{t=0}^{n}\frac{I_t}{(1+i)^t}-\sum_{t=0}^{n}\frac{O_t}{(1+i)^t}$$
$$=\sum_{t=0}^{n}\frac{NCF_t}{(1+i)^t}$$

式中,n 为项目计算期(包括建设期和运营期);I_t为第 t 年的现金流入量;O_t为第 t 年的现金流出量;i 为预定的贴现率;NCF_t为各年现金净流量。

投资项目净现值的计算一般包括以下步骤:①估算投资项目每年的现金流量,包括现金流入量和现金流出量。②选用适当的贴现率,将投资项目各年的折现系数通过查表确定下来。③将各年的现金流量乘以相应的折现系数,求出现值。④汇总各年现金流量的现值,得出投资项目的净现值。

投资项目净现值的计算,可分为以下两种情况:

(1)若各年现金净流量相等,则其计算公式如下:

NPV=年现金净流量×年金现值系数-原始投资额=$NCF\times(P/A,i,n)-I_0$

(2)若各年现金净流量不相等,则其计算公式如下:

$$NPV=\sum_{t=0}^{n}(\text{各年现金净流量}\times\text{各年的复利现值系数})-\text{原始投资额}$$
$$=\sum_{t=0}^{n}NCF_t\times(P/F,i,t)-I_0$$

需要注意的是,以上公式中如果原始投资是分次投入的,则也要按一定的贴现率折成现值,其折现方法同现金流量的折现方法一样。

【例 5-10】 根据表 5-1 的有关资料,假设贴现率为 10%,计算三个投资项目的净现值。

解析:

项目 A 的净现值=11 800×(P/F,10%,1)+13 240×(P/F,10%,2)-20 000

=11 800×0.909 1+13 240×0.826 4-20 000

=1 669(万元)

项目 B 的净现值=1 200×(P/F,10%,1)+6 000×(P/F,10%,2)+6 000×(P/F,10%,3)-9 000

=1 200×0.909 1+6 000×0.826 4+6 000×0.751 3-9 000

=1 557(万元)

项目 C 的净现值=4 600×(P/A,10%,3)-12 000

=4 600×2.486 9-12 000

=-560(万元)

【例 5—11】 某企业进行一项固定资产投资，假设资金分两次投入，贴现率为 10%，建设期为 2 年，生产经营期为 5 年，各年现金净流量见表 5—4，计算项目的净现值。

表 5—4　**各年现金净流量**　单位：万元

年份	第 0 年	第 1 年	第 2 年	第 3 年	第 4 年	第 5 年	第 6 年	第 7 年
现金净流量	−200	−200	0	150	150	150	150	160

解析：

$$NPV = 150\times(P/A,10\%,5)\times(P/F,10\%,2)+(160-150)\times(P/F,10\%,7)-200\times(P/F,10\%,1)-200$$
$$=150\times3.790\,8\times0.826\,4+10\times0.513\,2-200\times0.909\,1-200$$
$$=93.22\text{(万元)}$$

3. 净现值法的优缺点

净现值法的优点：①考虑了资金时间价值因素，增强了投资经济性的评价。②考虑了项目计算期内全部的净现金流量，体现了流动性与收益性的统一。③考虑了投资风险，因为贴现率的大小与风险大小有关，风险越大，贴现率就越高。

净现值法的缺点：①净现值是一个绝对数，无法从动态的角度直接反映投资项目的实际收益率水平。在进行互斥性投资决策时，如果各项目的投资额不等，仅用净现值指标往往无法确定投资项目的优劣。②计算过程比较繁琐。③净现值的计算需要有较准确的现金净流量的预测，并且要正确选择贴现率，而实际上现金净流量的预测和贴现率的选择都比较困难。

4. 净现值法的决策原则

(1)单项决策时，若 $NPV\geqslant0$，则项目可行；若 $NPV<0$，则项目不可行。

(2)多项互斥投资决策时，在净现值大于零的投资项目中，选择净现值最大的投资项目。

5. 投资项目贴现率的确定

在项目投资评价中，正确选择贴现率非常重要，它直接关系到投资项目的评价结果。如果选择的贴现率过低，则会导致一些经济效益较差的项目得以通过，从而浪费了有限的社会资源；如果选择的贴现率过高，则会导致一些经济效益较好的项目不能通过，从而使有限的社会资源得不到充分利用，也使企业失去了一次发展的机会。

在实务中，一般可以采用以下几种方法确定投资项目的贴现率：①以投资项目的资金成本作为贴现率。②以投资的机会成本作为贴现率。③根据投资的不同阶段，分别采取不同的贴现率。例如，在计算项目建设期现金流量的现值时，以贷款的实际利率作为贴现率；在计算项目运营期现金流量的现值时，以全社会资金平均收益率作为贴现率。④以行业平均资金收益率作为项目贴现率。

(二)净现值率

1. 净现值率的含义

净现值率是指投资项目的净现值占原始投资现值总和的比率，亦可将其理解为单位原始投资的现值所创造的净现值，记作 $NPVR$。

2. 净现值率的计算公式

$$\text{净现值率}(NPVR)=\frac{\text{投资项目的净现值}}{\text{原始投资现值总和}}\times100\%$$

【例 5—12】 接【例 5—11】,假设贴现率为 10%,计算该项目的净现值率。

解析:

$$NPVR=\frac{93.22}{200\times(P/F,10\%,1)+200}\times 100\%=24.41\%$$

3. 净现值率法的决策原则

(1)单个方案:若 $NPVR\geqslant 0$,则项目可行;若 $NPVR<0$,则项目不可行。

(2)互斥方案:应采用 $NPVR\geqslant 0$ 中的最大者。

4. 净现值率法的优缺点

净现值率法的优点:①考虑了资金时间价值因素。②可以从动态的角度反映项目投资的资金投入与净产出之间的关系。③由于净现值率是用相对数来表示,因此有利于在初始投资额不同的投资方案之间进行对比。④计算过程比较简单。

净现值率法的缺点:①无法直接反映投资项目的实际收益率。②在资本决策过程中,可能导致片面追求较高的净现值率,在企业资本充足的情况下,有降低企业投资利润总额的可能。

(三)现值指数

1. 现值指数的含义

现值指数又称获利能力指数、现值比率、折现后收益—成本比率、利润指数,是未来现金流入量的现值与现金流出量的现值的比率,也是运营期各年净现金流量的现值合计与原始投资的现值合计之比,记作 PI。

2. 现值指数的计算公式

$$PI=\frac{\sum_{t=0}^{n}\frac{I_t}{(1+i)^t}}{\sum_{0}^{n}\frac{O_t}{(1+i)^t}}=\frac{\text{各年净现金流量的现值合计}}{\text{原始投资的现值合计}}$$

式中,n 为项目计算期(包括建设期和运营期);I_t 为第 t 年的现金流入量;O_t 为第 t 年的现金流出量;i 为预定的贴现率。

从净现值率和现值指数的定义可知,这两个指标存在以下关系:

$$\begin{aligned}\text{净现值率}&=\text{投资项目的净现值}\div\text{原始投资的现值合计}\\&=\frac{\text{各年净现金流量的现值合计}-\text{原始投资的现值合计}}{\text{原始投资的现值合计}}\\&=\text{现值指数}-1\end{aligned}$$

$$\text{现值指数}=1+\text{净现值率}$$

【例 5—13】 根据表 5—1 的有关资料,假设贴现率为 10%,计算三个投资项目的现值指数。

解析:

项目 A 的现值指数=21 669÷20 000=1.08

项目 B 的现值指数=10 557÷9 000=1.17

项目 C 的现值指数=11 440÷12 000=0.95

项目 A 和项目 B 的现值指数大于 1,说明其收益超过成本,即投资报酬率超过预定的贴现率。项目 C 的现值指数小于 1,说明其投资报酬率没有达到预定的贴现率。如果现值指数为 1,则说明贴现后现金流入量等于现金流出量,投资报酬率与预定的贴现率相同。

3. 现值指数法的决策原则

与净现值率一样，现值指数也是一个贴现的相对量评价指标，采用这种方法的判断标准是：如果 $PI \geqslant 1$，则该投资项目可行；如果 $PI < 1$，则该投资项目不可行。如果几个投资项目的现值指数都大于1，那么现值指数越大，投资项目越好。但在进行互斥性投资决策时，在保证现值指数大于1的情况下，使追加投资所得的追加收入最大化是其决策原则，而不是选择现值指数最大的方案。

4. 现值指数法与净现值法的联系与区别

(1)现值指数法与净现值法的本质相同，特别是在进行投资项目的可行性分析时，采用这两种方法将得到相同的结果，因为如果一个投资项目的 $NPV \geqslant 0$，则一定有 $PI \geqslant 1$。

(2)两者都着眼于现金净流量及其资金时间价值，都需要准确地预测投资项目有效期内的现金净流量。

(3)在原始投资额不同的两个方案之间进行决策分析时，采用现值指数法与净现值法进行评价，所得结果可能不一致。在【例5－10】中，项目A的净现值是1 669万元，项目B的净现值是1 557万元。如果这两个方案之间是互斥的，当然项目A较好；如果这两个方案是独立的，哪一个应优先给予考虑，就可以根据现值指数来选择。项目B的现值指数为1.17，大于项目A的现值指数1.08，所以项目B优于项目A。现值指数可以看成是1元原始投资可望获得的现值净收益，因此，现值指数可以作为评价方案的一个指标。现值指数是一个相对数指标，反映投资的效率；而净现值指标是绝对数指标，反映投资的效益。

5. 现值指数法的优缺点

现值指数法的优点：①考虑了资金时间价值因素。②考虑了项目计算期的全部现金流量。③考虑了投资风险。④能够从动态的角度反映项目投资的资金投入与总产出之间的关系，有利于在初始投资额不同的投资方案之间进行优劣排序。

现值指数法的缺点：①不能直接反映投资项目本身可能达到的实际收益率。②计算过程相对复杂。

(四)内部收益率

1. 内部收益率的含义

内部收益率(internal rate of return，IRR)又称内含报酬率，是指能使未来现金流入现值等于未来现金流出现值的贴现率，或者说是使投资项目的净现值等于零的贴现率。内部收益率就是项目投资实际可望达到的收益率。

2. 内部收益率的计算公式

内部收益率满足下列等式：

$$NPV = \sum_{t=0}^{n} \frac{NCF}{(1+IRR)^t} = 0$$

式中，NCF_t 为第 t 年的现金净流量；IRR 为内部收益率；n 为项目计算期(包括建设期和运营期)。

内部收益率的计算过程及具体办法根据各年现金净流量的不同，可分为以下两种情况：

(1)当建设期为零，全部投资于建设起点一次投入，运营期各年的现金净流量相等时，其计算步骤为：

第一步：计算年金现值系数：

$$年金现值系数 = \frac{初始投资额}{每年现金净流量}$$

第二步：查“年金现值系数表”，在相同的期数内，找出与上述年金现值系数相邻近的较大和较小的两个贴现率。

第三步：根据上述两个邻近的贴现率和已求的年金现值系数，采用内插法计算出该投资方案的内部收益率。

(2)如果各年的现金净流量不相等，就需要采用逐步测试法与内插法相结合的方法。其计算步骤为：

第一步：先估计一个贴现率，并按此贴现率计算净现值。如果计算出的净现值为正数，则表示预计的贴现率小于该方案的实际内部收益率，应提高贴现率，再进行测算；如果计算出的净现值为负数，则表示预计的贴现率大于该方案的实际内部收益率，应降低贴现率，再进行测算。经过反复测算，就可以找出净现值由正到负并且比较接近于零的两个贴现率。

第二步：根据上述两个相邻的贴现率，并借助内插法，计算出方案的实际内部收益率。

【例 5—14】 根据表 5—1 的有关资料，计算三个投资项目的内部收益率。

解析：

(1)第一步：项目 A 内部收益率的计算见表 5—5。

表 5—5 **项目 A 内部收益率的计算表** 金额单位：万元

年份	现金净流量	贴现率					
		15%		16%		18%	
		贴现系数	现值	贴现系数	现值	贴现系数	现值
第 0 年	−20 000	1	−20 000	1	−20 000	1	−20 000
第 1 年	11 800	0.869 6	10 261.28	0.862 1	10 172.78	0.847 5	10 000.50
第 2 年	13 240	0.756 1	10 010.76	0.743 2	9 839.97	0.718 2	9 508.97
净现值			272.04		12.75		−490.53

通过不断测试可知，贴现率为 16%和 18%时，项目 A 的净现值接近零，因此可以认为项目 A 的内部收益率在 16%和 18%之间。

第二步：采用内插法确定项目 A 的内部收益率，见表 5—6。

表 5—6 **采用内插法确定项目 A 的内部收益率**

贴现率	净现值(万元)
16%	12.75
i=?	0
18%	−490.53

根据表 5—6，可以列出式子：

$$\frac{i-16\%}{18\%-16\%}=\frac{0-12.75}{-490.53-12.75}$$

则：$IRR=i=16.05\%$

因此，项目 A 的内部收益率为 16.05%。

(2)采用同样方法可以计算项目 B 的内部收益率。

第一步：项目B内部收益率的计算，见表5—7。

表5—7　　项目B内部收益率的计算表　　金额单位：万元

年份	现金净流量	贴现率					
		15%		16%		18%	
		贴现系数	现值	贴现系数	现值	贴现系数	现值
第0年	−9 000	1	−9 000	1	−9 000	1	−9 000
第1年	1 200	0.869 6	1 043.52	0.862 1	1 034.52	0.847 5	1 017.00
第2年	6 000	0.756 1	4 536.60	0.743 2	4 459.20	0.718 2	4 309.20
第3年	6 000	0.657 5	3 945.00	0.640 7	3 844.20	0.608 6	3 651.60
净现值			525.12		337.92		−22.2

经过反复测试可知，贴现率为16%和18%时，项目B的净现值接近零，因此可以认为项目B的内部收益率在16%和18%之间。

第二步：采用内插法确定项目B的内部收益率，见表5—8。

表5—8　　采用内插法确定项目B的内部收益率

贴现率	净现值(万元)
16%	337.92
i=?	0
18%	−22.2

根据表5—8，可以列出式子：

$$\frac{i-16\%}{18\%-16\%}=\frac{0-337.92}{-22.2-337.92}$$

则：$IRR=i=17.88\%$

因此，项目B的内部收益率为17.88%。

(3)项目C的现金流量符合年金的形式，可以列出以下公式：

$4\ 600\times(P/A,i,3)-12\ 000=0$

$(P/A,i,3)=2.608\ 7$

查阅"年金现值系数表"可知，与2.608 7最接近的现值系数是2.624 3和2.577 1，而这两个系数分别对应7%和8%，因此可判定项目C的内部收益率在7%和8%之间。同样道理采用内插法确定项目C的内部收益率，见表5—9。

表5—9　　采用内插法确定项目C的内部收益率

贴现率	现值系数(万元)
7%	2.624 3
i=?	2.608 7
8%	2.577 1

根据表5—9,可以列出式子:

$$\frac{i-7\%}{8\%-7\%}=\frac{2.6087-2.6243}{2.5771-2.6243}$$

则:$IRR=i=7.33\%$

因此,项目C的内部收益率为7.33%。

3. 内部收益率法的决策原则

内部收益率反映了投资项目本身的收益能力,是其内在的实际收益率。采用该方法的决策原则为:

(1)在只有一个备选方案的投资决策中,如果计算出的内部收益率大于或等于预期收益率或资金成本,则该投资项目具有财务可行性;否则,该投资项目不可行。

(2)在有多个备选方案的互斥决策中,应选择内部收益率超过预期收益率或资金成本最大的投资项目。

4. 内部收益率法和现值指数法的联系与区别

内部收益率法和现值指数法有相似之处,都是根据相对比率来评价投资方案,不像净现值法那样使用绝对数来评价投资方案。在评价投资方案时应注意,比率高的方案绝对数不一定大,反之也一样。项目A的净现值大,是通过投资20 000万元取得的;项目B的净现值小,是通过投资9 000万元取得的。如果这两个方案是互相排斥的,也就是只能选择其中一个,那么选择项目A有利。项目A尽管投资较大,但是在分析时已经考虑到承担该项投资的应付利息。如果这两个方案是相互独立的,也就是采纳项目A时不排斥同时采纳项目B,那就很难根据净现值来排定优先次序。而内部收益率可以解决这个问题,即优先选择内部收益率较高的项目B,如有足够的资金则可以再安排项目A。

内部收益率法和现值指数法也有区别。在计算内部收益率时,不必事先选择贴现率,根据内部收益率就可以排定独立投资的优先次序,只是最后需要一个切合实际的资金成本或预期收益率,以判断投资方案是否可行。而现值指数法则需要一个合适的贴现率,以便将现金流量折为现值,贴现率的高低会影响投资方案的优先次序。

5. 内部收益率法的优缺点

内部收益率法的优点:①考虑了资金时间价值因素。②可以从动态的角度直接反映投资项目的实际收益水平。③计算过程不受基准收益率高低的影响,比较客观,有利于对投资额不同的项目进行决策。

内部收益率法的缺点:①计算过程复杂,特别是对每年现金净流量不相等的投资项目,一般要经过多次测算才能求得。②当运营期出现大量追加投资时,有可能导致多个内部收益率出现,或偏高或偏低,从而缺乏实际意义。

(五)动态指标之间的关系

净现值、净现值率、现值指数和内部收益率指标之间存在同方向变动关系,即:

(1)当净现值>0时,净现值率>0,现值指数>1,内部收益率>基准收益率。

(2)当净现值=0时,净现值率=0,现值指数=1,内部收益率=基准收益率。

(3)当净现值<0时,净现值率<0,现值指数<1,内部收益率<基准收益率。

此外,净现值率的计算需要在已知净现值的基础上进行,内部收益率的计算也需要利用净现值。这些指标都会受到建设期的长短、投资方式以及各年净现金流量的数量特征的影响。所不同的是,净现值为绝对数指标,其余为相对数指标,计算净现值、净现值率和现值指数所依据的贴现率都是事先设定的行业基准收益率(或企业确定的贴现率),而内部收益率的计算本身与项目设定的贴现率的高低无关。

第四节　项目投资决策评价指标的应用

项目投资决策的关键就是选择适当的投资决策方法,将投资决策评价指标作为决策的标准,得出最终的投资决策方案。

一、独立方案财务可行性评价及投资决策

(一)独立方案的含义

在项目投资决策中,独立方案是指一组互相分离、互不排斥、各不相关的方案或单一方案。在独立方案中,选择某一方案并不排斥选择另一方案。就一组完全独立的方案而言,其存在的前提条件是:

(1)投资资金来源无限制。

(2)投资资金无优先使用的排列。

(3)各投资方案所需人力、物力均能得到满足。

(4)不考虑地区、行业之间的相互关系及其影响。

(5)每一投资方案是否可行,仅取决于本方案的经济效益,与其他方案无关。

例如,某企业拟进行几项投资活动,这一组投资方案有:扩建某生产车间;购置一辆运输车辆;新建办公楼等。这一组投资方案之间没有什么关联,互相独立,并不存在相互比较和选择的问题。企业可以全部不接受,也可以接受其中一个,还可以接受多个或全部接受。

(二)独立方案财务可行性评价

1. 独立方案财务可行性评价指标

(1)主要评价指标,主要包括净现值、净现值率、现值指数、内部收益率。

(2)次要评价指标,主要包括静态投资回收期。

(3)辅助评价指标,主要包括投资收益率。

2. 决策标准

不同的评价指标,评价结果可能会不一致,这样就会出现评价的财务可行性程度的差异。根据差异的程度,方案的财务可行性可分为四种情况,即完全具备财务可行性、基本具备财务可行性、基本不具备财务可行性和完全不具备财务可行性。

(1)完全具备财务可行性。如果某一投资项目的所有评价指标均处于可行区间,即同时满足以下条件,则可以断定该投资项目无论从哪个方面看,都完全具备财务可行性,应当接受此投资项目。这些条件是:净现值 $NPV \geqslant 0$;净现值率 $NPVR \geqslant 0$;现值指数 $PI \geqslant 1$;内部收益率 $IRR \geqslant$ 行业基准贴现率 i_c;包括建设期的静态投资回收期 $PP \leqslant n/2$(项目计算期的一半);不包括建设期的静态投资回收期 $PP' \leqslant P/2$(运营期的一半);投资收益率 $ROI \geqslant$ 基准投资收益率 i(事先给定)。

(2)完全不具备财务可行性。独立方案的主要评价指标、次要评价指标和辅助评价指标都处于不可行区间,即 $NPV<0$,$NPVR<0$,$PI<1$,$IRR<i_c$,$PP>n/2$,$PP'>P/2$,$ROI<i$,则可以断定该投资项目无论从哪个方面看都不具备财务可行性,应当彻底放弃该投资项目。

(3)基本具备财务可行性。独立方案的主要评价指标处于可行区间，即 $NPV \geqslant 0$，$NPVR \geqslant 0$，$PI \geqslant 1$，$IRR \geqslant i_c$，但次要或辅助评价指标处于不可行区间，即 $PP > n/2$，$PP' > P/2$，$ROI < i$，则该投资项目基本具备财务可行性。

(4)基本不具备财务可行性。独立方案的主要评价指标处于不可行区间，即 $NPV < 0$，$NPVR < 0$，$PI < 1$，$IRR < i_c$，次要或辅助评价指标处于可行区间，即 $PP \leqslant n/2$，$PP' \leqslant P/2$，$ROI \geqslant i$，则可断定该投资项目基本不具备财务可行性。

(三)在对独立方案进行财务可行性评价时需要注意的问题

(1)当次要评价指标(静态投资回收期)或辅助评价指标(投资收益率)的评价结论与主要评价指标(净现值、内部收益率等)的评价结论发生矛盾时，应当以主要评价指标的结论为准。

如果在评价过程中发现某项目的主要评价指标 $NPV \geqslant 0$，$NPVR \geqslant 0$，$PI \geqslant 1$，$IRR \geqslant i_c$，但次要或辅助评价指标 $PP > n/2$，$PP' > P/2$，$ROI < i$，则可以判断该项目基本上具有财务可行性；相反，如果出现 $NPV < 0$，$NPVR < 0$，$PI < 1$，$IRR < i_c$ 的情况，即使 $PP \leqslant n/2$，$PP' \leqslant P/2$，$ROI \geqslant i$，也可基本判断该项目不具有财务可行性。

(2)利用动态指标(净现值、净现值率、现值指数和内部收益率)对同一个投资项目进行评价和决策，会得出完全相同的结论。

(四)独立方案的财务可行性与投资决策的关系

对于独立方案而言，评价其财务可行性也就是对其作出最终决策的过程，因为对于一组独立方案中的任何一个方案，都存在着“接受”或“拒绝”的选择。只有完全具备或基本具备财务可行性的方案，才可以被接受；完全不具备或基本不具备财务可行性的方案，应予拒绝。

【例 5—15】 以【例 5—7】中的项目 A 为例，假设行业基准贴现率为 10%，基准投资收益率为 9.5%，评价项目 A 的财务可行性。

解析：

项目 A 的可行性研究见表 5—10。

表 5—10　　项目 A 的可行性研究

项目 A 指标	指标数值	与基准指标比较	是否符合标准
净现值 NPV(万元)	1669	$\geqslant 0$	符合
净现值率 $NPVR$	0.08	$\geqslant 0$	符合
现值指数 PI	1.08	$\geqslant 1$	符合
内部收益率 IRR	16.05%	$\geqslant$10%	符合
不包括建设期的静态投资回收期 PP'(年)	1.62	>1	不符合
投资收益率 ROI	12.6%	$\geqslant$9.5%	符合

通过上述分析可知，项目 A 具有财务可行性。

二、多个互斥方案的比较决策

(一)互斥方案的含义

互斥方案是指互相关联、互相排斥的方案，即一组方案中的各个方案彼此可以相互代替，如果采纳方案组中的某一方案，就会自动排斥这组方案中的其他方案。因此，互斥方案具有排他性。例如，某企业拟投资增加一条生产线（购置设备），既可以自行生产制造，也可以向国内其他厂家订购，还可以向某外商订货，这一组设备的购置方案即为互斥方案，因为在这三个方案中，只能选择其中一个方案。多个互斥方案的比较决策，是指在每一个入选方案已具备财务可行性的前提下，利用具体决策方法比较各个方案的优劣，利用评价指标从各个备选方案中选出一个最优方案的过程。

（二）多个互斥方案的投资决策

1. 原始投资相同且项目计算期相等时，选择净现值最大的方案

【例 5－16】 某个固定资产投资项目需要原始投资 1000 万元，现有 A、B、C、D 四个互相排斥的方案可供选择，各方案的净现值指标分别为 228.91 万元、117.19 万元、206.02 万元和 162.64 万元。A、B、C、D 四个方案的项目计算期相同。要求：①评价每一个方案的财务可行性；②按净现值法进行比较决策。

解析：

①因为 A、B、C、D 四个备选方案的 NPV 均大于零，所以这四个方案均具有财务可行性。

②对这四个方案的净现值进行排序，因为 228.91 万元＞206.02 万元＞162.64 万元＞117.19 万元，所以 A 方案最优，其次为 C 方案，再次为 D 方案，B 方案最差。

2. 原始投资不同，但项目计算期相同的互斥方案或更新改造项目的投资决策，利用差额投资内部收益率法

所谓差额投资内部收益率法，是指在两个原始投资额不同的方案的差量净现金流量（记作 ΔNCF）的基础上，计算出差额投资内部收益率（记作 ΔIRR），并与行业基准贴现率进行比较，进而判断方案优劣的方法。

这种方法需要注意以下三个问题：

(1)适用范围。该法适用于两个原始投资不相同，但项目计算期相同的多方案的比较决策，也适用于项目计算期相等的固定资产更新改造项目的决策。

(2)决策指标计算。差额投资内部收益率的计算与内部收益率指标的计算方法是一样的，只不过所依据的是差量净现金流量。

(3)决策原则。当差额投资内部收益率指标大于或等于行业基准收益率或设定的贴现率时，原始投资额大的方案较优；反之，则原始投资额小的方案为优。

该方法经常被用于更新改造项目的投资决策中，当差额投资内部收益率大于或等于基准贴现率或设定贴现率时，应当进行更新改造；反之，就不应当进行更新改造。

【例 5－17】 A 项目的原始投资额为 150 万元，1～10 年的净现金流量为 29.29 万元；B 项目的原始投资额为 100 万元，1～10 年的净现金流量为 20.18 万元。行业基准贴现率为 10%。要求：①计算差量净现金流量 ΔNCF。②计算差额内部收益率 ΔIRR。③用差额投资内部收益率作出比较投资决策。

解析：

(1)计算差量净现金流量 ΔNCF。

$\Delta NCF_0 = -150-(-100) = -50$（万元）

$\Delta NCF_{1\sim10} = 29.29-20.18 = 9.11$（万元）

(2)计算差额内部收益率 ΔIRR。

$(P/A, \Delta IRR, 10) = 50 \div 9.11 \approx 5.4885$

查“年金现值系数表”，找出最接近系数 5.488 5 的贴现率：

$(P/A,12\%,10)=5.6502$

$(P/A,14\%,10)=5.2161$

由于 $12\%<\Delta IRR<14\%$，应用内插法得：

$$\frac{\Delta IRR-12\%}{14\%-12\%}=\frac{5.4885-5.6502}{5.2161-5.6502}$$

解得：$\Delta IRR=12.74\%$

(3)用差额投资内部收益率法决策。

$\Delta IRR=12.74\%>i_c=10\%$

因此，应当投资A项目。

【例 5－18】 某更新改造项目的差量净现金流量 ΔNCF_0 为－100 000 元，$\Delta NCF_{1\sim5}$ 为 26 700元。要求：①计算该项目的差额内部收益率指标。②分别就该企业的基准贴现率为 8%和 12%两种不相关的情况为企业作出是否更新设备的决策。

解析：

(1)计算该项目的差额内部收益率 ΔIRR。

$(P/A,\Delta IRR,5)=100000\div26700=3.7453$

查"年金现值系数表"，找出最接近系数 3.745 3 的贴现率：

$(P/A,10\%,5)=3.7908$

$(P/A,12\%,5)=3.6048$

$10\%<\Delta IRR<12\%$，应用内插法得：

$$\frac{\Delta IRR-10\%}{12\%-10\%}=\frac{3.7453-3.7908}{3.6048-3.7908}$$

解得：$\Delta IRR=10.49\%$

(2)比较决策。

在基准贴现率为 8%的情况下，$\Delta IRR=10.49\%>i_c=8\%$，结论是应当更新改造。

在基准贴现率为 12%的情况下，$\Delta IRR=10.49\%<i_c=12\%$，结论是不应当更新改造。

3. 原始投资额不同且项目计算期不等的互斥方案的决策，利用年等额净回收额法

所谓年等额净回收额法，是指通过比较所有投资方案的年等额净回收额（NA）指标的大小来选择最优方案的方法。

这种方法需要注意以下三个问题：

(1)决策指标计算。计算年等额净回收额，就是把一个方案的净现值平均分摊到项目计算期的各年，也就是把反映项目总体盈利能力的指标，调整为反映项目每年盈利情况的指标。年等额净回收额的计算公式如下：

年等额净回收额＝方案净现值×资本回收系数

＝方案净现值÷年金现值系数

(2)决策原则。选择年等额净回收额最大的方案。

(3)计算步骤。首先，计算净现值；其次，用净现值除以年金现值系数（期数应使用计算期），得出年等额净回收额；最后，根据年等额净回收额进行决策。

【例 5－19】 某企业拟投资建设一条新生产线。现有三个方案可供选择：A 方案的原始投资额为 1 250 万元，项目计算期为 10 年，净现值为 850 万元；B 方案的原始投资额为 1 000 万元，项目计算期为 9 年，净现值为 700 万元；C 方案的原始投资额为 1 100 万元，项目计算期

为 8 年，净现值为－12.5 万元。行业基准贴现率为 10%。要求：①判断每个方案的财务可行性。②用年等额净回收额法作出最终的投资决策。

解析：

①判断方案的财务可行性。A 方案和 B 方案的净现值均大于零，因此这两个方案都具有财务可行性；C 方案的净现值小于零，因此该方案不具有财务可行性。

②比较决策：A 方案的年等额净回收额＝850÷(P/A,10%,10)＝850÷6.144 6＝138.33(万元)

B 方案的年等额净回收额＝700÷(P/A,10%,9)＝700÷5.759 0＝121.55(万元)

因为 138.33＞121.55，所以 A 方案优于 B 方案。

本章小结

项目投资是一种以特定建设项目为对象，直接与新建项目或更新改造项目有关的长期投资行为，是企业的管理者需要作出的最重要的决策之一。项目投资的程序包括项目的提出、项目的评价、项目的决策、项目的执行和项目的再评价等环节。

在项目投资决策中，现金流量是指投资项目在其计算期内各项现金流入量与现金流出量的统称。现金流量的正确计算是项目评价指标计算的基础。

投资决策评价指标，是指用于衡量和比较投资项目的可行性，据以进行方案决策的定量化标准与尺度。按是否考虑资金时间价值，评价指标可分为静态评价指标和动态评价指标。前者包括投资收益率和静态投资回收期，后者包括净现值、净现值率、获利指数和内部收益率。由于评价指标自身的特征不同，评价指标之间的关系也比较复杂，因此，企业必须根据具体情况来确定如何使用评价指标，从而选择较好的项目投资方案。

本章案例

中南日用化学品公司资本预算分析

2017 年 4 月 14 日上午，中南日用化学品公司(简称中南公司)正在召开会议，讨论新产品开发及其资本支出预算等有关问题。

中南公司成立于 2010 年，是由中洁化工厂和南宏化工厂合并而成。合并之时，中洁化工厂主要生产“彩虹牌”系列洗涤用品，这是一种低泡沫、高浓缩粉状洗涤剂；南宏化工厂主要生产“波浪牌”系列洗涤用品，这种洗涤用品具有泡沫丰富、去污力强等特点。两种产品在东北地区的销售市场各占有一定份额。两厂合并后，仍继续生产两种产品，并保持各自的商标。2015 年，这两种洗涤用品的销售收入是合并前的 3 倍，其销售市场已经从东北延伸到全国各地。

面对日益激烈的商业竞争和层出不穷的科技创新，中南公司投入大量资金进行新产品的研究和开发工作，经过两年的不懈努力，终于试制成功一种新型、高浓缩液体洗涤剂——“长风牌”液体洗涤剂。该产品采用国际最新技术制成，与传统的粉状洗涤剂相比，具有以下几项优点：①漂洗相同重量的衣物，其用量只相当于粉状洗涤剂的 1/6 或 1/8。②对于特别脏的衣物，以及洗衣量较大或水质较硬的地区，可达最佳洗涤效果，且不需要事前浸泡，这一点是粉状洗涤剂不能比拟的。③采用轻体塑料瓶包装，使用方便，容易保管。

参加会议的有公司董事长、总经理、研究开发部经理、财务部经理等有关人员。会上，研究开发部经理首先介绍了新产品的特点、作用,以及研究开发费用、开发项目的现金流量等。研究开发部经理指出,生产“长风牌”液体洗涤剂的原始投资为250万元,其中新产品市场调查研究费50万元,购置专用设备、包装用品设备等需投资200万元。预计设备使用年限为15年,期满无残值。按15年计算新产品的现金流量,与公司一贯奉行的经营方针相一致。在公司看来,15年以后的现金流量具有极大的不确定性,与其预计误差,不如不予预计。

研究开发部经理列示了“长风牌”洗涤剂投产后公司的预计现金流量,见表5—11,并解释由于新产品投放后会冲击原来两种产品的销量,因此“长风牌”洗涤剂投产后公司的增量现金流量见表5—12。

研究开发部经理介绍完毕,大家展开了讨论,在分析了市场状况、投资机会以及同行业发展水平的基础上,确定了公司投资的机会成本为10%。

表5—11　　“长风牌”洗涤剂投产后公司的预计现金流量

年份	现金流量(元)	年份	现金流量(元)
第1年	280 000	第9年	350 000
第2年	280 000	第10年	350 000
第3年	280 000	第11年	250 000
第4年	280 000	第12年	250 000
第5年	280 000	第13年	250 000
第6年	350 000	第14年	250 000
第7年	350 000	第15年	250 000
第8年	350 000		

表5—12　　“长风牌”洗涤剂投产后公司的增量现金流量

年份	现金流量(元)	年份	现金流量(元)
第1年	250 000	第9年	315 000
第2年	250 000	第10年	315 000
第3年	250 000	第11年	225 000
第4年	250 000	第12年	225 000
第5年	250 000	第13年	225 000
第6年	315 000	第14年	225 000
第7年	315 000	第15年	225 000
第8年	315 000		

公司财务部经理首先提出:“‘长风牌’洗涤剂开发项目资本支出预算中为什么没有包括厂房和其他设备支出?”

研究开发部经理解释说:“目前,‘彩虹牌’系列洗涤剂的生产设备利用率仅为55%,由于这些设备完全适用于生产‘长风牌’液体洗涤剂,故除专用设备和加工包装所用设备外,不需再增加其他设备。预计‘长风牌’洗涤剂生产线全部开机后,只需要10%的工厂生产能力。”

公司总经理问:“开发新产品是否应考虑增加的流动资金?”

研究开发部经理解释说:“新产品投产后,每年需追加流动资金20万元,由于这项资金每年年初借,年末还,一直保留在公司,因此不需将此项费用列入现金流量中。”

接着,公司董事长指出:“生产新产品占用了公司的剩余生产能力,如果将这部分剩余能力出租,公司将得到近200万元的租金收入。因此,新产品投资收入应该与租金收入相比较。”但他又指出,中南公司一直奉行严格的设备管理政策,即不允许出租厂房设备等固定资产。按此政策,公司有可能接受新项目,这与正常的投资项目决策方法有所不同。

讨论仍在进行,主要集中的问题是:如何分析严格的设备管理政策对投资项目收益的影响?如何分析新产品市场调查研究费和追加的流动资金对项目的影响?

请思考:

①如果你是财务部经理,你认为新产品市场调查研究费属于该项目的现金流量吗?

②生产新产品所追加的流动资金,是否应作为项目的现金流量?

③生产新产品使用公司剩余的生产能力,是否应该支付使用费?为什么?

④投资项目现金流量中是否应该反映由于新产品上市使原来老产品的市场份额减少而丧失的收入?

⑤如果投资项目所需资金是银行借入的,那么与此相关的利息支出是否应在投资项目现金流量中得以反映?

⑥试计算投资项目的*NPV*、*IRR*和*PI*,并根据其他因素,作出你最终的选择:是接受项目,还是放弃项目?

第六章

证券投资管理

学习目标

了解证券以及证券投资的概念及种类；了解证券投资的风险与收益；掌握债券、股票、投资基金的概念、特点以及各自的优缺点；重点掌握债券的价值和股票股价，熟练分析各种投资方式的风险和收益；正确运用证券投资组合的策略和方法。

第一节　证券投资概述

企业除了直接将资金投入到生产经营活动中外，还会通过购买股票、债券、基金等有价证券的方式进行证券投资。相对于项目投资而言，证券投资具有变现能力强、交易成本低等特点，这为企业有效利用资金、充分挖掘资金潜力提供了有效的途径，是企业投资的重要组成部分。研究证券投资，首先要对证券有一个基本认识。

一、证券的概念与种类

（一）证券的概念

证券是各类财产所有权或债权凭证的通称，是用来证明证券持有人或第三者有权取得该证券拥有的特定权益的凭证，如股票、债券、大额存单、认股权证等。

证券具有流动性、收益性、风险性三个特点。

证券的活力就在于证券的流动性。证券可多次转让，通过变现为货币还可实现其规避风险的功能。

证券持有人的最终目的是获得收益。证券收益一般由投资利润和资本利得构成。

证券的风险性表现为由于证券市场的变化或发行人的原因，使投资者达不到预期收益或者遭受各种损失的可能性。证券的风险性与收益性相关，具有很强的不确定性。

（二）证券的种类

按照不同的标准，证券可以划分为不同的类型。

1. 按照发行主体的不同，证券可分为政府证券、金融证券和公司证券

政府证券是指中央政府、地方政府为筹措资金而发行的证券，如国库券；金融证券是指银行或其他金融机构为筹措资金而发行的证券；公司证券是指工商企业为筹措资金而发行的证券，如企业股票、企业债券等。相对而言，政府证券风险最小，企业证券风险最高。

2. 按照收益状况的不同，证券可分为固定收益证券和变动收益证券

固定收益证券是指在证券票面上规定固定收益率的证券，如优先股的固定股息率；变动收益证券是指票面上无固定收益率，其收益状况随企业经营状况的变动而变动的证券，如普通股。变动收益证券相对于固定收益证券来说，风险高，但收益大。

3. 按照到期日长短的不同，证券可分为短期证券和长期证券

短期证券是指在 1 年内到期的证券，如短期国债、央行票据、商业票据等；长期证券是指到期时间超过 1 年的证券，如长期国债、股票、债券等。短期证券相对于长期证券而言，风险较小，但报酬也低。

4. 按照权益关系的不同，证券可分为所有权证券、债权证券和信托投资证券

所有权证券是指持有人持有的代表其在发行单位所拥有的所有权的证券，它代表投资人在被投资单位所占权益的份额，是一种既没有固定利息，也没有固定偿还期限的证券，如普通股股票；债权证券是指持有人持有的代表其在发行单位所拥有的债权的证券，它是一种必须定期支付利息，并按期偿还本金的有价证券，如国库券、企业债券等；信托投资证券是指由公众投资者共同筹集，委托专门的证券投资机构投资于各种证券，以获取收益的股份或收益凭证，如投资基金。相对而言，所有权证券风险较高，债权证券风险较低。

二、证券投资的概念和种类

(一)证券投资的概念

证券投资是指投资者(法人或自然人)购买股票、债券、基金等有价证券以及这些有价证券的衍生品以获得红利或利息的投资行为。证券投资具有流动性强、价值不稳定、交易成本低等特点。

不同的企业进行证券投资的目的不同，但总的来说，主要目的包括：有效利用闲置资金，获取投资收益；控制相关企业，增强经营能力；优化资金配置，提高资金使用效率；分散企业风险，增强企业获利能力。

(二)证券投资的种类

由上述内容可知，证券是多种多样的，与此相对应，证券投资的种类也是多种多样的。按照不同的标准，证券投资可以划分为不同的类型。

1. 按照投资对象的不同，证券投资可分为股票投资、债券投资和基金投资

股票投资是指企业将资金投向股权证券的投资，如企业购买普通股、优先股；债券投资是指企业将资金投向各种债权证券的投资，如购买国债、企业债券等；基金投资是指企业将资金投向各种基金的投资，如购买封闭式基金、开放式基金。

2. 按照投资时间长短的不同，证券投资可分为长期证券投资和短期证券投资

长期证券投资是指投资者购买长期债券或股票并长期持有的证券投资；短期证券投资是指投资者购买短期债券或购买长期债券、股票，但在短期内转手出售的证券投资。

三、证券投资的风险与收益

(一)证券投资风险

证券投资风险是指投资者在证券投资过程中遭受损失或达不到预期收益的可能性。与证券投资活动相关的所有风险称为总风险。总风险就性质而言,可以分为系统风险和非系统风险。

1. 系统风险

系统风险是指由全局性共同因素引起的投资收益变动的不确定性。系统风险对所有企业、证券投资者均产生影响,而通过多样化投资并不能抵消这样的风险,因此系统风险又称为不可分散风险或不可多样化风险。这类风险的共同特点是,其影响不是作用于某一证券,而是对整个证券市场产生作用,从而导致证券市场上所有证券出现风险。系统风险主要包括市场风险、利率风险、购买力风险。

(1)市场风险。市场风险是指因证券市场行情周期性变动而引起的风险。引起市场行情周期性变动的因素很多,如经济周期的变动。减轻市场风险的方法有两种:一是认清市场形势并顺势而为,选择正确的投资策略;二是选择大企业和业绩优良的企业投资,因为这类企业对经济环境变化的承受力和适应力较强。

(2)利率风险。利率风险是指因市场利率变动而引起证券投资收益变动的可能性。利率变动对证券投资收益的影响主要表现在以下两个方面:一方面,市场利率上升会导致企业资金流动不畅,利息成本升高,财务费用加大,从而影响企业经营业绩,造成证券市场价格下跌。另一方面,在其他因素不变的情况下,利率上升会引起金融市场资金流向的变化。通常情况下,银行储蓄存款的安全性要远高于股票投资,因此一旦利率上升,资金就会从证券市场流出,从而使证券投资需求下降,股票价格下跌,投资收益减少。

(3)购买力风险。购买力风险也叫通货膨胀风险,是指因通货膨胀而引起的投资者实际收益水平下降的风险。由于通货膨胀会引起企业制造成本、管理成本、融资成本的提高,因此当企业无法通过涨价或内部消化来加以弥补时,就会导致企业的财务状况和经营业绩下滑,从而使得证券市场价格下跌,一旦投资者对通货膨胀产生持久的不良预期时,股价暴跌风潮也就无法阻止。此外,通货膨胀还会引起投资本金和收益的贬值。也就是说,如果货币购买力下降,投资者的实际收益不仅不会增加,反而会有所减少。证券投资收益率有名义收益率与实际收益率之分。

2. 非系统风险

非系统风险是指由于市场、行业以及企业本身等因素影响个别企业证券的风险,又称可分散的风险或可避免的风险。非系统风险通常是由某一特定因素引起的,它只会造成该家公司证券收益率的变动,不会影响其他公司的证券收益率,它是某个行业或企业遭受的风险。由于一种或几种证券收益率的非系统性变动跟其他证券收益率的变动没有内在的、必然的联系,因此企业可以通过证券投资多样化的方式来消除这类风险。非系统风险主要包括经营风险、流动性风险、信用风险。

(1)经营风险。经营风险是指由于公司经营状况变化而引起盈利水平改变,从而引起投资者预期收益下降的可能性。经营风险的程度因企业而异,取决于企业的经营活动。一旦企业经营状况恶化,就会使企业的盈利下降,投资者难以获得预期的收益,进而影响股票价格。如果发行企业因经营不善导致破产,就意味着证券投资者的股利或利息全无,他们必须承担证券贬值和变现能力损失，甚至投入的本金也可能丧失殆尽。

(2)流动性风险。流动性风险是指由于将资产变成现金方面的潜在困难而造成的投资者收益的不确定性。一种股票在不作出大的价格让步的情况下卖出的困难越大，则拥有该种股票的流动性风险越大。在流通市场上交易的各种股票的流动性风险差异很大。

(3)信用风险。信用风险是指证券发行人无法按照证券发行契约或发行承诺支付投资者相应的收益，而使投资者遭受损失的风险。信用风险分为两类：一是无力履行承诺。这种信用风险在很大程度上源于企业的经营风险，由于利润下滑、经营不善而导致企业无法满足期望收益，甚至无法支付本息。二是故意不履行承诺。它是发行公司有能力履行承诺而不予履行的违约风险。

证券投资过程中蕴含着风险因素，证券投资风险也是对证券投资行为的一种约束。证券投资为投资者提供了一种获取风险收益的机会，投资者应注重投资时机的选择、投资方式的运用，以提高投资收益、降低投资风险。

(二)证券投资收益

证券投资的风险与收益总是相伴的。证券投资收益是指投资者进行证券投资所获得的净收益。证券投资收益主要来源于两个方面，即投资利润和资本利得。

1. 投资利润

投资利润是指企业进行证券投资所获得的股利、股息和利息等。证券本身是一种财产性权利，反映了特定的财产权，证券持有人可通过行使该项财产权而获得收益，如取得股息收入(股票)或者取得利息收入(债券)。

2. 资本利得

资本利得是指证券买卖价格的差额。证券市场的价格是波动的，证券持有人可以通过转让证券获得收益，如二级市场上的低价买入、高价卖出，证券持有人可通过差价获得收益。

证券投资收益主要有债券投资收益、股票投资收益和基金投资收益。在财务管理中，衡量证券投资收益通常使用相对数，即证券投资收益率。证券投资收益率一般用收益额与投资额之比表示。

第二节　债券投资

一、债券的有关概念

(一)债券

1. 债券的含义

债券是发行者为筹集资金发行的，在约定时间支付一定比例的利息，并在到期时偿还本金的一种有价证券。

2. 债券的面值

债券的面值是指设定的票面金额，它代表发行人借入并且承诺于未来某一特定日期偿付给债券持有人的金额。

3. 债券的票面利率

债券的票面利率是指债券发行者预计一年内向投资者支付的利息占票面金额的比率。债券的计息和付息方式有多种，计息方式如单利计息或复利计息，利息支付方式如半年支付一次、一年支付一次或到期日一次总付。

4. 债券的到期日

债券的到期日是指偿还本金的日期。债券一般都规定到期日，以便到期时归还本金。

(二)债券投资

债券作为一种投资工具，具有安全性高、收益高于银行存款、流动性强等特征。债券投资可以获取固定的利息收入，也可以在市场买卖中赚取差价。随着利率的上升或下降，投资者如果能适时地卖出或买进债券，就可获取较大的收益。债券投资按照发行主体的不同，可以分为国债、金融债券和公司债券。一般来说，公司债券的风险较前两者大，但收益也大。

二、债券的价值

债券的价值又称债券的内在价值，是进行债券投资时投资者预期可获得的现金流入的现值。债券的现金流入主要包括利息和到期收回的本金两个方面。计算现值时所使用的贴现率，取决于当前的市场利率和现金流量的风险水平。

(一)债券价值计算的基本模型

典型的债券是指固定利率、每年计算并支付利息、到期归还本金的债券。按照这种模式，债券价值计算的基本模型如下：

$$PV=I_1/(1+i)^1+I_2/(1+i)^2+\cdots+I_n/(1+i)^n+M/(1+i)^n$$

式中，PV 为债券的价值；I 为每年债券的利息；M 为到期的本金；i 为贴现率，一般采用当时的市场利率或投资的必要报酬率；n 为债券到期前的年数。

【例 6—1】 某公司拟于 2014 年 1 月 1 日发行面额为 1 000 元的债券，其票面利率为 10%，每年年末计息并支付一次利息，发行期限为 5 年，同等风险投资的必要报酬率为 12%，计算债券的价值。

解析：

由于票面利率为 10%，其每年应支付的利息为 100 元(1 000×10%)，期限 n 为 5 年，本金为 1 000 元，则该债券的价值计算如下：

$$PV=100/(1+12\%)^1+100/(1+12\%)^2+100/(1+12\%)^3+100/(1+12\%)^4+(100+1000)/(1+12\%)^5$$

$$=100\times(P/A,12\%,5)+1\ 000\times(P/F,12\%,5)$$

$$=100\times3.608\ 4+1\ 000\times0.567\ 4$$

$$=927.88(元)$$

在本例中，若同等风险投资的必要报酬率为 10%，则债券的价值为：

$$PV=100\times(P/A,10\%,5)+1\ 000\times(P/F,10\%,5)$$

$$=100\times3.790\ 8+1\ 000\times0.620\ 9$$

$$=1\ 000(元)$$

在本例中，若同等风险投资的必要报酬率为 8%，则债券的价值为：

$$PV=100\times(P/A,8\%,5)+1\ 000\times(P/F,8\%,5)$$

$$=100\times3.992\ 7+1\ 000\times0.680\ 6$$

$$=1\ 079.87(元)$$

通过上述计算还可以发现，债券的价值与贴现率有密切的联系。当贴现率等于票面利率时，债券的价值就是面值；当贴现率高于票面利率时，债券的价值就低于面值；当贴现率低于票面利率时，债券的价值就高于面值。此外，债券的价值也会受到债券的付息频率(计息期)、利率和到期时间等因素的影响。

(二)零息债券价值计算的模型

零息债券是指承诺在未来某一确定日期作某一单笔支付的债券。这种债券在到期日前购买不能得到任何现金支付，因此也称为纯贴现债券。零息债券价值计算的模型如下：

$$PV=F/(1+i)^n$$

式中，PV 为债券的价值；F 为债券的面值；i 为贴现率；n 为债券到期前的年数。

【例 6—2】 某一零息债券，面值 1 000 元，10 年期，假设贴现率为 10%，计算债券的价值。

解析：

$PV=1\ 000/(1+10\%)^{10}=385.5$(元)

到期日一次还本付息债券实际上也是一种零息债券，只不过到期日不是按照票面额支付，而是按本利和作单笔支付。

【例 6—3】 某公司发行债券，5 年期，面值 1 000 元，票面利率 12%，单利计算，到期一次还本付息。假设贴现率为 10%，计算债券的价值。

解析：

$PV=(1\ 000+1\ 000\times12\%\times5)/(1+10\%)^5=993.44$(元)

三、债券的到期收益率

债券的收益水平通常用到期收益率来衡量。到期收益率是指以特定价格购买并持有至到期日所能获得的收益率。它是使未来现金流量现值等于债券购入价格的贴现率。

计算到期收益率的方法是求解含有贴现率的方程，即：

购进价格＝每年利息×年金现值系数＋面值×复利现值系数

$$P=I\times(P/A,i,n)+M\times(P/F,i,n)$$

式中，P 为债券的价格；I 为每年的债券利息；M 为债券的面值；n 为到期年数；i 为贴现率，由于无法直接计算出贴现率，因此必须采用逐步测试法及内插法来计算。

【例 6—4】 某公司 2017 年 1 月 1 日平价购买面额为 1 000 元的债券，其票面利率为 10%，每年年末计息并支付一次利息，发行期限为 5 年，该公司持有该债券至到期日，计算该债券的到期收益率。如果该债券的购买价格为 1 100 元，计算该债券的到期收益率。

解析：

$1\ 000=100\times(P/A,i,5)+1\ 000\times(P/F,i,5)$

设 $i=10\%$，则：

$100\times(P/A,10\%,5)+1\ 000\times(P/F,10\%,5)=100\times3.790\ 8+1\ 000\times0.620\ 9=1\ 000$(元)

可见，平价发行的每年按复利计息一次的债券的到期收益率等于票面利率。

如果该债券的购买价格为 1 100 元，高于面值，则该债券的到期收益率为：

$1\ 100=100\times(P/A,i,5)+1\ 000\times(P/F,i,5)$

通过前面的测算已知，$i=10\%$ 时，债券的价格为 1 000 元，小于 1 100 元，因此可判断债券的购买价格为 1 100 元时的收益率低于 10%，降低贴现率进一步测算：

用 $i=8\%$ 试算，则：

$100\times(P/A,8\%,5)+1\ 000\times(P/F,8\%,5)=100\times3.992\ 7+1\ 000\times0.680\ 6=1\ 079.87$(元)

由于折现结果仍小于1 100元，还应进一步降低贴现率。

用 $i=6\%$ 试算，则：

$100\times(P/A,6\%,5)+1\ 000\times(P/F,6\%,5)=100\times4.212\ 4+1\ 000\times0.747\ 3=1\ 168.54$(元)

折现结果高于1 100元，因此可以判断债券的购买价格为1 100元时的收益率高于6%。用内插法计算近似值，则：

$i=6\%+(1\ 168.54-1\ 100)/(1\ 168.54-1\ 079.87)\times(8\%-6\%)=7.55\%$

所以，如果购买价格为1 100元，则到期收益率为7.55%。

债券的到期收益率是投资者选择债券的重要因素，它可以反映债券投资的实际收益率。如果债券的到期收益率高于投资者要求的必要报酬率，则可进行投资；相反，则应放弃。

四、债券投资的优缺点

(一)债券投资的优点

1. 投资收益稳定

债券具有固定的票面利率，一般情况下，债券投资者都能获得比较稳定的利息收入。

2. 本金安全性高

相对于股票而言，债券的投资风险很低，特别是政府债券，有国家财力作为保障，通常视为无风险债券。公司债券也有优先求偿权或其他的保证措施，因此风险较低。

3. 流动性强

发行债券的主体一般资产条件较好、信用度高，其发行的债券一般都能在金融市场上出售或抵押，并且流动性强。

(二)债券投资的缺点

1. 无经营管理权

投资债券是一种债权投资行为，无权影响和控制被投资企业。

2. 购买力风险大

由于债券投资者在对债券进行投资时，利率以及本金的偿还都是固定的，因此当发生通货膨胀时，货币的购买力就会有所下降。债券投资者获得的实际利率为票面利率扣除通货膨胀率，从而导致投资者的获利减少，承担了较大的购买力风险。

3. 利率风险大

由于债券的价格和利率呈反比，因此利率变动会对债券的价格产生直接影响。

第三节　股票投资

一、股票的有关概念

(一)股票的含义

股票是股份公司发给股东的所有权凭证，是股东借以取得股利的一种有价证券。按照不同的方法和标准，股票有不同的分类。按股东所享有的权利的不同，股票可分为普通股和优先股；按是否记名，股票可分为记名股票和不记名股票；按有无面额，股票可分为有面额股票和无面额股票。

(二)股票的价格

股票本身是没有价格的，仅是一种凭证。它之所以有价格，可以买卖，是因为它能给持有人带来预期收益。公司在初次发行股票时，要规定发行总额和每股金额，一旦股票发行后上市买卖，股票价格就与原来的面值分离。股票市场上的价格分为开盘价、收盘价、最高价和最低价，投资者在进行股票估价时主要使用收盘价。股票价格会随着经济形势和公司的经营状况而变化。

二、股票的价值

股票的价值是指股票预期能够提供的所有未来现金流量的现值。股票带给持有者的现金流入包括两部分，即股利收入和出售时的售价。股票的内在价值由一系列的股利和将来出售股票时的售价的现值构成。

(一)股票价值计算的基本模型

在一般情况下，投资者投资股票不仅希望得到股利收入，还希望在未来出售股票时获取价差收入。股票价值计算的基本模型如下：

$$P=\sum_{t=1}^{n} d_t/(1+K)_t+P_n/(1+K)^n$$

式中，P 为股票的内在价值；P_n 为预计第 n 年的市场价格；K 为投资者要求的必要报酬率；d_t 为第 t 年的股利；n 为预计持有股票的期数。

股票价值计算的基本模型要求无限期的预计历年的股利，这在实际中相对困难。因此，股票价值计算应用的模型都是相对简化的模型，如零增长股票模型或固定比例增长的价值模型等。

(二)零成长股票价值的计算

零成长股票价值的计算假定股息是固定不变的，即假定股息的增长率等于零。零成长股票价值的计算公式如下：

$$P=d/K$$

式中，P 为股票的内在价值；d 为每年固定股利；K 为投资者要求的必要报酬率。

【例 6—5】 庆海公司投资股票，预计该股票的年股利额为 0.6 元，投资者要求的必要报酬率为 10%，该股票的内在价值是多少？如果现行市价为 8 元，是否应该购入该股票？

解析：

$P=0.6\div10\%=6$(元)

因此，该股票的内在价值为 6 元，低于现行市价 8 元，不应购入。

(三)固定成长股票价值的计算

企业的股利是不断增长的，假设其增长率是固定的，则该股票价值的计算公式如下：

$$P=\sum_{t=1}^{n} d_0(1+g)^t/(1+K)^t$$

式中，P 为股票的内在价值；d_0 为目前的股利；g 为每年股利增长率；K 为投资者要求的必要报酬率。

当 g 为常数，并且 $K>g$ 时，上式可以简化为：

$$P=d_0(1+g)/(K-g)=d_1/(K-g)$$

式中，P 为股票的内在价值；d_1 为第 1 年的股利；g 为每年股利增长率；K 为投资者要求的必要报酬率。

【例 6—6】 某公司目前普通股的股利为 0.2 元，年增长率为 8%，期望的收益率为 12%，计算该股票的内在价值。

解析：

$P=0.2\times(1+8\%)/(12\%-8\%)=5.4$(元)

（四）非固定成长股票价值的计算

假设某些公司股利在一段时间里高速增长，在另一段时间里固定增长或固定不变。在这种情况下，就要分段计算，才能确定股票的内在价值。

【例 6—7】 某投资人持有鸿运公司的股票，其要求的必要报酬率为 14%。预计鸿运公司未来 3 年股利将高速增长，增长率为 20%。在此之后转为正常，增长率为 10%。公司最近支付的股利为 2 元，计算该公司股票的内在价值。

解析：

首先，计算未来 3 年非正常增长期的股利现值，见表 6—1。

表 6—1 **未来 3 年非正常增长期的股利现值** 金额单位：元

年份	股利(d_1)	现值系数(14%)	现值
第 1 年	2×1.2=2.4	0.877 2	2.105
第 2 年	2.4×1.2=2.88	0.769 5	2.216
第 3 年	2.88×1.2=3.456	0.675 0	2.333
	合计(未来 3 年的股利现值)		6.654

其次，计算第 3 年年底普通股的内在价值。

$P_3=d_4/(K-g)=d_3(1+g)/(K-g)$

$=3.456\times1.1/(14\%-10\%)$

$=95.04$(元)

将 P_3 转化成现值，即：

$95.04\times(P/F,14\%,3)=95.04\times0.675\,0=64.152$(元)

最后，计算股票的内在价值：

$P=6.654+64.152=70.806$(元)

三、股票的收益率

股票的收益率可分为两个部分：一是股利收益率。它是用预期现金股利除以当前股价计算出来的。二是股利增长率。由于股利的增长速度也就是股价的增长速度，因此，股利增长率也可以解释为股价增长率或资本利得收益率。股票收益率的计算公式如下：

股票收益率=股利收益率+资本利得收益率

【例 6—8】 某股票的每股价格是 25 元，预计下一期的股利是 2 元，该股利将以 10% 的速度持续增长，则该股票的收益率是多少？

解析：

该股票的收益率＝2÷25×100％＋10％＝18％

因此，该股票的收益率为18％。

该公式可以用来计算特定风险情况下投资者所要求的必要报酬率。

四、股票投资的优缺点

（一）股票投资的优点

1. 投资收益高

股票价格的波动性大，既受宏观经济状况的影响，也受行业、公司经营状况的影响，但股票的投资收益高。股票的投资收益主要包括资本利得和红利所得。一般而言，股票投资是全部投资工具中获利最高的，只要选择得当，就能取得优厚的投资回报。

2. 可以作为资本运作的手段

重组、兼并和收购是资本运作的基本方式，投资普通股可以控制发行企业的生产经营状况，参与企业的经营管理，获取资本运作的相应收益。

3. 购买力风险低

与固定收益的债券相比，普通股能有效地降低购买力风险。在通货膨胀情况下，公司产品价格会上涨，公司的盈利会增加，股利也会增加。

（二）股票投资的缺点

1. 收益不稳定

企业的经营会受到多种因素的影响，股利不仅受发行企业盈利状况的影响，而且受制于公司的股利政策。相对于稳定的债券收益来说，股利收入不够稳定。

2. 价格波动大，风险性高

股票市场会受到众多因素的影响，如政治经济、投资者心理、企业盈利状况等都会对股票价格产生较大的影响，从而使股票投资的风险加大。

3. 求偿权居后

企业清算时，普通股的求偿权居于债权人、优先股股东之后，相应的投资可能得不到全额补偿，甚至还会有较大的亏损。

第四节　基金投资

一、基金投资的概念及特点

（一）基金投资的概念

基金投资是指通过公开发售基金份额募集资金，由基金托管人托管，由基金管理人管理和运用资金，以资产组合方式进行证券投资的一种利益共享、风险共担的集合投资方式。基金投资是一种间接的投资方式，是以股票、债券作为投资对象的专门投资。

各国对投资基金的称谓不尽相同，如美国称之为“共同基金”，英国和中国香港地区称之为“单位信托基金”，日本和中国台湾地区则称之为“证券投资信托基金”等。

基金起源于英国，基金业已经与银行业、证券业、保险业并驾齐驱，成为现代金融体系的四大支柱之一。

(二)基金投资的特点

1. 集合理财,专业管理

基金投资可以将零散的资金汇集起来,并交给专业机构投资于各种金融工具,以谋取资产的增值,因此基金投资有利于发挥资金的规模优势,降低投资成本。基金由基金管理人进行投资管理和运作,专业性高,能够更好地对市场进行分析,并作出合理的投资决策。

2. 组合投资,分散风险

投资者由于资金有限,很难通过购买不同股票来分散投资风险。基金投资采用组合投资的方式,可以避免某些股票下跌给投资者带来的损失,较好地分散风险。

3. 利益共享,风险共担

基金投资的收益在扣除了由基金承担的费用后的盈余,全部归基金投资者所有,并依据各投资者所持有的基金份额比例进行分配,投资者共享收益;如果发生损失,也由基金投资者共同承担。基金托管人、管理人只能按照规定收取一定的托管费、管理费,并不参与基金收益的分配,从而保证了基金投资者的收益性。

4. 严格监管,信息透明

为了切实保护投资者的利益,增强投资者对基金投资的信心,中国证监会对基金业实行了比较严格的监管,对各种有损投资者利益的行为进行了严厉的打击,在很大程度上保证了基金投资者的利益;同时,较为充分的信息披露制度也增强了基金投资的透明性。

5. 独立托管,保障安全

基金管理人只负责基金的投资操作,并不经手基金财产的保管。基金财产的保管由独立于基金管理人的基金托管人负责。这种相互制约、相互监督的制衡机制保障了投资者的利益,增加了投资的安全性。

二、投资基金与其他金融工具的比较

(一)投资基金与股票、债券的区别

1. 反映的经济关系不同

股票反映的是一种所有权关系,债券反映的是一种债权债务关系,投资基金反映的是一种信托关系。

2. 所筹资金的投向不同

股票和债券主要投向实业领域,投资基金主要投向有价证券。

3. 投资收益与风险的大小不同

股票的风险高、收益高,而基金的风险相对适中、收益相对稳定。

(二)投资基金与银行储蓄存款的差异

1. 性质不同

投资基金是一种受益凭证,基金财产独立于基金管理人;基金管理人只是受托管理投资者的资金,并不承担投资损失的风险。银行储蓄存款表现为银行的负债,是一种信用凭证;银行对存款者负有法定的保本付息的责任。

2. 收益稳定程度不同

投资基金的收益具有波动性,而银行储蓄存款的利率相对固定。

3. 信息披露程度不同

投资基金管理人必须定期披露投资运作，而银行吸纳储户存款后，不需要披露资金运作。

三、投资基金的分类

(一)按组织形式的不同，投资基金可分为契约型基金和公司型基金

契约型基金又称为单位信托，是指将投资者、管理人、托管人三者作为基金的当事人，通过签订基金契约的形式发行受益凭证而设立的一种基金。

公司型基金是依据基金公司的章程设立、在法律上具有独立法人地位的股份投资公司。

公司型基金在组织形式上与股份有限公司类似，由股东选举董事会，由董事会选聘基金管理公司，基金管理公司负责管理基金的投资业务。

契约型基金与公司型基金的区别：

(1)资金的性质不同。契约型基金是通过发行基金份额筹集的信托财产；公司型基金是通过发行普通股票筹集的公司法人资本。

(2)投资者的地位不同。契约型基金的投资者既是基金的委托人，又是基金的受益人，投资者享有基金的受益权；公司型基金的投资者对基金运作的影响比契约型基金的投资者大。

(3)基金的营运依据不同。契约型基金依据基金契约营运基金；公司型基金依据基金公司章程营运基金。

(二)按运作方式的不同，投资基金可分为封闭式基金和开放式基金

封闭式基金是指经核准的基金份额总额在基金合同期限内固定不变，基金份额可以在依法设立的证券交易场所交易，但基金份额持有人不得申请赎回的基金。

开放式基金是指基金份额总额不固定，基金份额可以在基金合同约定的时间和场所申购或者赎回的基金。

封闭式基金与开放式基金的区别：

(1)期限不同。封闭式基金的存续期应在5年以上，封闭式基金期满后可以通过一定的法律程序延期。目前，我国封闭式基金的存续期大多在15年左右。

(2)份额限制不同。封闭式基金的份额是固定的，在封闭期内未经法定程序认可不能增减；开放式基金的份额是不固定的，投资者可以随时提出申购和赎回申请，基金份额会随之增加或减少。

(3)交易场所不同。封闭式基金在证券交易所上市交易；开放式基金的投资者可以按照基金管理人确定的时间和地点，向基金管理人或销售代理人提出申购、赎回申请。

(4)价格形成方式不同。封闭式基金的交易价格主要受二级市场供求关系的影响；开放式基金的买卖价格以基金份额净值为基础，不受供求关系的影响。

(5)激励约束机制与投资策略不同。

(三)按投资目标的不同，投资基金可分为成长型基金、收入型基金和平衡型基金

成长型基金通常投资于信用度较高、有成长前景或长期盈余的成长型公司的股票。成长型基金主要有稳健成长型基金和积极成长型基金。

收入型基金主要投资于可带来现金收入的有价证券，并以获取当期的最大收入为目的。收入型基金主要有固定收入型基金和股票收入型基金。

平衡型基金将资产分别投资于两种不同特性的证券上，并在以取得收入为目的的债券及优先股和以资本增值为目的的普通股之间进行平衡。平衡型基金一般将25%～50%的资产

投资于债券及优先股，其余的投资于普通股。平衡型基金的优点是风险比较低，缺点是成长的潜力不大。

第五节 证券投资组合

如前所述，证券投资充满了各种各样的风险。为了有效地避免风险，投资者在投资时就不能将所有的资金都投入到单一的某种证券中，而要采用证券组合的方式来进行投资。证券投资组合通常是指个人或机构投资者所拥有的，由股票、债券以及衍生金融工具等多种有价证券构成的一个投资集合。证券投资组合可以降低风险，并实现收益最大化。

一、证券投资组合的策略和方法

（一）证券投资组合的策略

证券投资组合能够有效地分散非系统性风险，然而，由于证券投资的目的或投资者最终的期望不同，因此可以采用不同的投资组合策略。

1. 冒险型策略

这种策略认为，只要投资组合科学有效，就能取得远远高于证券市场上所有证券平均水平的收益。在这种组合中，一些高风险、高收益的成长型股票比较多，这种组合在获得高于证券市场平均收益的同时，也面临着较高的风险。由于这种组合的变动相对频繁，对应的风险也比较大，因此通常称其为冒险型策略。

2. 保守型策略

这种策略认为，要购买尽可能多的证券，以便分散掉全部可分散的风险，得到市场所有证券的平均收益。保守型策略的优点在于：能分散全部可分散风险；不需要高深的证券投资专业知识；证券投资管理费较低。这种策略收益不高，风险也不大，因此称为保守型策略。

3. 适中型策略

这种策略认为，市场上股票价格的一时变化并不重要，只要企业经营业绩好，股票价格一定会有所回升。采用这种策略的投资者，一般都善于对证券进行分析。但是运用这种组合策略的人必须具备丰富的投资经验和较全面的专业知识，相对而言，适中型策略的管理费用较高。由于这种策略的风险性不太大，且收益性比较强，因此各种金融机构、投资基金和企事业单位在进行证券投资时一般都采用此种策略。

（二）证券投资组合的方法

进行证券投资组合的方法很多，最常见的方法通常有以下几种：

1. 选择足够数量的证券进行组合

根据投资专家的估计，在美国纽约证券市场上，随机购买 40 种股票，其大多数可分散风险都能被分散掉。也就是说，当选择的证券数量足够多时，大部分可分散的风险都能被分散掉。这种方法能够将大部分非系统性风险予以分散，但获得的收益相对较少。

2. 把风险大、风险中等、风险小的证券放在一起进行组合

这种组合方法又称 1/3 法，即把全部资金的 1/3 投资于风险大的证券，1/3 投资于风险中等的证券，1/3 投资于风险小的证券。这种组合方法是一种收益相对稳定，并且不会承担巨大风险的方法。

3. 把投资收益呈负相关的证券放在一起进行组合

负相关证券是指一种股票的收益上升而另一种股票的收益下降的两种证券。把收益呈负相关的证券组合在一起，能够有效地分散风险。

二、证券投资组合的风险与收益

（一）证券投资组合的期望收益率

$$\overline{K_p}=\sum_{i=1}^{n}\overline{K_i}\times W_i$$

式中，K_p为证券投资组合的期望收益率；K_i为第 i 种证券的期望收益率；W_i为第 i 种证券的价值占证券投资组合总价值的比重；n 为证券投资组合中的证券数。

【例 6—9】 某公司投资三种股票，对它们的期望收益率分别为 12%、8%、10%，三种股票投资在公司总投资金额中分别占 25%、30%、45%，求该证券投资组合的预期收益率。

解析：

$K_p=12\%\times25\%+8\%\times30\%+10\%\times45\%=9.9\%$

（二）证券投资组合的风险

1. 系统风险的衡量

系统风险是使整个资本市场产生影响的风险，它不能被消除，并且会使证券市场平均收益水平发生变化。但是，每一种具体证券受系统风险的影响程度并不相同。系统风险的程度通常用 β 系数来计量，整个证券市场的 β 系数通常为 1。如果某种股票的风险情况与整个证券市场的风险情况一致，则这种股票的 β 系数等于 1；如果某种股票的 β 系数大于 1，则说明其风险大于整个市场的风险；如果某种股票的 β 系数小于 1，则说明其风险小于整个市场的风险。

单个证券的 β 系数可以由有关的投资服务机构提供。证券投资组合的 β 系数是单个证券 β 系数的加权平均数，权数为各种证券在证券投资组合中所占的比重。其计算公式如下：

$$\beta_p=\sum_{i=1}^{n}w_i\beta_i$$

式中，β_p为证券投资组合的 β 系数；w_i为证券投资组合中第 i 种证券所占的比重；β_i为第 i 种证券的系数；n 为证券投资组合中的证券数。

【例 6—10】 某投资者持有共 100 万元的三种股票，该组合中 A 股票 30 万元，β 系数为 1.5；B 股票 40 万元，β 系数为 1.2；C 股票 30 万元，β 系数为 0.8。计算该组合的 β 系数。

解析：

$\beta_p=1.5\times30\%+1.2\times40\%+0.8\times30\%=1.17$

2. 非系统风险的衡量

非系统风险可通过证券持有的多样化来抵消。一般而言，当两种股票完全负相关时，所有的风险都可以被分散掉；当两种股票完全正相关时，从降低风险的角度来看，分散持有股票的风险没有好处。实际上，大部分股票都是正相关，但又不完全正相关，所以证券投资组合可以在一定程度上降低风险。一个证券投资组合的风险，不仅取决于组合中各构成证券的个别风险，也取决于它们之间的相关程度。

（三）证券投资组合的风险收益

1. 证券投资组合的风险收益率

投资者进行证券投资，就要求对承担的风险进行补偿。股票的风险越大，要求的收益率就越高。由于证券投资的非系统性风险可通过投资组合来抵消，因此投资者要求补偿的风险主要是系统性风险。证券投资组合的风险收益是投资者因承担系统性风险而要求的超过资金时间价值的那部分额外收益。其计算公式如下：

$$R_P=\beta_P\times(K_m-R_f)$$

式中，R_p为证券投资组合的风险收益率；β_P为证券投资组合的β系数；K_m为市场收益率，即证券市场上所有证券的平均收益率；R_f为无风险收益率，一般用政府公债的利率来衡量。

【例 6—11】 根据【例 6—10】 的资料，如果股票的市场收益率为 12%，无风险收益率为 8%，试确定该证券组合的风险收益率。

解析：

$R_P=1.17\times(12\%-8\%)=4.68\%$

在其他因素不变的情况下，风险收益率取决于证券投资组合的β系数。β系数越大，风险收益率越大；β系数越小，风险收益率越小。

2. 证券投资组合的必要收益率

证券投资组合的必要收益率等于无风险收益率加上风险收益率，即：

$$K_i=R_f+\beta_i\times(K_m-R_f)$$

式中，K_i为第i种股票或第i种证券投资组合的必要收益率；β_i为第i种股票或第i种证券投资组合的β系数；K_m为市场收益率，即证券市场上所有股票的平均收益率；R_f为无风险收益率，一般用政府公债的利率来衡量。

这种论述风险和收益率的关系的模型，称为资本资产定价模型（capital asset pricing model，CAPM）。

【例 6—12】 某公司股票的β系数为 1.5，无风险收益利率为 6%，市场平均收益率为 12%，则该公司股票的必要收益率为多少？

解析：

$K_i=6\%+1.5\times(12\%-6\%)=15\%$

本章小结

证券投资管理是企业投资管理的重要内容之一。证券是各类财产所有权或债权凭证的通称，是用来证明证券持有人或第三者有权取得该证券拥有的特定权益的凭证。证券具有流动性、收益性、风险性三个特点。证券投资是指投资者（法人或自然人）购买股票、债券、基金等有价证券以及这些有价证券的衍生品以获得红利或利息的投资行为。证券投资具有流动性强、价值不稳定、交易成本低等特点。按照投资对象的不同，证券投资可分为股票投资、债券投资和基金投资。

债券作为投资工具，具有本金安全性高、投资收益稳定、流动性强等优点。债券的价值又称债券的内在价值，是进行债券投资时投资者预期可获得的现金流入的现值。债券的收益水平通常用到期收益率来衡量。到期收益率是指以特定价格购买并持有至到期日所能获得的收益率，它是使未来现金流量现值等于债券购入价格的贴现率。股票投资具有投资收益高、可以作为资本运作的手段、购买力风险低等优点。股票的价值是指股票预期能够提供的所有未来现金流量的现值。股票的收益率可分为两个部分：一是股利收益率；二是股利增长率。基金投资是指通过公开发售基金份额募集资金，由基金托管人托管，由基金管理人管理和运用资金，以资产组合方式进行证券投资的一种利益共享、风险共担的集合投资方式。

证券投资风险是指投资者在证券投资过程中遭受损失或达不到预期收益率的可能性。证券投资风险可以分为系统风险和非系统风险。系统风险是指由全局性共同因素引起的投资收益变动的不确定性。系统风险主要包括市场风险、利率风险、购买力风险。非系统风险是指由于市场、行业以及企业本身等因素影响个别企业证券的风险。非系统风险主要包括经营风险、流动性风险、信用风险。证券投资的风险与收益总是相伴的。证券投资收益是指投资者进行证券投资所获得的净收益。证券投资收益主要来源于两个方面，即投资利润和资本利得。

证券投资组合通常是指个人或机构投资者所拥有的，由股票、债券以及衍生金融工具等多种有价证券构成的一个投资集合。证券投资组合可以降低风险，并实现收益最大化。

本章案例

汇南公司是一家大型电器销售公司。2017 年年初，公司领导召开会议，集体通过了利用手中多余的 3 000 万元资金对外投资，以获取投资收益的决定。经过调研、分析、整理资料，拟定可供公司选择的投资对象如下：

①国家发行的 7 年期国债，每年付息 1 次，且实行浮动利率。第 1 年的利率为 2.63%，以后每年按"当年银行存款利率"加 0.38%的利率差计算支付利息。

②三峡公司发行的 5 年期重点公司债券，票面利率为 10%，每半年付息 1 次。

③宏达股份，中期预测每股收益 0.45 元，股票市场价格为 22.50 元/股，总股本为 30 631 万股，流通股为 7 979 万股。公司主营：设计制造空调制冷产品，空调使用红外遥控。公司财务状况稳定、业绩良好，但成长性不佳。宏达股份的星级评定为四星。宏达股份近 3 年的财务数据及市场表现见表 6—2。

表 6—2　　　　**宏达股份近 3 年的财务数据及市场表现**

财务指标＼年份	2016	2015	2014
营业收入（万元）	194 737	10 843	16 215
税后利润（万元）	26 494	27 204	24 966
总资产（万元）	232 372	194 198	136 493
股东权益（万元）	153 660	141 690	80 310
每股收益（元）	0.865	1.15	1.57
每股净资产（元）	5.02	6.01	5.07
每股现金流量（元）	0.11	0.51	
净资产收益率（%）	17.24	19.20	31.09

④宏泰电器，中期预测每股收益 0.40 元，股票市场价格为 17.00 元/股，总股本为 29 617 万股，流通股为 21 676 万股。公司主营：家用电器、电风扇、清洁卫生器具。公司空调产销量居国内第一位，有行业领先优势，尤其是出口增长迅速，比去年出口增长 70.7%。宏泰电器的星级评定为五星。宏泰电器近 3 年的财务数据及市场表现见表 6—3。

表 6—3　宏泰电器近 3 年的财务数据及市场表现

财务指标＼年份	2016	2015	2014
营业收入(万元)	516 564	429 814	345 166
税后利润(万元)	22 916	21 508	21 025
总资产(万元)	342 368	292 591	198 158
股东权益(万元)	105 724	95 814	60 225
每股收益(元)	0.705	0.66	1.40
每股净资产(元)	3.25	2.94	4.01
每股现金流量(元)	1.08	1.75	
净资产收益率(%)	21.68	22.45	34.91

⑤光明科技，中期预测每股收益 0.10 元，股票市场价格为 68.00 元/股，总股本为 11 500 万股，流通股 3 000 万股。公司主营：激光器、激光加工设备及成套设备、激光医疗设备等。该股科技含量高、成长性好、公积金也高。光明科技的星级评定为五星。光明科技近 3 年的财务数据及市场表现见表 6—4。

表 6—4　光明科技近 3 年的财务数据及市场表现

财务指标＼年份	2016	2015	2014
营业收入(万元)	9 340	8 133	5 798
税后利润(万元)	3 056	2 221	1 845
总资产(万元)	18 501	13 515	11 878
股东权益(万元)	14 152	10 625	9 573
每股收益(元)	0.27	0.26	0.22
每股净资产(元)	1.67	1.25	1.13
净资产收益率(%)	21.59	20.90	19.27

请思考：如果公司为了扩大经营规模，实现规模效应，面对上述可供选择的投资方案，其应如何进行投资组合，才能分散或避免投资风险？如果公司仅为获得投资收益，面对上述可供选择的投资方案，其应如何进行投资组合，才能分散或避免投资风险？

第七章

营运资金管理

学习目标

了解营运资金的含义、特点及管理原则；熟悉企业持有现金的动机、成本及日常管理；熟悉应收账款的作用、成本及日常管理；熟悉信用政策的三项内容；熟悉存货的功能、成本及存货的ABC分类控制法、JIT系统；掌握最佳现金持有量的确定方法；掌握应收账款的各种成本计算；掌握信用政策的内容及决策方法；掌握存货经济进货批量的确定方法；掌握存货保本保利期的计算。

第一节　营运资金概述

一、营运资金的含义及构成

营运资金(working capital)，也叫营运资本。广义的营运资金又称总营运资本，是指企业生产经营活动中占用在流动资产上的资金，具体包括现金、交易性金融资产(有价证券)、应收账款、存货等占用的资金。狭义的营运资金是指某时点内企业的流动资产与流动负债的差额。因此，营运资金的管理既包括流动资产的管理，也包括流动负债的管理。由于负债在筹资决策中已作介绍，因此本章重点论述流动资产的管理。

二、营运资金的特点

营运资金的特点可以通过流动资产和流动负债的特点体现出来。

(一)流动资产的特点

与固定资产相比，流动资产具有以下特点：

1. 投资回收期短

投资于流动资产的资金一般在一年或一个营业周期内收回，相对于固定资产来说，流动资产的周转期较短，周转速度较快，对企业产生影响的时间比较短。

2. 流动性强

流动资产的流动性与其变现能力相关。流动资产在循环周转过程中，经过供、产、销三个阶段，其占用形态不断发生变化，因此具有较强的变现能力。如果遇到意外情况，企业可迅速变卖流动资产，以获取现金，这对于满足企业的临时性资金需求具有重要意义。但是，过高的流动资产占用又会降低企业的整体收益，因此流动资产数额应保持在恰当的水平上。

3. 并存性

在流动资产周转的过程中，企业每天都不断有资金流入，也有资金流出，流入和流出总要占用一定的时间，从供、产、销的某一瞬间看，各种不同形态的流动资产同时存在。因此，合理配置流动资产各项目的比例，是保证流动资产得以顺利周转的必要条件。

4. 波动性

流动资产的投资并非一个常数，随着供、产、销的变化，其资金占用时高时低，起伏不定。非季节性企业如此，季节性企业更是如此。对于流动资产的投资管理来说，企业应该尽可能使流动资产的变动与企业的生产经营波动保持一致，以满足企业生产经营活动对资金的需要。

（二）流动负债的特点

与长期负债筹资相比，流动负债具有筹资速度快、财务弹性大、筹资成本低、偿债风险大的特点。

1. 筹资速度快

一般来说，筹集短期借款比筹集长期借款不仅容易取得，而且所需时间往往较短。

2. 财务弹性大

与长期负债相比，流动负债使企业具有较大的灵活性，企业可以根据自己的资金需要量，及时调整流动负债的数额。

3. 筹资成本低

在正常的情况下，相同的贷款时间内，短期贷款与相应数额的长期贷款相比，所付利息要少一些。对于某些具有"自然筹资"性质的流动负债（如应付账款、应交税费等）而言，则根本没有筹资成本。

4. 偿债风险大

由于流动负债的占用时间往往比较短，因此偿债风险较大。

三、营运资金的管理原则

企业的营运资金在全部资金中占有相当大的比重，而且周转期短、形态易变，是企业财务管理工作的一项重要内容。实证研究也表明，企业财务经理的大量时间都用于营运资金的管理。企业进行营运资金管理，必须遵循以下原则：

（一）认真分析生产经营状况，合理确定营运资金的需要数量

企业营运资金的需要数量与企业生产经营活动有直接关系，当企业产销两旺时，流动资产会大幅增加，流动负债也会相应增加；而当企业产销量减少时，流动资产和流动负债也会相应减少。因此，企业财务人员应认真分析生产经营状况，采用一定的方法预测营运资金的需要数量，以便合理使用营运资金。

（二）在保证生产经营需要的前提下，节约使用资金

在营运资金的管理中，要在保证生产经营需要的前提下尽量节约使用资金，减少资金在流动资产上的占用量，挖掘资金潜力，提高资金使用效率。

（三）加速营运资金周转，提高资金的利用效果

营运资金周转是指企业的营运资金从现金投入生产经营开始，到最终通过销售收回现金的过程。在其他因素不变的情况下，加速营运资金的周转，也就相应地提高了资金的利用效果。因此，企业要千方百计地加速存货、应收账款等流动资产的周转，以便用有限的资金，创造出最大的经济效益。

（四）合理安排流动资产与流动负债的比例关系，保证企业有足够的短期偿债能力

企业偿债能力不足，尤其是短期偿债能力不足，不能偿还到期债务，不仅会影响企业的信誉和以后的发展，而且可能直接威胁企业的生存。如果一个企业的流动资产比较多，流动负债比较少，则说明企业的短期偿债能力较强；反之，则说明短期偿债能力较弱。但如果企业的流动资产太多，流动负债太少，也并不是一种正常现象，这可能是由于流动资产闲置或流动负债利用不足所致。因此，在营运资金管理中，企业要合理安排流动资产和流动负债的比例关系，以便既节约使用资金，又保证企业有足够的偿债能力。

第二节　现金管理

现金，是指在生产过程中暂时停留在货币形态的资金，包括库存现金、银行存款、银行本票和银行汇票等。交易性金融资产作为现金的一种变换存在形式，目的是在保持流动性的前提下，获取一点闲置资金的收益。作为现金的替代品，交易性金融资产是一种准货币，因而在流动资产管理中，往往将其视为现金的一部分。

在企业的流动资产中，现金是流动性最强的一种资产，具有可以立即支付的特点，不仅可以用来满足生产经营开支的各种需要，而且是还本付息和履行纳税义务的保证。因此，拥有足够的现金对企业具有十分重要的意义。企业应合理安排现金的持有量，避免现金闲置，提高资金的使用效率。

一、企业持有现金的动机与成本

（一）企业持有现金的动机

现金是非收益性资产，持有量过多，企业的机会成本就会增大，资金使用效率就会降低。但是为了满足以下动机的需要，企业又必须持有一定量的现金。

1. 交易动机

交易动机是指企业为了满足日常的交易活动需要而持有现金的动机，如购买原材料、支付工资、缴纳税款等。这种需要发生频繁、金额较大，是企业持有现金的主要动机。

2. 预防动机

预防动机是指企业为应付意外事件而持有现金的动机。由于市场行情的瞬息万变和其他各种不确定性因素的存在，如销售不畅、自然灾害、生产事故、主要顾客未及时付款等，都会影响企业的现金收支计划。企业因预防动机所持有的现金量取决于以下因素：一是企业临时举债能力的强弱；二是企业对现金流量预测的可靠程度；三是企业愿意承担风险的程度。

3. 投机动机

投机动机是指企业为抓住一些转瞬即逝的市场投资机会来获取收益而持有现金的动机。例如，遇到有廉价原材料供应的机会，便可用手头现金大量购入；预计证券行情看涨，便可以用

现金购买证券等等。

(二)企业持有现金的成本

企业持有现金的成本通常有机会成本、转换成本、短缺成本、管理成本。

1. 机会成本

机会成本是指企业因持有现金而放弃的再投资收益。现金的机会成本属于变动成本,它与现金的持有量呈正比例关系,即现金持有量越大,机会成本越高。

2. 转换成本

转换成本是指用现金购入有价证券以及转让有价证券换取现金时付出的交易费用,即现金同有价证券之间相互转换的成本,如委托买卖佣金、委托手续费、证券过户费、实物交割手续费等。严格地讲,转换成本仅指与交易金额无关而与交易次数呈正比的交易费用。证券转换成本与现金持有量的关系是:在现金需要量既定的前提下,现金持有量越少,进行证券变现的次数就越多,相应的转换成本就越大;反之,现金持有量越多,进行证券变现的次数就越少,需要的转换成本就越小。

3. 短缺成本

短缺成本是指因现金持有量不足又无法及时通过有价证券变现等形式加以补充而给企业造成的损失,包括由于现金的短缺而使企业的生产经营及投资受到影响所造成的损失,以及因不能及时支付而使企业蒙受的信誉损失等。短缺成本与现金持有量呈反比例关系,即现金的短缺成本随现金持有量的增加而下降,随现金持有量的减少而上升。

4. 管理成本

管理成本是指企业因持有现金而发生的管理费用,如有关人员的工资,以及构建安全装置的费用等。管理成本通常是固定的,在一定的范围内,不随现金持有量的大小而变化,属于无关成本。

二、最佳现金持有量的确定

如前所述,为应付各种现金支出的需要,企业必须持有一定数量的现金,但过多或过少地持有现金,对企业都是不利的。因此,企业应该确定最佳现金持有量。最佳现金持有量是指既能保证企业生产经营的需要,又能使企业获得最大收益的最低现金持有量。确定最佳现金持有量的方法有很多,这里主要介绍成本分析模式和存货分析模式两种方法。

(一)成本分析模式

成本分析模式是指在不考虑现金转换成本的情况下,通过对持有现金的成本进行分析而找出最佳现金持有量的一种方法。也就是说,成本分析模式就是找出各种现金持有方案中机会成本、短缺成本和管理成本所组成的总成本之和最低的方案所对应的现金持有量,即为最佳现金持有量。这里,持有现金的机会成本可通过现金平均持有量与有价证券收益率之积确定,它与现金持有量呈正比关系;短缺成本与现金持有量呈反比例关系;管理成本具有固定成本的属性,不随现金持有量变化。

运用该模式确定最佳现金持有量的具体步骤为:①根据各种可能的现金持有量测算并确定有关成本数值;②根据上一步骤的结果编制最佳现金持有量测算表;③从测算表中找出总成本最低时的现金持有量,即最佳现金持有量。

【例7—1】 万达公司有A、B、C、D四种现金持有量方案,现金持有量及相关成本见表7—1。确定该公司的最佳现金持有量。

表 7—1 现金持有量及相关成本表 金额单位：元

方案项目	A	B	C	D
现金持有量	50 000	100 000	150 000	200 000
机会成本率(%)	10	10	10	10
短缺成本	20 000	10 000	3 000	0
管理成本	20 000	20 000	20 000	20 000

解析：

根据表 7—1，可编制最佳现金持有量测算表，见表 7—2。

表 7—2 最佳现金持有量测算表 单位：元

方案项目	A	B	C	D
机会成本	5 000	10 000	15 000	20 000
短缺成本	20 000	10 000	3 000	0
管理成本	20 000	20 000	20 000	20 000
总成本	45 000	40 000	38 000	40 000

比较各方案的总成本可知，C 方案总成本最低，因此该公司的最佳现金持有量应为 150 000元。

(二)存货分析模式

美国经济学家威廉·鲍莫(William J.Baumol)把存货的经济订货批量模型用于现金管理。其使用是以下列假设为前提的：

(1)企业所需要的现金可通过证券变现取得，且证券变现的不确定性很小。

(2)企业预算期内的现金需要总量可以预测。

(3)现金的支出是在一段时间内均匀发生的，而且每当现金余额降至零时，均可通过证券变现得以补足。

(4)证券的利率以及每次的交易费用固定不变。

存货模式的着眼点也是现金相关总成本最低。在这些成本中，管理成本因其相对稳定，同现金持有量的大小关系不大，所以在存货模式中将其视为与决策无关的成本。由于现金是否会发生短缺、短缺多少、概率多大以及损失如何，都存在很大的不确定性和无法计量性，因此在存货模式中，企业对短缺成本也不予考虑。这样，在存货模式中，需要考虑的只有机会成本和转换成本。机会成本和转换成本随着现金持有量的变动而呈现相反的变动趋势。这就要求企业必须对现金与有价证券的分割比例进行合理安排，从而使机会成本与转换成本之和保持最低。换言之，能够使现金管理的机会成本与转换成本之和保持最低的现金持有量，就是最佳现金持有量。

假设：TC 为某一时期的现金管理总成本；T 为某一时期内的现金总需求量；F 为每次出售有价证券的转换成本；Q 为最佳现金持有量(每次出售有价证券换回的现金数量)；K 为有价证券利率(机会成本率)。由于：

$$现金总成本=机会成本+转换成本$$

即：
$$TC=\frac{Q}{2}K+\frac{T}{Q}F$$

对自变量 Q 求导，可得：

$$Q=\sqrt{\frac{2TF}{K}}$$

此时，现金管理总成本为：

$$TC=\sqrt{2TFK}$$

【例 7—2】 万达公司现金收支状况比较稳定，预计全年需要现金 100 000 元，现金与有价证券的转换成本为每次 200 元，有价证券的年利率为 10%，计算最佳现金持有量，以及对应的现金管理总成本、转换成本、机会成本、有价证券交易次数。

解析：

最佳现金持有量$=\sqrt{\frac{2\times 100\ 000\times 200}{10\%}}=20\ 000$(元)

现金管理总成本$=\sqrt{2\times 100\ 000\times 200\times 10\%}=2\ 000$(元)

转换成本$=100\ 000\div 20\ 000\times 200=1\ 000$(元)

机会成本$=20\ 000\div 2\times 10\%=1\ 000$(元)

有价证券交易次数$(T/Q)=100\ 000\div 20\ 000=5$(次)

三、现金的日常管理

现金的日常管理主要是对现金收支的时间加以控制，从而加快现金流转，缩短现金周转期，以保持最适宜及最少量的现金余额，其目的在于提高现金使用效率。为了达到这一目的，企业可以运用以下策略：

(一)力争现金流入与流出同步等量

从理论上讲，企业如果能使现金收入量与流出量同时等量地发生，便可以极大地利用资金，而不需要置存现金。但实际上，这是不可能的。企业能够切实做到的是尽可能准确地预测现金流入和流出，确定适当的现金余额，并及早采取措施，合理安排使用多余的现金或弥补现金的不足，以充分发挥现金的使用效益，保证日常经营对现金的需求。比如，企业可以合理安排购货等活动以支出现金，有效组织销售等活动以收入现金，力争使现金流入与现金流出趋于一致。这要求企业必须做好现金流量的预测工作，并在此基础上编制相应的现金预算。此外，企业还可辅之以适度透支政策等办法，以促使这一目标的实现。

(二)使用现金浮游量

从企业开出支票，收款人收到支票并存入银行，直到银行将款项划出企业账户，中间需要一段时间，现金在这段时间的占用称为现金浮游量。此间，尽管企业已开出了支票，但由于款项并未从企业账户划出，因此企业仍可动用这笔资金。现金浮游量包括签发支票产生的浮游量及收入支票产生的浮游量，前者为正浮游量，后者为负浮游量。企业可控制好使用时间，在防止发生银行透支的前提下，利用好现金浮游量。

(三)加速收款

该策略的重点是加速应收账款的回收。管理的主要内容包括结算方式的选择，以及赊销政策、信用政策、收账政策的制定等。近年来，电子商务尤其是互联网的迅速发展，使得电子付款手段方便、快捷、准确，企业可鼓励客户采用 EDI(电子数据交换系统)方式付款，以缩短结算及在途时间。

（四）推迟应付账款的支付

推迟应付账款的支付是指在不影响企业信用等因素的前提下，采取延缓现金支出，以最大限度地利用现金持有余额，从而提高总体资金使用效益的一种现金管理策略。具体的措施包括：

1. 采用适当的付款方式

在有条件的情况下，尽量采用能够延缓现金实际流出时间的付款方式，如采取赊购、期票付款、商业票据付款等方式。

2. 充分利用对方给予的信用政策和信用条件

例如，在丧失折扣的情况下，企业通常应把信用期最后一天作为付款时间。

第三节　应收账款管理

应收账款是企业因对外赊销产品、材料、提供劳务及其他原因，而向购货单位或接受劳务单位及其他单位收取的款项。随着市场经济的发展，商业信用的使用日趋增多，应收账款的数额也逐渐增大，加强对应收账款的管理已成为当前流动资产管理的重要内容。

一、应收账款的功能与成本

（一）应收账款的功能

1. 促进销售

销售产品的方式有现销和赊销两种。在市场竞争日趋激烈的情况下，赊销是促进销售的一种重要方式。通过赊销向客户提供商业信用，可以招揽更多的客户，扩大市场销售，增加市场份额，增强企业产品的竞争力，从而给企业带来更多的收益。特别是在企业产品销售不畅、市场疲软、竞争力不强，或者推广新产品、开拓新市场时，赊销更是具有重要的意义。

2. 减少存货

企业持有存货，会增加管理费、仓储费和保险费等的支出。赊销方式能增加销售，也促成了产成品存货的减少，使存货转化为应收账款，从而减少了存货管理的有关支出。因此，企业在存货较多时，可以采用较为优惠的信用条件进行赊销，以减少存货及节约各项存货支出。

（二）应收账款的成本

赊销方式在促进销售的同时，也会因持有应收账款而付出一定的代价，这种代价即为应收账款的成本。应收账款的成本具体包括：

1. 机会成本

应收账款的机会成本是指企业的资金因被应收账款占用而不能用于其他投资，所丧失的投资收益。其大小不仅与企业维持赊销业务所需的资金量有关，还与企业的平均收现期、变动成本率、资金成本率等因素有关。相关计算公式如下：

$$应收账款的机会成本=维持赊销业务所需的资金\times机会成本率（资金成本率）$$

$$维持赊销业务所需的资金=应收账款平均余额\times变动成本率$$

$$应收账款平均余额=\frac{年赊销额}{360}\times平均收账天数$$

$$=\frac{\text{年赊销额}}{\text{应收账款周转次数}}$$

2. 管理成本

应收账款的管理成本是指企业因对应收账款进行管理而耗费的开支，是应收账款成本的重要组成部分，其主要包括对客户的资信调查费用、收集各种信息的费用、应收账款簿记录费用、收账费用以及其他费用。

3. 坏账成本

应收账款的坏账成本是指应收账款因故无法收回而给企业造成的损失。它一般与应收账款的数额大小有关，即应收账款越多，坏账成本越大。

二、信用政策及其确定

应收账款的信用政策即应收账款的管理政策，是指企业为规划应收账款规模和监控应收账款回收情况而确定的一系列策略与措施。应收账款的信用政策包括信用标准、信用条件和收账政策三项内容。

（一）信用标准

信用标准是客户获得企业商业信用所应具备的最低条件，通常由预期的坏账损失率来衡量。如果企业的信用标准定得高，只对信誉很好、坏账损失率很低的顾客给予赊销，就可以减少坏账成本和应收账款的机会成本，但会减少销售量。相反，如果信用标准定得低，销售量虽能增加，但同时又会使企业的应收账款以及相关成本增加。信用标准的制定，可以从定量及定性两方面进行分析。定量依据是估量客户的信用等级和坏账损失率。定性依据主要从同行业竞争对手的情况、企业承担违约风险的能力、客户的资信程度等方面进行综合考虑。其中，客户资信程度的高低通常通过"5C"系统来评价，即客户的信用品质（character）、偿债能力（capacity）、资本（capital）、抵押品（collateral）、经济状况（condition）。

信用品质是指客户的信誉，是评估顾客信用品质的首要指标，如以往是否有故意拖欠账款和赖账的行为，与其他供货企业的关系是否良好等。

偿债能力是指顾客或客户的偿债能力，即其流动资产的数量和质量以及与流动负债的比例。

资本是指顾客或客户的财务实力和财务状况，表明顾客可能偿还债务的背景，如负债比率、流动比率、速动比率、有形资产净值等财务指标。

抵押品是指顾客或客户拒付款项或无力支付款项时能被用做抵押的资产，一旦收不到这些顾客的款项，便以抵押品抵补，这对于首次交易或信用状况有争议的顾客或客户尤为重要。

经济状况是指可能影响顾客或客户付款能力的社会经济环境。

上述五个方面的信用资料可以通过访问客户、直接查阅与分析客户的财务报表获得，也可以通过银行提供的客户信用资料以及与该客户的其他单位交换有关信用资料间接取得。

（二）信用条件

信用条件是指企业要求客户支付赊购货款的条件，它由信用期限、现金折扣期限及现金折扣率几个部分组成。信用条件可在行业惯例的基础上，结合企业自身确定的信用标准给出。例如，信用条件为"2/10，n/30"，表示企业给出的信用期限是30天，如果在现金折扣期10天内付款，则可享受2%的现金折扣。

1. 信用期限的确定

信用期限是指企业允许客户从购货到付款之间的时间间隔，是企业允许客户延迟付款的最长期限。信用期限过短，不能够吸引顾客，不利于扩大销售；信用期限过长，虽然可吸引更多的客户，刺激销售，但也会使管理成本、机会成本和坏账成本上升。因此，制定信用期限时，应考虑延长信用期限增加的销售利润是否超过所增加的成本费用。

【例 7—3】 万达公司目前的信用条件是"n/30"，其预测的年度赊销额是 2 000 万元，预计的坏账损失率为 3%，收账费用为 25 万元；如果将信用条件放宽到"n/60"，预计年赊销额可达到 2 500 万元，坏账损失率为 4%，收账费用为 30 万元。假设万达公司的固定成本总额不变，变动成本率为 60%，资金成本率为 20%，分析该公司应该选择哪一个信用期限？

解析：

(1)如果采用原有的信用条件"n/30"，则：

信用成本前收益＝2 000－2 000×60%＝800(万元)

应收账款的机会成本$=\frac{2\ 000}{360}\times 30\times 60\%\times 20\%=20$(万元)

应收账款的坏账成本＝2 000×3%＝60(万元)

应收账款的收账费用＝25 万元

信用成本后收益＝800－20－60－25＝695(万元)

(2)如果采用新的信用条件"n/60"，则：

信用成本前收益＝2 500－2 500×60%＝1000(万元)

应收账款的机会成本$=\frac{2\ 500}{360}\times 60\times 60\%\times 20\%=50$(万元)

应收账款的坏账成本＝2 500×4%＝100(万元)

应收账款的收账费用＝30 万元

信用成本后收益＝1000－50－100－30＝820(万元)

由于 820 万元＞695 万元，因此新的信用条件的信用成本后收益大于原信用条件的信用成本后收益，在其他条件不变的情况下，应选择新的信用条件。

2. 现金折扣的确定

延长信用期限会增加应收账款的占用额和收账期，从而增加机会成本、管理成本和坏账成本。许多企业为了加速资金周转，及时收回货款，减少坏账损失，往往在延长信用期限的同时，采用一定的优惠措施，即在规定的时间内提前偿付货款的客户可按销售收入的一定比率享受折扣，这便是现金折扣。现金折扣政策由现金折扣期限和现金折扣率两部分组成。例如，"2/10，1/20，n/45"表示信用期限为 45 天，如果客户能在 10 天的现金折扣期限内付款，可享有 2%的现金折扣；如果客户能在超过 10 天但小于 20 天的现金折扣期限内付款，则仅可享有 1%的现金折扣；如果客户的付款时间超过 20 天，则应在 45 天内足额付款。

与延长信用期限一样，采用现金折扣方式在刺激销售、加速现金回收及降低机会成本、管理成本和坏账成本的同时，也需要付出一定的代价，即现金折扣成本。现金折扣成本也是信用决策中的相关成本。因此，是否实行现金折扣政策以及设计何种程度的现金折扣政策的基本思路是：增加的销售利润能否超过增加的机会成本、管理成本、坏账成本和折扣成本之和。

【例 7—4】 接【例 7—3】的资料，如果万达公司在采用 60 天信用期限的同时，进一步将信用条件修改为"2/10，1/20，n/60"。修改信用条件后，预计有 60%的客户利用 2%的现金折扣，

15%的客户利用1%的现金折扣，其余客户将放弃折扣在信用期内付款。此时，坏账损失占赊销额的比例降为3%，收账费用降为25万元。根据上述资料，分析万达公司是否应该采用新的信用条件。

解析：

如果采用新的信用条件“2/10，1/20，n/60”，则：

应收账款周转天数＝60%×10＋15%×20＋25%×60＝24(天)

信用成本前收益＝2 500－2 500×60%＝1 000(万元)

$$应收账款的机会成本=\frac{2\ 500}{360}\times 24\times 60\%\times 20\%=20(万元)$$

应收账款的坏账成本＝2 500×3%＝75(万元)

应收账款的收账费用＝25万元

应收账款的现金折扣成本＝2500×(2%×60%＋1%×15%)＝33.75(万元)

信用成本后收益＝1000－20－75－25－33.75＝846.25(万元)

由于846.25万元＞820万元，因此新的信用条件虽然增加了现金折扣成本，但它使得应收账款的机会成本、坏账损失、收账费用均有不同程度的下降，该公司的信用成本后收益增加。在其他条件不变的情况下，公司应选择有现金折扣的信用条件。

(三)收账政策

收账政策是指客户违反信用条件、拖欠甚至拒付账款时，企业所采取的收账策略与措施。

企业对拖欠的应收账款，无论采用何种方式进行催收，都需要付出一定的代价，即收账费用，某些催款方式的费用还会很高(如诉讼费等)。因此，收账政策应建立在一个适宜的范围之内。积极的收账政策可以减少应收账款的机会成本和坏账损失，但会增加收账费用；消极的收账政策虽然可以减少收账费用，但却会增加应收账款的机会成本和坏账损失。在制定收账政策时，企业应在增加收账费用与减少坏账损失及应收账款的机会成本之间进行权衡。若前者小于后者，则说明制定的收账政策是可取的。

企业对客户的欠款应采用适当的催收方式，做到有理、有利、有节。对超过信用期限较短的客户宜采用电话、写信等方式催款；对久拖不还的欠款，企业应具体调查分析客户欠款不还的原因。若客户确因财务困难而无力支付，企业则应与客户相互协商沟通，寻求解决问题的理想办法，甚至可以给客户以适当的帮助；若客户欠款属于恣意赖账、品质恶劣，企业则应逐渐加强催收力度，直至诉诸法律，并将该客户从信用名单中排除。一般而言，企业应尽量避免对客户采取强硬措施，要珍惜与客户之间的友情，树立企业的良好形象，这样有助于企业争取更多的回头客。但如果双方无法取得谅解，也只能诉诸法律进行裁判。

三、应收账款的日常管理

应收账款是企业流动资产的重要组成部分，企业必须加强对应收账款的日常管理，采取有力措施对应收账款的运行状况进行经常性分析、控制，及时发现问题，提前采取对策，尽可能减少坏账损失。

(一)应收账款的追踪分析

应收账款一旦形成，企业就必须考虑如何按期足额收回的问题。这样，赊销企业就有必要在收款之前，对该项应收账款的运行过程进行追踪分析，其重点要放在赊销商品的变现方面。企业应对赊购者今后的经营情况、偿付能力进行追踪分析，及时了解客户现金的持有量与调剂程度能否满足兑现的需要，并将那些挂账金额大、挂账时间长、经营状况差的客户欠款作为考察的重点内容，以防患于未然。必要时，企业还可采取一些措施，如要求这些客户提供担保等，来保证应收账款的回收。

（二）应收账款的账龄分析

应收账款的账龄是指未收回的应收账款从产生到目前的整个时间。一般而言，客户逾期拖欠账款的时间越长，账款催收的难度越大，成为呆账或坏账损失的可能性也就越高。企业必须做好应收账款的账龄分析，密切注意应收账款的回收进度和出现的变化。应收账款的账龄分析就是考察应收账款的账龄结构。账龄结构是指各账龄应收账款的余额占应收账款总计余额的比重，应收账款的账龄分析见表7—3。

表7—3　应收账款的账龄分析表

应收账款的账龄	账户数量（个）	金额（万元）	比重（%）
信用期内	100	500	50
超过信用期1～30天	80	200	20
超过信用期31～60天	50	100	10
超过信用期61～90天	35	100	10
超过信用期91～180天	30	50	5
超过信用期180～360天	10	30	3
超过信用期360天以上	5	20	2
合　计	310	1 000	100

通过对应收账款的账龄分析，企业财务管理部门可以掌握以下信息：

（1）有多少客户在折扣期限内付款。

（2）有多少客户在信用期限内付款。

（3）有多少客户在信用期限过后才付款。

（4）有多少应收账款拖欠太久，可能会成为坏账。

如果账龄分析显示，企业应收账款的账龄开始延长或者过期账户所占比例逐渐增加，就必须及时采取措施，调整企业的信用政策，努力提高应收账款的收现效率。对尚未到期的应收账款，企业也不能放松监督，以防发生新的拖欠。

（三）建立应收账款坏账准备金制度

不管企业采用怎样严格的信用政策，只要存在商业信用行为，坏账损失的发生就是不可避免的。因此，企业应遵循稳健性原则，对坏账损失的可能性预先进行估计，积极建立弥补坏账损失的坏账准备金制度，用于补偿无法收回的坏账损失，以促进企业的健康发展。

第四节　存货管理

存货是指企业在生产经营过程中，为销售、生产或耗用而储存的物资。存货在企业的流动资产中所占的比重较大，存货管理水平的高低对企业生产经营的顺利与否具有直接的影响。

一、存货的功能与成本

（一）存货的功能

1. 防止生产经营中断

企业主要是通过产品或商品的不断流转而获得利润的。对于生产企业来说，如果原材料存货不足，必然会造成生产中断，停工待料；对于商业企业来说，如果畅销商品库存不足，必然会失去销售良机。而企业的采购受市场等客观因素的影响，并不能保证只要生产过程需要，材料就能即时入库。因此，适量的存货可以保证生产经营的正常进行。

2. 适应市场变化

企业面对的市场是千变万化的，一定数量的存货储备能够增加企业在生产和销售方面的机动性和适应市场变化的能力。如果企业有了足够的库存，当市场需求量突然增加时，企业就能及时满足市场的需要。另外，当发生通货膨胀时，适当地储备一定数量的存货，能使企业获得物价上涨的好处。

3. 降低进货成本

许多企业为了鼓励客户多买其产品，往往给购货方提供较优惠的商业折扣。所以，企业采取批量集中进货，可以降低单位物资的买价。同时，由于采购总量一定，当采购批量较大时，采购次数就会相应减少，从而降低采购费用的支出。此外，由于市场上的存货价格往往会发生波动，企业如果在价格降低时大量进货，便可以获取降价带来的差价收益。

4. 维持均衡生产

企业的生产安排一般可以随着市场的变化而作出相应的调整，但是，许多产品的市场需求具有季节性，如空调、电风扇、羽绒服等，这些产品的生产并不能完全按市场需求的季节性来安排，否则就会造成生产的不均衡，忙时超负荷运转，闲时生产能力得不到充分利用，这样不仅会导致生产成本的提高，对企业的生产设备、生产人员也十分不利。因此，对这些产品的生产，既要考虑季节的变动性，又要考虑生产的均衡性，在销售淡季适当增加产品库存。

（二）存货的成本

存货的成本是指企业为存货所发生的各项支出，主要包括取得成本、存储成本、缺货成本。

1. 取得成本

取得成本是指为取得某种存货而发生的支出，它又分为订货成本和购置成本。

（1）订货成本。订货成本是指为组织采购存货而发生的成本，如办公费、差旅费、邮费、电话费、运输费、检验费、入库搬运费等。订货成本中有一部分与订货次数无关，如常设采购机构的基本开支等，称为订货的固定成本，属于决策的无关成本；订货成本中另一部分与订货次数有关，如差旅费、邮资等，称为订货的变动成本，属于决策的相关成本。

（2）购置成本。购置成本是指为购买存货本身所支出的成本，即存货本身的价值，它是存货单价与数量的乘积。在一定时期进货总量既定的条件下，存货的购置成本不随采购次数等的变动而变动，属于存货决策的无关成本。

2. 储存成本

储存成本是指存货在储存过程中发生的成本，包括存货资金的应计利息、仓储费用、保险费用、存货的破损和变质损失等。

储存成本分为固定成本和变动成本。固定成本与存货数量的多少无关，如仓库折旧、仓库职工的固定工资等，这类成本属于决策的无关成本。变动成本与存货的数量有关，如存货资金的应计利息、存货的破损和变质损失、存货的保险费用等，这类成本属于决策的相关成本。

3. 缺货成本

缺货成本是指由于存货不足而造成的损失，包括材料供应中断造成的停工损失、产成品库存缺货造成的延迟发货的信誉损失和丧失销售机会的损失等。如果生产企业以紧急采购代用材料解决库存材料中断之急，缺货成本就表现为紧急额外购入成本。缺货成本是否作为决策的相关成本，应视企业是否允许缺货而定。如果企业允许缺货，则缺货成本随着平均存货的减少而增加，这时的缺货成本属于决策的相关成本；如果企业不允许缺货，则缺货成本为零，这时的缺货成本属于决策的无关成本。

二、存货控制的方法

存货的控制是指企业如何取得存货、管理存货，从而使存货在使用和周转过程中的相关成本最小、效益最大，它是企业财务管理中一项经常性的工作。存货控制的方法有多种，以下介绍常用的几种方法。

(一)经济订货批量模型

经济进货批量是指能够使一定时期内存货的相关总成本达到最低点的进货数量。上述存货的成本中有些是固定性的，有些是变动性的。显然，只有变动性成本才是经济进货批量决策时的相关成本。与经济进货批量决策相关的成本主要包括：变动性订货成本、变动性储存成本以及允许缺货时的缺货成本。不同的成本项目与进货批量有着不同的变动关系。如果进货的批量大，采购次数就少，进货费用和缺货成本就低，但由于储存的存货多，因此储存成本高；如果进货的批量小，采购次数就多，进货费用和缺货成本就高，但由于储存的存货少，因此储存成本低。经济进货批量决策主要是权衡这些成本和费用，使得它们的总和最低。

1. 经济进货批量的基本模型

经济进货批量基本模型的确定，是以下列假设为前提的：①企业一定时期的进货总量 D 可以较为准确地进行预测；②存货的流转比较均衡；③存货的价格稳定，不存在数量折扣；④进货日期完全由企业自行决定，并且采购不需要时间；⑤仓储条件及所需现金不受限制，不会因现金短缺而影响进货；⑥不允许出现缺货，即缺货成本为零；⑦所需存货市场供应充足，并能集中到货。

在满足以上假设的前提下，存货的购置成本和缺货成本都不是决策的相关成本，所以经济进货批量考虑的仅仅是使变动性订货成本与变动性储存成本之和最低，即经济进货批量模型中的相关总成本(TC)是由变动性订货成本(TC_0)和变动性储存成本(TC_C)组成的。

假设，Q 为经济进货批量，D 为某种存货的全年需要量，P 为每次订货的变动性订货成本，C 为存货年平均单位变动性储存成本，则存货的年相关总成本的公式如下：

$$TC=TC_0+TC_C=\frac{D}{Q}P+\frac{Q}{2}C$$

在上式中，只有 Q 是变量。TC 的大小取决于 Q，TC 最小时的 Q，就是经济进货批量。根据微分原理，当函数式 TC 的一阶导数等于 0 时，TC 有最小值。因此，对 TC 求导并整理，就可得出如下公式：

$$Q=\sqrt{\frac{2PD}{C}}$$

此时，最小相关总成本为：

$$TC=\sqrt{2PDC}$$

【例 7—5】 某公司预计全年耗用某种材料 8 000 千克，该材料单价为 10 元，每千克全年存储成本为 2 元，每次进货成本为 20 元，计算经济进货批量、最小相关总成本，以及全年订货次数、最佳订货周期、最佳存货资金占用额。

解析：

经济进货批量$=\sqrt{\frac{2\times20\times8\ 000}{2}}=400$（千克）

此时，存货相关成本最低。

最小相关总成本$=\sqrt{2\times20\times8\ 000\times2}=800$（元）

全年订货次数$=8000\div400=20$（次）

最佳订货周期$=360\div20=18$（天）

最佳存货资金占用额$=10\times\frac{400}{2}=2\ 000$（元）

2. 实行数量折扣条件下的经济进货批量模型

经济进货批量的基本模型没有考虑到商业折扣的情况。在实际工作中，为了鼓励客户每次购买更多的商品，销售企业通常会根据批量的大小给予客户不同程度的价格优惠，这就是商业折扣，或称为价格折扣。客户每次购买量越多，所获得的价格优惠越大。此时，进货企业除了考虑订货成本和储存成本外，还必须考虑存货的购置成本。因为存货的购置成本已经与进货数量的大小直接相关，是存货决策的相关成本。此时，存货相关总成本公式如下：

存货相关总成本＝购置成本＋变动性订货成本＋变动性储存成本

即：
$$TC=DU+\frac{D}{Q}P+\frac{Q}{2}C$$

式中，U 为单价。

实行数量折扣条件下的经济进货批量的确定步骤如下：

(1)按照基本经济进货批量模型确定无商业折扣条件下的经济进货批量和存货相关总成本。

(2)计算按给予数量折扣的进货批量进货时的存货相关总成本。

(3)比较不同进货批量下的存货相关总成本，找出存货相关总成本最低的进货批量，就是实行数量折扣的经济进货批量。

应当注意，如果给予的数量折扣的进货批量是一个范围，如进货批量在 1 000～3 000 件之间，可享受 3％的价格优惠，就可按照给予批量折扣的下限计算，即按 1 000 件计算相关总成本。

【例 7—6】 甲企业预计 A 材料的年需要量为 80 000 千克，每千克单价为 30 元。销售方规定，客户每批购买量在 10 000 千克以下，按标准价执行；每批购买量在 10 000～20 000 千克，价格优惠 2％；每批购买量在 20 000 千克以上，价格优惠 3％。已知每次订货成本为 1 000 元，每千克材料的年储存成本为 10 元，计算经济进货批量。

解析：

确定基本经济进货批量如下：

$Q=\sqrt{\frac{2PD}{C}}=\sqrt{\frac{2\times80\ 000\times1\ 000}{10}}=4\ 000$（千克）

根据 $TC=DU+\frac{D}{Q}P+\frac{Q}{2}C$，计算全年存货相关总成本如下：

当进货批量为 4 000 千克时，则：

$$TC=80\ 000\times30+\frac{80\ 000}{4\ 000}\times1\ 000+\frac{4\ 000}{2}\times10=2\ 440\ 000(\text{元})$$

当进货批量为 10 000 千克时，则：

$$TC=80\ 000\times30\times(1-2\%)+\frac{80\ 000}{10\ 000}\times1\ 000+\frac{10\ 000}{2}\times10=2\ 410\ 000(\text{元})$$

当进货批量为 20 000 千克时，则：

$$TC=80\ 000\times30\times(1-3\%)+\frac{80\ 000}{20\ 000}\times1\ 000+\frac{20\ 000}{2}\times10=2\ 432\ 000(\text{元})$$

显然，当进货批量为 10 000 千克时的存货相关总成本最低，所以最佳经济进货批量为 10 000千克。

(二)存货储存期控制

存货储存期控制法是根据存货的有关费用与存货储存时间的依存关系，通过控制存货储存时间，加速存货周转，实现存货管理目标的一种控制方法。无论是商品流通企业还是生产制造企业，其产品一旦入库，便面临着如何尽快销售出去的问题。即使不考虑未来市场供求关系的不确定性，仅是存货储存本身就要求企业付出一定的资金占用费(如利息成本或机会成本)和仓储管理费。因此，尽可能缩短存货储存时间、加速存货周转，是节约资金占用、降低成本费用、提高企业经济效益、降低企业经营风险的重要手段。

企业存货所发生的费用支出，按照存货储存期的长短，可以分为固定储存费与变动储存费两类。前者包括进货费用、管理费用，其金额的多少与存货储存期的长短没有直接关系；后者包括存货资金占用费(贷款购置存货的利息或现金购置存货的机会成本)、存货仓储管理费、仓储损耗(为计算方便，如果仓储损耗较小，亦可将其并入固定储存费)等，其金额随存货期的延长或缩短呈正比例变动，它们与利润存在以下关系：

利润＝毛利－销售税金及附加－固定储存费－变动储存费
　　＝毛利－销售税金及附加－固定储存费－每日变动储存费×储存天数

可见，存货的储存成本之所以会不断增加，主要是变动储存费随着存货储存期的延长而不断增加的结果，所以，利润与费用之间此增彼减的关系，实际上是利润与变动储存费之间此增彼减的关系。这样，随着存货储存期的延长，利润将日渐减少。当毛利扣除固定储存费和销售税金及附加后的差额被变动储存费抵消到恰好等于企业目标利润时，则表明存货已经到了保利期；当毛利扣除固定储存费和销售税金及附加后的差额完全被变动储存费抵消时，则意味着存货已经到了保本期。因此，如果存货能够在保利期内售出，所获得的利润便会超过目标值；反之，将难以实现既定的利润目标。如果存货不能在保本期内售出，企业便会蒙受损失。存货保本储存天数(利润为零)和存货保利储存天数(利润为目标利润)的计算公式如下：

$$\text{存货保本储存天数}=\frac{\text{毛利}-\text{销售税金及附加}-\text{固定储存费}}{\text{每日变动储存费}}$$

$$\text{存货保利储存天数}=\frac{\text{毛利}-\text{销售税金及附加}-\text{固定储存费}-\text{目标利润}}{\text{每日变动储存费}}$$

由上式可得：

获利或亏损额＝每日变动储存费用×(保本储存天数－实际储存天数)

【例 7—7】 某商品流通企业购进甲商品 2 000 件，单位进价(不含增值税)100 元，单位售价 120 元(不含增值税)，经销该批商品的一次费用为 20 000 元，销售税金及附加为 1 600 元，每日变动储存费为 80 元。要求：①计算该批存货的保本储存天数；②若企业欲获得 6 000 元的利润，计算保利储存天数；③若该批存货实际储存了 200 天，计算能否实现 6 000 元的目标利润及其与目标利润的差额；④若该批存货亏损了 2 000 元，计算实际储存天数。

解析：

(1)保本储存天数＝[(120－100)×2 000－1 600－20 000]÷80＝230(天)

(2)保利储存天数＝[(120－100)×2 000－1 600－20 000－6 000]÷80＝155(天)

(3)若该批存货实际储存期为 200 天，则：

实际获利额＝(230－200)×80＝2 400(元)

实际获利额 2 400 元，距离 6 000 元的目标利润尚差 3600 元没有实现。

(4)若该批存货亏损了 2 000 元，则：

实际储存天数＝保本储存天数－(获利额÷每日变动储存费)
＝230－(－2 000÷80)
＝255(天)

通过对存货储存期的分析与控制，企业可以及时为经营决策者提供存货的储存状态信息，以便决策者针对不同情况，采取相应的措施。一般而言，凡是已过保本期的商品大多属于积压滞销的存货，对此，企业应当采取降价促销的办法，尽快将存货推销出去；对超过保利期但未过保本期的存货，应当查明原因，找出对策，尽早采取措施；至于那些尚未超过保利期的存货，企业亦应密切监督、控制，以防发生过期损失。从财务管理方面考虑，企业每隔一段时间就应对各类产品的销售状况作出总结，调整企业未来的产品结构，提高存货的周转速度和投资收益。

(三)存货的 ABC 分类控制

存货 ABC 分类控制法是意大利经济学家巴雷特于 19 世纪所创，以后经过不断发展和完善，现已广泛用于存货管理中。一般来说，企业的存货品种繁多、数量巨大，尤其是大中企业的存货更是成千上万。在这些存货中，有的存货数量虽不多，但价格昂贵；有的存货数量尽管庞大，但其占用的资金并不多。此外，企业对各种存货的需求量也不完全相同。如果不分主次，面面俱到，就抓不住重点，不能有效地控制主要存货资金。

存货 ABC 分类控制法正是针对这一问题而提出来的重点管理方法。所谓存货 ABC 分类控制法，就是按照一定的标准，将企业的存货划分为 A、B、C 三类，分别实行分品种重点管理、分类别一般控制和按总额灵活掌握的存货管理方法。其基本原理是：将存货分为 A、B、C 三类，分类的标准有两个：一是金额标准；二是品种数量标准。其中，金额标准是最基本的，品种数量标准仅作为参考。A 类存货金额巨大，品种数量较少；B 类存货金额一般，品种数量相对较多；C 类存货品种数量繁多，但价值较小。三类存货的金额比重大致为 A∶B∶C＝7∶2∶1。运用存货 ABC 分类控制法的步骤如下：

(1)根据每一种存货在一定时期内(一般为一年)的耗用量计算出该种存货的资金占用额。

(2)计算出每一种存货资金占用额占全部存货资金占用额的百分比，并按大小顺序排列，编成表格。

(3)将这些存货按其金额和数量标准分成 A、B、C 三类，并画图表示出来。

(4)对 A 类存货实施重点规划和控制，对 B 类存货实施次重点的管理，对 C 类存货只进行一般管理。

【例 7—8】 某企业共有 20 种材料，共占用资金 1 200 000 元，按占用资金多少的顺序排列，并根据上述原则将其划分为 A、B、C 三类。

解析：

存货资金占用见表 7—4。

表 7—4 **存货资金占用表**

材料品种（编号）	占用资金数额（元）	各类存货所占的种数		各类存货占用资金		类别
		种数（种）	比重（%）	数额（元）	比重（%）	
1	480 000	2	10	840 000	70	A
2	360 000					
3	85 000	5	25	240000	20	B
4	62 000					
5	38 000					
6	30 000					
7	25 000					
8	18 000	13	65	120 000	10	C
9	16 000					
10	15 300					
11	13 000					
12	12 800					
13	9 600					
14	8 800					
15	7 200					
16	5 200					
17	4 900					
18	3 300					
19	3 200					
20	2 700					
合计	1 200 000			1 200 000	100	

实施存货 ABC 分类控制法，可以有重点的对全部存货资金实施有效的管理。A 类存货种类虽少，但占用大部分的资金，应对其进行重点管理，经常检查这类存货的库存情况，严格控制该类存货的支出；C 类存货尽管品种很多，但占用的资金只有很小的一部分，可以只对其进行总量控制和管理；B 类存货的管理介于 A 类和 C 类之间，虽然不必如 A 类存货那样进行严格管理，但也不能仿照 C 类存货的管理方法，对 B 类存货的管理要视具体情况而定，一般应根据企业现状及现有管理条件采用适当的方式，归类实施控制，这样就能以较小的成本代价取得最有效的管理效果。

(四)存货 JIT 系统

及时生产系统(just-in-time system,JIT 系统),是指通过合理规划企业的产、供、销过程,使从原材料采购到产成品销售的每个环节都能紧密衔接,减少制造过程中不增加价值的作业,减少库存,从而降低成本,提高产品质量,最终实现企业效益最大化。

1. 存货 JIT 系统的基本原理

只有在使用之前才从供应商处进货,从而将原材料或配件的库存数量减至最小;只有在出现需求或接到订单时才开始生产,从而避免产成品的库存。存货 JIT 系统要求企业在生产经营的需要与材料物资的供应之间实现同步,使物资传送与作业加工速度处于同一节拍,最终将存货降至最小限度,甚至零库存。

2. 存货 JIT 系统的优缺点

优点:①降低库存成本;②减少从订货到交货的加工等待时间,提高生产效率;③降低废品率、再加工成本和担保成本。

缺点:①要求企业内外部全面协调与配合,一旦供应链破坏,或企业不能在很短的时间内根据客户需求调整生产,企业生产经营的稳定性就会受到影响,经营风险就会加大;②为了保证能够按合同约定频繁小量配送,供应商可能要求额外加价,企业因此丧失了从其他供应商那里获得更低价格的机会收益。

本章小结

营运资金是企业进行生产经营活动的必备条件,企业应当持有适当数量的营运资金,使企业营运资金的占用既能满足生产经营活动的需要,又不致造成资金积压。

企业持有现金通常会发生持有成本、转换成本、短缺成本、管理成本。合理确定最佳现金持有量通常可采用成本分析模式和存货分析模式。

应收账款的信用政策一般包括信用标准、信用条件和收账政策。制定合理的信用政策是加强应收账款管理、提高应收账款投资效益的重要前提。

存货管理水平的高低,直接影响企业的生产经营活动能否顺利开展,也影响企业收益水平和经营风险的高低。存货资金控制的方法主要有存货经济批量模型、存货储存期控制、存货的 ABC 分类控制、存货 JIT 系统。

本章案例

忠信公司的财务困境

忠信公司是一家小型电器生产企业,该公司的产品质量优良、价格合理、销路很好,因此该公司也迅速发展壮大起来,由起初只有几十万元资金的公司发展为拥有上亿元资金的公司。2017 年,为了配合公司扩大生产、增加市场占有份额的发展规划,公司实施了积极的财务政策:①在资金筹集方面,为了满足公司流动资金及购置设备的需要,公司通过各种方式筹集所需资金,筹集资金总量同比增加了 15%,其中短期借款同比增加了 20%;②在销售方面,销售收入同比增加了 25%,其中赊销同比增加了 30%,利润总额同比增加了 15%,这样一来,虽然公司的利润增加了,但是现金的增加却很少。

同时,随着公司的不断壮大,该公司有些问题开始呈现出来,其中最主要的问题是流动资金周转速度放缓，其原因主要有两个：一是为了保证生产，公司增加了现金和存货储备；二是为了扩大销售、占领市场，公司过去一直采用比较宽松的信用政策，客户拖欠款项的数额越来越大、时间越来越长，严重影响了资金的周转循环，公司不得不依靠长期负债及短期负债筹集资金。

最近，主要贷款人不同意进一步扩大债务，所以公司经理非常忧虑。如果不进行财务政策的改革，保持较好的资产流动性，公司可能会面临前所未有的财务困境。

请思考：假如现在该公司聘请你为财务顾问，你该如何根据公司目前存在的财务问题，提出合理化的建议，协助他们改善财务问题，使公司顺利地渡过这个难关？

第八章

收益分配

学习目标

明确收益分配的原则与顺序；熟悉确定收益分配政策时应考虑的因素；掌握各种股利政策的基本原理、优缺点和适用范围；能够正确计算与分析不同股利政策对公司产生的影响；能够根据公司实际情况选择相应的股利政策。

第一节　收益分配概述

收益分配是企业将一定时期内所创造的经营成果合理地在企业内、外部各利益相关者之间进行有效分配的过程。收益分配是一项十分重要的工作，不仅影响企业的筹资和投资决策，而且涉及国家、企业、股东、债权人、职工等多方面的利益关系，涉及企业长远利益和近期利益、整体利益和局部利益等关系的处理与协调。通过收益分配，企业能够正确处理其与各方面的经济关系，调动各方面的积极性，促进生产经营的发展。

一、收益分配的原则

作为一项重要的财务活动，企业的收益分配应当遵循以下原则：

（一）依法分配原则

为了正确处理各方面的利益关系，企业的收益分配必须依法进行。为了规范企业的收益分配行为，国家制定和颁布了若干法律、法规。这些法律、法规规定了企业收益分配的基本要求、一般程序和重大比例，企业应认真执行。

（二）资本保全原则

企业的收益分配必须以资本的保全为前提。企业的收益分配是对投资者投入资本的增值部分所进行的分配，不是投资者资本金的返还。以企业的资本金进行的分配，属于一种清算行为，而不是收益的分配。企业必须在有可供分配留存收益的情况下进行收益分配，只有这样才能充分保护投资者的利益。

（三）兼顾各方利益原则

企业的收益分配必须兼顾各方面的利益。企业除依法纳税外，投资者作为资本的投入者、企业的所有者，依法享有净收益的分配权。企业的债权人，在向企业投入资金的同时也承担了一定的风险，企业的收益分配中应当体现出对债权人利益的充分保护。企业的净收益是由全体职工的劳动创造的，企业的收益分配应当考虑到职工的切身利益。因此，企业在进行收益分配时，应统筹兼顾、合理安排，维护国家、企业、股东、债权人、职工等多方面的合法权益。

（四）分配与积累并重原则

企业通过经营活动赚取收益，既要保证企业简单再生产的持续进行，又要不断积累企业扩大再生产的财力基础。恰当处理分配与积累之间的关系，留存一部分净收益以供未来分配之需，能够增强企业抵抗风险的能力，也可以提高企业经营的稳定性与安全性。

（五）投资与收益对等原则

企业进行收益分配应当体现"谁投资，谁受益"，收益大小与投资比例相适应的原则。投资与收益对等原则是正确处理投资者利益关系的关键。所有的投资者无论经济成分是什么、规模大小，都应该享有与其投资比例相适应的分配权。企业在收益分配过程中应该本着公平、公开、公正的原则，平等地对待所有的投资者，做到同股同权、同股同利。只有这样，才能从根本上保护投资者的利益，增强投资者的积极性。

二、收益分配的顺序

企业实现的利润总额，首先应该按照国家税法规定依法缴纳所得税。企业缴纳所得税后的利润，一般按下列顺序进行分配：

（一）弥补以前年度亏损

企业亏损是指在一个会计年度内，企业的盈利低于公司的全部成本、费用及其损失的总和。在公司存续期间内，公司应当经常保持与其资本相当的实有财产。当公司有利润时，应当首先用利润弥补公司的亏损，使公司资本得以维持。

（二）提取法定公积金

根据《公司法》的规定，法定公积金的提取比例为当年税后利润（弥补亏损后）的10%。企业的法定公积金达到注册资本的50%时可不再提取。法定公积金提取后，根据企业的需要，可用于弥补亏损、扩大公司生产经营或转增资本，但企业用公积金转增资本后，法定公积金的余额不得低于转增前公司注册资本的25%。提取法定公积金的目的是增加企业内部积累，以利于企业扩大再生产。

（三）提取任意公积金

根据《公司法》的规定，公司从税后利润中提取法定公积金后，经股东大会决议通过，还可以从税后利润中提取任意公积金。这是为了满足企业经营管理的需要，控制向投资者分配利润的水平，以及调整各年度利润分配的波动。

（四）向股东（投资者）分配股利（利润）

根据《公司法》的规定，公司弥补亏损和提取公积金后所余税后利润，可以向股东（投资者）分配股利（利润）。企业以前年度的未分配利润可以并入本年度向投资者分配。如果企业当年无盈利，一般不得分配利润。

第二节 股利政策

股利政策是指在法律允许的范围内，企业是否发放股利、发放多少股利以及何时发放股利的方针及对策。企业的净收益可以支付给股东，也可以留存在企业内部，股利政策的关键是确定分配和留存的比例。

一、影响股利政策的因素

(一)法律因素

1. 资本保全约束

企业用于股利分配的资金只能是当期净收益或留存收益，不能用资本(包括股本和资本公积)发放股利，目的是防止企业任意减少资本结构中净资产的比例，以维护债权人的利益。

2. 资本积累约束

企业必须按净利润的一定比例提取法定盈余公积金，同时还应当贯彻“无利不分”的原则，即当企业出现年度亏损时，一般不进行利润分配。

3. 超额累积利润约束

由于股东接受股利缴纳的所得税高于其进行股票交易的资本利得税，于是许多国家规定，公司不得超额累积利润。一旦公司的保留盈余超过法律认可的水平，将被加征额外税额。我国法律对公司的累积利润尚未作出限制性规定。

4. 偿债能力约束

偿债能力是指企业按时足额偿付各种到期债务的能力。对股份公司而言，当其支付的现金股利会影响公司偿付债务和正常经营时，公司发放现金股利的数额就要受到限制。

(二)公司因素

1. 收益的稳定性

公司是否能获得长期稳定的盈余，是其股利决策的重要基础。盈余相对稳定的公司能够较好地把握自己，有可能支付比盈余不稳定的公司较高的股利，而盈余不稳定的公司一般采取低股利政策。对于盈余不稳定的公司来讲，低股利政策可以减少因盈余下降而造成的股利无法支付、股价急剧下降的风险，还可将更多的盈余进行再投资，以提高公司权益资本的比重，减少财务风险。

2. 资产的流动性

较多地支付现金股利，会减少公司的现金持有量，使资产的流动性降低；而保持一定的资产流动性，是公司经营所必需的。

3. 举债能力

具有较强举债能力的公司(与公司资产的流动性有关)，因为能够及时地筹措到所需的现金，所以有可能采取较宽松的股利政策；而举债能力较弱的公司则不得不多保留收益，所以往往采取较紧的股利政策。

4. 投资机会

有着良好投资机会的公司，需要有强大的资金支持，所以往往少发放股利，而将大部分盈余用于投资；缺乏良好投资机会的公司，保留大量现金会造成资金的闲置，于是倾向于支付较高的股利。正因为如此，处于成长中的公司多采取低股利政策，陷于经营收缩的公司多采取高股利政策。

5. 资本成本

留存收益是企业内部筹资的一种重要方式，与发行新股或举债相比，不仅成本低，还可以保持对企业的控制权。因此，很多企业在确定收益分配政策时，往往将企业的净收益作为首选的筹资渠道，特别是在负债资金较多、资本结构欠佳的时期。

（三）股东因素

1. 稳定的收入和避税

一些依靠现金股利维持生活的股东往往要求公司支付稳定的股利，反对公司留存过多的收益；另一方面，一些高股利收入的股东出于避税的考虑（股利收入的所得税高于股票交易的资本利得税），往往反对公司发放较多的股利。

2. 控制权的稀释

企业支付较高的股利会导致留存收益的减少，当企业为有利可图的投资机会筹集所需资金时，发行新股的可能性增大，新股东的加入必然稀释公司的控制权。所以，股东会倾向于较低的股利支付水平，以便从内部的留存收益中取得所需资金。

3. 投资机会

如果股东在外部有更好的投资机会（高于公司项目的投资收益率），则会希望公司采取高股利支付政策，否则相反。

（四）其他因素

1. 债务合同约束

公司的债务合同，特别是长期债务合同，往往有限制公司现金支付程度的条款，这使公司只得采取低股利政策。

2. 通货膨胀

通货膨胀会带来货币购买力水平的下降，导致固定资产重置资金不足。此时，企业往往不得不考虑留用一定的利润，以弥补由于货币购买力下降而形成的重置固定资产的资金缺口。因此，在通货膨胀时期，公司发放的股利较少。

二、股利支付的程序和方式

（一）股利支付的程序

公司向股东支付股利，需要经过一定的程序，主要表现为与股利支付有关的几个日期：股利宣告日、股权登记日、除息日和股利支付日。

1. 股利宣告日

股利宣告日是指公司董事会将股东大会通过本年度利润分配方案的情况以及股利支付情况予以公告的日期。公告中将宣布每股支付的股利、股权登记期限、除息日、股利支付日期以及派发对象等事项。

2. 股权登记日

股权登记日是指有权领取本期股利的股东资格登记的截止日期。只有在股权登记日当天在公司股东名册上登记的股东（即在当日及之前持有或买入股票的股东），才有权分享股利。在该日收盘后持有该股股票的投资者没有享受分红配股的权利。

3. 除息日

除息日又称股权日，是指领取股利的权利与股票相互分离的日期。在除息日前，股利权从属于股票，持有股票者即享有领取股利的权利；从除息日开始，股利权与股票相分离，新购入股票的人不能分享股利。由于失去了“附息”的权利，除息日的股票价格会下跌。我国由于采用次日交割方式，因此除息日与股权登记日差一个工作日。

4. 股利支付日

股利支付日是指向股东发放股利的日期。

【例 8—1】 某上市公司于 2017 年 2 月 23 日公布 2016 年度的最后分红方案，其公告如下：“2017 年 2 月 23 日在北京召开的股东大会上，通过了董事会关于每股派现金红利 0.6 元的 2016 年度利润分配方案。股权登记日为 2017 年 3 月 10 日，除息日为 2017 年 3 月 11 日，股利支付日为 2017 年 3 月 25 日。特此公告。”

解析：

该公司的股利支付程序如图 8—1 所示。

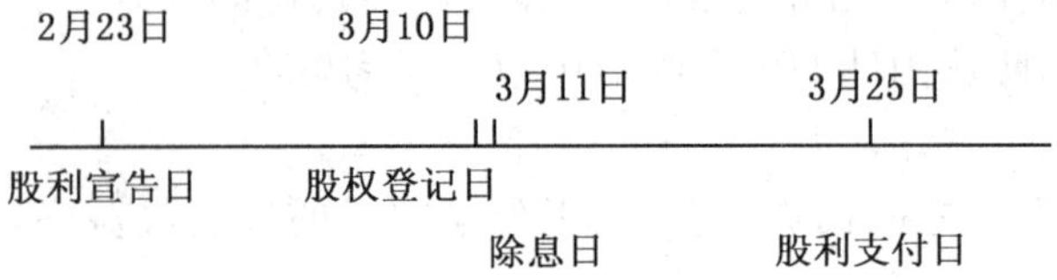

图 8—1 公司的股利支付程序

(二)股利支付的方式

股利支付的方式有多种，常见的有以下几种：

1. 现金股利

现金股利是以现金支付的股利，它是股利支付的主要方式。企业在分配现金股利时，必须考虑到现金流量以及资产的流动性，过多地分配现金股利会减少公司的现金持有量，影响未来的支付能力，甚至可能会出现财务困难。因此，企业在支付现金股利时，除了要有累计盈余(特殊情况下可用弥补亏损后的盈余公积金支付)，还要有足够的现金。

2. 财产股利

财产股利是以现金以外的公司所拥有的其他资产支付的股利。其他资产包括实物资产、产品等，但更多的是金融性资产(公司拥有的政府债券、其他公司的债券和股票等)。

财产股利可解决公司支付股利与现金不足的矛盾，由于用于分派股利的有价证券流通性强，易于变现，所以能被大多数股东所接受。

3. 负债股利

负债股利是以负债方式支付的股利，通常以公司的应付票据支付给股东，有时也以发放公司债券的方式支付。

财产股利和负债股利实际上是现金股利的替代，这两种股利支付形式在我国公司实务中很少使用。

4. 股票股利

股票股利是公司以增发的股票作为股利的支付方式，我国实务中通常称为“红股”。股票股利并不直接增加股东的财富，不会导致公司资产的流出或负债的增加，公司的财产也不会因此而增加，但会引起所有者权益各项目的结构发生变化。

股票股利的优点主要有：

(1)发放股票股利可以使股东分享公司的盈余而不需要向股东支付现金，从而将现金留存公司用于追加投资，减少了筹资费用。

(2)发放股票股利可以降低公司股票价格，促进股票流通，分散股权以防止公司被恶意控制，促进新股顺利发行。

(3)股票股利的发放可以传递公司未来发展前景良好的信息，从而增强投资者的信心，在一定程度上稳定股票价格。

但在某些情况下，发放股票股利也会被认为是公司资金周转不灵的征兆，从而降低投资者对公司的信心，导致股价下跌。

【例 8－2】　某上市公司在 2016 年股票股利发放前，股东权益情况见表 8－1。假设该公司宣布发放 10%的股票股利，现有股东每持 10 股可得 1 股增发的股票。若该股票当时的市价为 10 元，发放股票股利按市价计算，则股票股利发放后，股东权益情况如何？

表 8－1　**股票股利发放前股东权益情况表**　单位：万元

普通股(面值 1 元，发行在外 2000 万股)	2 000
资本公积	3 000
盈余公积	2 000
未分配利润	3 000
股东权益合计	10 000

解析：

"未分配利润"划转出的资金＝2 000×10%×10＝2 000(万元)

由于股票面值(1 元)不变，则发放 200 万股，普通股增加 200 万元，其余的 1 800 万元(2 000－200)应作为股票溢价转至"资本公积"。

因此股票股利发放后，股东权益情况见表 8－2。

表 8－2　**股票股利发放后股东权益情况表**　单位：万元

普通股(面值 1 元，发行在外 2 200 万股)	2 200
资本公积	4 800
盈余公积	2 000
未分配利润	1 000
股东权益合计	10 000

三、股利政策的类型

(一)剩余股利政策

剩余股利政策就是在公司有着良好的投资机会时，根据一定的目标资本结构(最佳资本结构)，测算出投资所需的权益资本，先从盈余当中留用，然后将剩余的盈余作为股利予以分配的政策。

采取剩余股利政策时，应遵循四个步骤：

(1)设定目标资本结构，即确定权益资本与债务资本的比例，在此资本结构下，综合资金成本将达到最低水平。

(2)确定目标资本结构下投资所需要的股东权益数额。

(3)最大限度地使用留存收益来满足投资方案所需的权益资本数额。

(4)投资方案所需的权益资本已经满足后，若有剩余盈余，再将其作为股利发放给股东。

【例 8—3】 某公司 2016 年税后净利润为 1000 万元，2017 年的投资计划需要资金1 500 万元，公司的目标资本结构为权益资本占 60%，债务资本占 40%。计算公司投资方案所需的权益资本数额、当年发放的股利额、当年流通在外的普通股为 500 万股时的每股股利。

解析：

公司投资方案所需的权益资本数额=1 500×60%=900(万元)

由于公司当年全部可用于分配股利的盈余为 1 000 万元，因此可以满足上述投资方案所需的权益资本数额并有剩余，剩余部分再作为股利发放，则：

当年发放的股利额=1 000－900=100(万元)

每股股利=100÷500=0.20(元)

剩余股利政策的优点：能够充分利用留存收益这一筹资成本最低的资金来源，保持理想的资本结构，使综合资金成本最低，实现企业价值的最大化。

剩余股利政策的缺点：完全遵照执行剩余股利政策，将使股利发放额每年随投资机会和盈利水平的波动而波动，不利于投资者安排收入与支出，也不利于公司树立良好的形象；损害了那些偏好现金股利的股东的利益，影响了股东对企业的信心；剩余股利政策是以投资的未来收益为前提的，由于管理层和股东之间的信息不对称，因此如果股东不了解企业投资的未来收益水平，也会影响股东对企业的信心。剩余股利政策一般适用于公司的初创阶段。

(二)固定股利或稳定增长股利政策

固定股利或稳定增长股利政策是将每年发放的股利固定在某一特定的水平上，并在较长的时期内不变，只有当公司认为未来盈余将会显著地、不可逆转地增长时，才会提高年度的股利发放额的政策。不过，在通货膨胀的情况下，大多数公司的盈余会随之提高，且大多数投资者也希望公司能够提供足以抵消通货膨胀不利影响的股利，因此在长期通货膨胀的年份里也应提高股利发放额。固定股利或稳定增长股利政策的主要目的是避免出现由于经营不善而削减股利的情况。

固定股利或稳定增长股利政策的优点：稳定的股利向市场传递着公司正常发展的信息，有利于树立公司良好的形象，增强投资者对公司的信心，稳定股票的价格；稳定的股利有利于投资者安排股利收入和支出，特别是那些对股利有强依赖性的股东更是如此。

固定股利或稳定增长股利政策的缺点：股利的支付与公司盈利相脱节，当盈余较低时，公司仍要支付固定的股利，这可能会导致资金短缺、财务状况恶化，不能像剩余股利政策那样保持较低的资金成本。

因此，采用固定股利或稳定增长股利政策，要求公司能够对未来的盈利能力和支付能力作出较准确的判断。一般来说，公司确定的固定股利额不宜太高，以免陷入无力支付的被动局面。固定股利或稳定增长股利政策通常适用于经营比较稳定或正处于成长期的企业，通常很难被长期采用。

（三）固定股利支付率政策

固定股利支付率政策是指公司确定一个股利占盈余的比例，长期按此比率支付股利的政策。在这一股利政策下，各年的股利额随公司经营状况的好坏而上下波动，获得较多盈余的年份股利额较高，获得盈余较少的年份股利额较低。

固定股利支付率政策的优点：股利与公司盈余紧密地配合，体现了“多盈多分、少盈少分、无盈不分”的股利分配原则；保持股利与利润间的一定比例关系，体现了风险投资与风险收益的对称。

固定股利支付率政策的缺点：

（1）公司财务压力较大。这是因为虽然公司实现的盈利多，但并不能代表公司有足够的现金流用来支付较多的股利额。在此政策下，用现金分派股利是刚性的，这必然会给公司带来相当的财务压力。

（2）缺乏财务弹性。股利支付率是公司股利政策的主要内容，模式的选择、政策的制定是公司的财务手段和方法。在不同阶段，根据财务状况的不同制定不同的股利政策，会更有效地实现公司的财务目标。但在此政策下，公司丧失了利用股利政策的财务方法，缺乏财务弹性。

（3）确定合理的固定股利支付率难度很大。

（4）不利于股票价格的稳定与上涨。在这种政策下，各年的股利变动较大，极易造成公司不稳定的感觉，对稳定股票价格不利。

由于公司每年面临的投资机会、筹资渠道都不同，而这些都可以影响公司股利的分派，因此一成不变地奉行固定股利支付率政策的公司在实际中并不多见。固定股利支付率政策只适用于那些处于稳定发展且财务状况也比较稳定的公司。

【例 8—4】　某公司 2016 年的税后利润为 800 万元，固定股利支付率为 30％，资产负债率为 60％，2017 年拟投资 2 000 万元建立一条新生产线。计算筹集权益资金总额、留存收益、筹集对外权益资金额。

解析：

筹集权益资金总额＝2 000×（1－60％）＝800（万元）

留存收益＝800×（1－30％）＝560（万元）

筹集对外权益资金额＝800－560＝240（万元）

（四）低正常股利加额外股利政策

低正常股利加额外股利政策是指公司事先设定一个较低的经常性股利额，一般情况下，公司每期都按此金额支付正常股利，当企业盈利较多时，再根据实际情况向股东发放额外股利的政策。

低正常股利加额外股利政策的优点：这种股利政策使公司具有较大的灵活性。当公司盈余较少或投资需用较多资金时，可维持稳定的较低但正常的股利，股东不会有股利跌落感；而当盈余有较大幅度增加时，可适度增发股利，把经济繁荣的部分利益分配给股东，使他们增强对公司的信心，这有利于稳定股票的价格。此外，这种股利政策既可以在一定程度上维持股利的稳定性，又有利于企业的资本结构达到目标资本结构，因而为许多企业所采用。这种股利政策还使那些依靠股利度日的股东每年至少可以得到虽然较低，但比较稳定的股利收入，从而吸引住这部分股东。

低正常股利加额外股利政策的缺点：由于年份之间公司盈利的波动使得额外股利不断变化，因此造成分派的股利不同，容易给投资者收益不稳定的感觉；当公司在较长时间持续发放额外股利后，可能会被股东误认为“正常股利”，一旦取消，传递出的信号可能会使股东认为这是公司财务状况恶化的表现，进而导致股价下跌。

对于那些盈利随着经济周期而波动较大的或者盈利与现金流量很不稳定的公司而言，低正常股利加额外股利政策也许是一种不错的选择。

股利政策不仅会影响股东的利益，而且会影响公司的正常运营以及未来的发展，因此，制定恰当的股利政策就显得尤为重要。由于各种股利政策各有利弊，因此公司在进行股利政策决策时，要综合考虑公司面临的各种具体影响因素，适当遵循收益分配的各项原则，以保证不偏离公司目标。

公司在不同的成长与发展阶段所采用的股利政策可用表8—3来描述。

表8—3　　公司股利政策的选择

发展阶段	特　点	适用的股利政策
初创阶段	公司经营风险高，有投资需求且融资能力差	剩余股利政策
快速发展阶段	产品销量急剧上升，需要进行大规模的投资	低正常股利加额外股利政策
稳定增长阶段	营业收入稳定增长，市场竞争力增强，行业地位已经巩固，扩张的投资需求减少，净现金流入量稳步增长，每股净收益呈上升趋势	固定股利或稳定增长股利政策
成熟阶段	公司盈利水平稳定，已经积累了一定的留存收益和资金	固定股利支付率政策
衰退阶段	营业收入锐减，获利能力和现金获得能力下降	剩余股利政策

第三节　股票的分割与回购

一、股票分割

(一)股票分割的含义

股票分割又称股票拆细，是指将面额较高的股票交换成数股面额较低的股票的行为。分割后，股票面额按一定比例减少，同时股票数量按同一比例增多。股票分割不属于某种股利，但其产生的效果与发放股票股利近似。

(二)股票分割的作用

(1)股票分割可以促进股票的流通和交易。股票分割会在短时间内使公司股票的每股市价降低，买卖该股票所必需的资金量减少，并且可以使更多资金实力有限的潜在股东变成持股的股东。

(2)股票分割可以向投资者传递公司发展前景良好的信息，有助于提高投资者对公司的信心。

(3)股票分割可以为公司发行新股做准备。公司股票价格太高，会使许多潜在的投资者力不从心，从而不敢轻易对公司的股票进行投资。在新股发行之前，利用股票分割降低股票价格，可以促进新股的发行。

(4)股票分割有助于公司并购政策的实施，增加对被并购方的吸引力。

(5)股票分割带来的股票流通性的提高和股东数量的增加，会在一定程度上加大对公司股票恶意收购的难度。

(6)股票分割对除权日后股价的上涨有刺激作用。股票分割在短期内不会给投资者带来太大的收益或亏损，即给投资者带来的不是现实的利益，而是今后可多分股息和获得更高收益的希望，因此对除权日后股价的上涨有刺激作用。

【例 8—5】 某上市公司在 2016 年年末资产负债表上的股东权益账户情况见表 8—4。要求：①假设股票市价为 20 元，该公司宣布发放 10%的股票股利，即现有股东每持有 10 股即可获赠 1 股普通股，则发放股票股利后，股东权益有何变化？每股净资产是多少？②假设该公司按照 1∶2 的比例进行股票分割，则股票分割后，股东权益有何变化？每股净资产是多少？

表 8—4　　某上市公司 2016 年年末股东权益账户情况　　单位：万元

普通股(面值 10 元，发行在外 1 000 万股)	10 000
资本公积	10 000
盈余公积	5 000
未分配利润	8 000
股东权益合计	33 000

解析：

(1)发放股票股利后股东权益账户情况见表 8—5。

表 8—5　　发放股票股利后股东权益账户情况　　单位：万元

普通股(面值 10 元，发行在外 1100 万股)	11 000
资本公积	11 000
盈余公积	5 000
未分配利润	6 000
股东权益合计	33 000

每股净资产＝33 000÷(1 000＋100)＝30(元/股)

(2)股票分割后股东权益账户情况见表 8—6。

表 8—6　　股票分割后股东权益账户情况　　单位：万元

普通股(面值 5 元，发行在外 2 000 万股)	10 000
资本公积	10 000
盈余公积	5 000
未分配利润	8 000
股东权益合计	33 000

每股净资产＝33 000÷(1 000×2)＝16.5(元/股)

(三)股票股利和股票分割的比较

股票股利和股票分割的比较见表8—7。

表8—7 股票股利和股票分割的比较

内容	股票股利	股票分割
不同点	①每股面值不变 ②股东权益结构改变 ③属于股利支付方式	①每股面值降低 ②股东权益结构不变 ③不属于股利支付方式
相同点	①普通股股数增加(股票分割增加更多) ②每股收益和每股市价下降(股票分割下降更多) ③股东持股比例不变 ④资产总额、负债总额、股东权益总额不变	

尽管股票分割与发放股票股利都能达到降低公司股价的目的,但一般来讲,只有在公司股价剧烈上涨且预期难以下降时,才采用股票分割的办法降低股价;而在公司股价上涨幅度不大时,往往通过发放股票股利将股价维持在理想的范围内。

若公司认为自己股票的价格过低,为了提高股价,公司就会采取反分割(股票合并)的措施。反分割是与股票分割相反的行为,即将数股面额较低的股票合并为一股面额较高的股票的行为。

二、股票回购

(一)股票回购的含义与方式

股票回购是指上市公司出资将其发行的流通在外的股票以一定价格购回予以注销或作为库存股的一种资本运作方式。

股票回购的方式主要包括公开市场回购、要约回购和协议回购三种。其中,公开市场回购是指公司在公开交易市场上以当前市价回购股票;要约回购是指公司在特定期间向股东发出的以高于当前市价的某一价格回购既定数量股票的要约;协议回购是指公司以协议价格直接向一个或几个主要股东回购股票。

(二)股票回购的动机

一般而言,上市公司回购其股票主要是基于以下六个方面的考虑:

(1)稳定公司股价,维护公司形象。公司进行股票回购是由于公司管理层认为股票价格远远低于公司的内在价值,希望通过股票回购将公司价值被严重低估这一信息传递给市场,从而稳定股票价格,增强投资者的信心。

(2)提高资金的使用效率。当公司可支配的现金流大大高于公司投入项目所需的现金流时,公司可以用富余的现金流回购部分股份,从而增加每股盈利水平,提高净资产收益率,减轻公司盈利指标的压力。从这个意义上说,股票回购也是公司主动进行的一种投资理财行为。

(3)作为实行股权激励计划的股票来源。例如,公司实施管理层或者员工股票期权计划,直接发行新股会稀释原有股东的权益,而通过回购股票,再将该股票赋予员工,则既满足了员工的持股需求,又不影响原有股东的权益。

(4)重新资本化。重新资本化即大规模借债用于回购股票或支付特殊红利,从而迅速和显著地提高长期负债比例和财务杠杆,优化资本结构。重新资本化往往出现在竞争地位相当强、经营进入稳定增长阶段,但长期负债比例过低的公司。由于这类公司具有可观的未充分使用的债务融资能力储备，因此按照资产预期能够产生的现金流入的风险与资本结构匹配的融资决策准则，提高财务杠杆，可以优化公司资本结构，降低公司总体资金成本，增加公司价值，从而为股东创造价值。

(5)股票回购使公司股价上升，这相当于以一种特别股利来回报股东，但股东无需缴纳红利税。

(6)上市公司进行反收购的有效工具。股票回购将导致公司发行在外的股份减少，潜在的恶意收购人可从市场上购买的股份相应减少，由于没有足够多的股票对抗原来的大股东，因此公司被恶意收购的风险明显减小。

(三)股票回购的影响

1. 股票回购对上市公司的影响

(1)股票回购需要大量资金支付回购成本，容易造成资金紧张，从而降低资产流动性，影响公司的后续发展。

(2)股票回购无异于股东退股和公司资本的减少，也可能会使公司的发起人股东更注重创业利润的实现，从而在一定程度上削弱了对债权人利益的保护，忽视了公司的长远发展，损害了公司的根本利益。

(3)容易导致公司操纵股价。公司回购自己的股票容易导致其利用内幕消息进行炒作，加剧公司行为的非规范化，损害投资者的利益。

2. 股票回购对股东的影响

对于投资者来说，与现金股利相比，股票回购不仅可以节约个人税收，而且具有更大的灵活性。因为股东对公司派发的现金股利没有是否接受的可选择性，而对股票回购则具有可选择性，需要现金的股东可选择卖出股票，而不需要现金的股东则可继续持有股票。

本章小结

收益分配是企业的一项重要的财务活动，它关系到国家、企业、投资者、债权人、职工等各方面的经济利益关系，因此必须遵循一定的原则，按照法定的程序进行分配。

影响企业股利政策的因素通常有法律因素、公司因素、股东因素及其他因素，企业必须分析这些因素，制定出符合企业自身实际的收益分配政策。

股利支付的方式主要有现金股利、财产股利、负债股利和股票股利。

企业在制定股利政策时，要考虑到企业股东和企业未来发展两方面的需要。可供选择的股利政策主要包括：剩余股利政策、固定股利或稳定增长股利政策、固定股利支付率政策和低正常股利加额外股利政策。股利政策的关键是确定分配和留存的比例。

股票分割又称股票拆细，是指将面额较高的股票交换成数股面额较低的股票的行为。股票回购是指上市公司出资将其发行的流通在外的股票以一定价格购回予以注销或作为库存股的一种资本运作方式。

本章案例

大华公司股利分配案例

大华公司是一家大型钢铁公司，公司业绩一直很稳定。由于业绩稳定，企业的股东希望每期获得的股利趋于平稳，而且投资者对于股价稳定的要求较高。该公司 2017 年拟投资 4 000 万元购置一台生产设备以扩大生产能力。该公司 2016 年度税前利润为 4 000 万元，所得税税率为 25%。

请思考：

①公司 2016 年度的净利润是多少？

②按照剩余股利政策计算公司分配的现金股利为多少？

③如果该公司采用固定股利支付率政策，固定的股利支付率是 40%。在目标资本结构下，计算 2017 年度该公司为购置该设备需要从外部筹集自有资金的数额是多少？

④如果该公司采用的是固定股利或稳定增长股利政策，固定股利为 1 200 万元，稳定的股利增长率为 5%，从 2012 年以后开始执行稳定增长股利政策，在目标资本结构下，计算 2017 年度公司为购置该设备需要从外部筹集自有资金的数额是多少？

⑤如果该公司采用的是低正常股利加额外股利政策，低正常股利为 1 000 万元，额外股利为净利润超过 2 000 万元的部分的 10%，在目标资本结构下，计算 2017 年度该公司为购置该设备需要从外部筹集自有资金的数额是多少？

⑥如果你是该公司的财务分析人员，请你对上述②、③、④中不同的股利政策进行分析，并判断该企业最应该选择的股利政策是什么？

第九章

财务预测与预算

学习目标

了解财务预测的一般方法和步骤;掌握销售百分比法的财务预测方法;掌握两个增长模型,即内在增长率和可持续增长率;掌握生产经营全面预算的编制原理和编制方法。

第一节 财务预测

一、财务预测的意义

财务预测是估计企业未来的融资需求的行为。

(一)财务预测是融资计划的前提

企业要对外提供产品和服务,必须要有一定的资产。销售增加时,要相应增加流动资产,甚至还需要增加固定资产。为了取得扩大销售所需增加的资产,企业要筹措资金。这些资金,一部分来自保留盈余,另一部分通过对外融资取得。通常销售增长率较高时,保留盈余不能满足资金的需要,即使获利良好的企业也需要依靠外部融资。依靠外部融资,需要寻找提供资金的人,向他们作出还本付息的承诺或提供盈利前景,使之相信其投资是安全的并且可以获利,这个过程往往需要较长的时间。因此,企业需要预先知道自己的财务需求,提前安排融资计划,否则就可能发生资金周转问题。

(二)财务预测有助于改善投资决策

根据销售前景估计出的资金需要量不一定总能满足企业的资金需求,这就需要企业根据可能筹措到的资金来安排销售增长,以及有关的投资项目,使投资决策建立在可行的基础之上。

(三)财务预测有助于应变

财务预测与其他预测一样都不可能很准确。从表面上看,不准确的财务预测只能导致不准确的财务计划,从而使财务预测和财务计划失去意义。其实并非如此。财务预测给人们展现了未来各种可能的前景,促使人们制订相应的应急计划。财务预测和财务计划是超前思考的过程，其结果并不仅仅是一个资金需要量数字，还包括对未来各种可能前景的认识和思考。财务预测可以提高企业对不确定事件的反应能力，从而减少不利事件出现带来的损失，增加利用有利机会带来的收益。

二、财务预测的步骤

（一）销售预测

财务预测的起点是销售预测。一般情况下，财务预测把销售数据视为已知数，并作为财务预测的起点。销售预测本身不是财务管理的职能，但它是财务预测的基础，销售预测完成后才能开始财务预测。

销售预测对财务预测的质量有重大影响。如果实际销售状况超出预测很多，企业添置设备或储备存货的资金较少，就无法满足顾客的需要，这不仅会失去盈利机会，而且会丧失原有的市场份额；相反，如果销售预测过高，企业筹集大量资金购买设备或储备存货，就会造成设备闲置和存货积压，使资产周转率下降，导致股东权益收益率降低及股价下跌。

（二）估计需要的资产

通常，资产是销售收入的函数，根据历史数据企业可以分析出该函数关系。根据预计销售收入，以及资产与销售收入的函数，可以预测所需资产的数额。大部分经营负债也是销售收入的函数，也应预测自发增长的负债，这种自发增长的负债可以减少企业外部融资的数额。

（三）估计各项费用和保留盈余

假设各项费用也是销售收入的函数，则企业可以根据预计销售收入估计费用、支出和损失，并在此基础上确定净收益。净收益和股利支付率共同决定了保留盈余所能提供的资金数额。

（四）估计外部融资的需求量

用预计资产总量，减去已有的资产、自发增长的负债和内部提供的资金，便可得出外部融资的需求量。

三、销售百分比法

财务预测的方法有很多种，如回归分析法、通过编制现金预算预测财务需求、使用计算机进行财务预测等，但使用最多的还是财务预测的销售百分比法。

财务预测的销售百分比法，即假设资产、负债和费用与销售收入存在稳定的百分比关系，根据预计销售额和相应的百分比预计资产、负债和所有者权益，然后利用会计等式确定融资需求。

采用销售百分比法进行财务预测的步骤如下：

（一）确定资产和负债项目的销售百分比

确定资产和负债项目的销售百分比可以根据统一的财务报表数据预计，也可以使用经过调整的用于管理的财务报表数据预计，但后者更方便，也更合理。

资产或负债项目的销售百分比＝基期资产或负债÷基期销售额

【例 9—1】 假设 M 公司 2016 年的销售收入为 3000 万元，2016 年的数据取自调整后的资产负债表和调整后的利润表，见表 9—1，计算资产和负债项目的销售百分比。

表 9—1　**2016 年资产和负债项目的数据**

项　目	2016 年实际(万元)
应收票据	8
应收账款	398
预付账款	22
其他应收款	12
存货	119
应收股利	32
一年内到期的非流动资产	45
其他流动资产	8
长期股权投资	30
固定资产	1 238
在建工程	18
无形资产	6
长期待摊费用	5
其他非流动资产	3
资产合计	1 944
应付票据	5
应付账款	100
预收账款	10
应付职工薪酬	2
应交税费	14
应付利息	12
应付股利	28
其他应付款	14
一年内到期的非流动负债	50
其他流动负债	5
长期应付款	50
负债合计	290
净经营资产合计	1 654

解析：

资产和负债项目的销售百分比见表 9—2。

表 9—2 资产和负债项目的销售百分比

项　目	2016 年实际(万元)	销售百分比(%)
应收票据	8	0.27
应收账款	398	13.27
预付账款	22	0.73
其他应收款	12	0.40
存货	119	3.97
应收股利	32	1.07
一年内到期的非流动资产	45	1.50
其他流动资产	8	0.27
长期股权投资	30	1.00
固定资产	1 238	41.27
在建工程	18	0.60
无形资产	6	0.20
长期待摊费用	5	0.17
其他非流动资产	3	0.10
资产合计	1 944	64.82
应付票据	5	0.17
应付账款	100	3.33
预收账款	10	0.33
应付职工薪酬	2	0.07
应交税费	14	0.47
应付利息	12	0.40
应付股利	28	0.93
其他应付款	14	0.47
一年内到期的非流动负债	50	1.67
其他流动负债	5	0.17
长期应付款	50	1.67
负债合计	290	9.68
净经营资产合计	1 654	55.14

注:资产或负债项目占销售收入的百分比,也可以根据以前若干年度的平均数确定。

(二)预计资产和负债

预计资产或负债=预计销售收入×各项目的销售百分比

【例 9—2】 接【例 9—1】,预计 M 公司 2017 年的销售收入为 4000 万元,运用销售百分比法预测 2017 年的资产和负债。

解析：

2017 年的资产和负债预测见表 9—3。

表 9—3　　2017 年的资产和负债预测表

项　目	2016 年实际(万元)	销售百分比(%)	2017 年预测(万元)
应收票据	8	0.27	11
应收账款	398	13.27	531
预付账款	22	0.73	29
其他应收款	12	0.40	16
存货	119	3.97	159
应收股利	32	1.07	43
一年内到期的非流动资产	45	1.50	60
其他流动资产	8	0.27	11
长期股权投资	30	1.00	40
固定资产	1238	41.27	1651
在建工程	18	0.60	24
无形资产	6	0.20	8
长期待摊费用	5	0.17	7
其他非流动资产	3	0.10	4
资产合计	1 944	64.82	2 594
应付票据	5	0.17	7
应付账款	100	3.33	133
预收账款	10	0.33	13
应付职工薪酬	2	0.07	3
应交税费	14	0.47	19
应付利息	12	0.40	16
应付股利	28	0.93	37
其他应付款	14	0.47	19
一年内到期的非流动负债	50	1.67	67
其他流动负债	5	0.17	7
长期应付款	50	1.67	67
负债合计	290	9.68	388
净经营资产合计	1 654	55.14	2 206

其中：资金总需求＝预计净经营资产合计－基期净经营资产合计

＝2 206－1 654＝552(万元)

因此，该公司 2017 年需要筹集 552 万元，如何筹集该资金取决于公司的筹资政策。

通常，筹资的顺序如下：动用现金形式的金融资产—增加留存收益—增加金融负债—增加股本。

(三)预计可以动用的金融资产

【例 9—3】 接【例 9—2】，M 公司 2016 年年底的金融资产为 56 万元，根据以往经验，公司至少要保留 20 万元的货币资金，以备各种意外支付。计算可动用金融资产、尚需筹集的资金。

解析：

可动用金融资产＝56－20＝36(万元)

尚需筹集资金＝552－36＝516(万元)

(四)预计增加的留存收益

留存收益会使股东权益增长，可以满足或部分满足企业的筹资要求。这部分资金的多少，取决于收益的多少和股利支付率的高低。

留存收益增加额＝预计销售额×计划销售净利率×(1－股利支付率)

【例 9—4】 接【例 9—3】，假设 M 公司 2017 年计划销售净利率为 4.5%(与 2016 年的实际接近)。由于需要的筹资额较大，因此 M 公司在 2017 年不支付股利。计算留存收益增加额、需要的外部筹资数额。

解析：

留存收益增加额＝4 000×4.5%＝180(万元)

需要的外部筹资数额＝516－180＝336(万元)

这里需要注意一个问题：该留存收益增加额的计算方法隐含了一个假设，即计划销售净利率可以涵盖增加的利息，设置该假设是为了摆脱筹资预测的数据循环。在筹资预测时，首先要确定留存收益的增加数额，然后确定需要增加的借款，但借款的改变也会影响留存收益。其数据关系如下：在股利支付率确定之后，留存收益受净利润的影响；净利润的多少受利息支付的影响；利息的多少受借款数额的影响；借款增加数额要视留存收益增加额而定。该数据循环问题的处理方法有两种：一种是使用多次迭代法，逐步逼近而使数据平衡留存收益和借款数额；另一种是假设销售净利率可以涵盖借款增加的利息，先确定留存收益，然后确定借款的数额。我们这里使用了后一种处理方法。

(五)预计增加的借款

需要的外部筹资额可以通过增加借款或增发股本筹集，这涉及资本结构管理问题。通常，在目标资本结构允许时，企业会优先使用借款筹资。如果已经不宜再增加借款，则需要增发股本。

【例 9—5】 接【例 9—3】和【例 9—4】，假设 M 公司可以通过借款筹集资金 336 万元，计算筹集资金总额。

解析：

筹集资金总额＝可动用金融资产＋留存收益增加额＋增加借款

＝36＋180＋336

＝552(万元)

销售百分比法是一种比较简单、粗略的预测方法，其缺陷表现在以下两个方面：第一，该方法假设各项经营资产和经营负债与销售收入保持稳定的百分比，这可能与事实不符；第二，该方法假设计划销售利润率可以涵盖借款利息的增加，这也不一定合理。

第二节　财务预算

财务预算是企业全面预算的一部分，它和其他预算是联系在一起的。全面预算是一个数字相互衔接的整体。

一、全面预算体系

全面预算是计划工作的成果，它既是决策的具体化，又是控制生产经营活动的依据。

传统观念将全面预算看成“控制支出的工具”，但新的观念将其看成“使企业的资源获得最佳生产率和获利率的一种方法”。

（一）全面预算的内容及分类

1. 全面预算的内容

全面预算是由一系列预算构成的体系，各项预算之间相互联系，关系比较复杂，很难用一个简单的办法准确描述。图 9－1 是简化的全面预算体系，反映了各预算之间的主要联系。

企业应根据长期市场预测和生产能力，编制长期销售预算，以此为基础确定本年度的销售预算，并根据企业财力确定资本支出预算。销售预算是年度预算的编制起点。根据“以销定产”的原则确定生产预算，同时确定所需要的销售费用。生产预算的编制，除了应考虑计划销售量外，还要考虑现有存货和年末存货。根据生产预算来确定直接材料预算、直接人工预算和制造费用预算。产品成本预算和现金预算是有关预算的汇总。利润表预算和资产负债表预算是全部预算的综合。

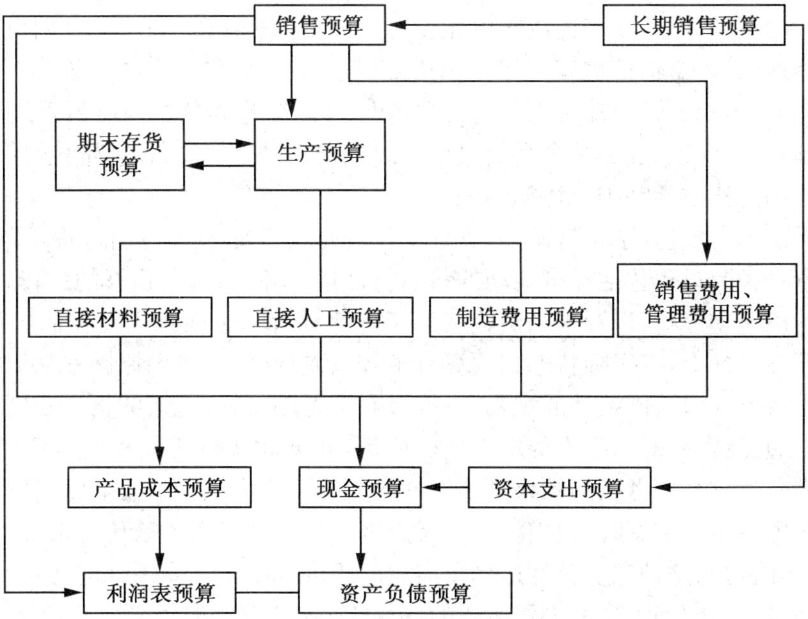

图 9—1　简化的全面预算体系

2. 全面预算的分类

全面预算按预算期的不同，可分为长期预算和短期预算。长期预算包括长期销售预算和资本支出预算，有时还包括长期资金筹措预算及研究与开发预算。短期预算是指年度预算，或者时间更短的季度或月度预算，如直接材料预算、现金预算等。通常，长期和短期的划分以1年为界线，有时也把2～3年期的预算称为中期预算。

全面预算按其内容的不同，可分为总预算和专门预算。总预算包括利润表预算和资产负债表预算，反映了企业的总体状况，是各种专门预算的综合。专门预算是指反映企业某一方面经济活动的预算。

全面预算按其业务活动领域的不同，可分为销售预算、生产预算和财务预算。前两个预算统称业务预算，用于计划企业的基本经济业务。财务预算是关于资金筹措和使用的预算，包括短期的现金收支预算和信贷预算，以及长期的资本支出预算和资金筹措预算。

（二）全面预算的作用

企业的全面预算是各级各部门的奋斗目标、协调工具、控制标准、考核依据，在经营管理中发挥着重大作用。

企业的目标是多重的，不能用唯一的数量指标来表达。企业的主要目标是盈利，但也要考虑其他限制因素。因此，企业需要通过全面预算分门别类、有层次地表达各种目标。企业的总目标通过全面预算被分解成各级各部门的具体目标，各级各部门根据全面预算安排各自的活动。如果各级各部门都完成了自己的具体目标，企业的总目标也就有了保障。全面预算中规定了企业一定时期的总体目标以及各级各部门的子目标，可以动员全体职工为此而奋斗。

企业各级各部门必须协调一致，才能最大限度地实现企业的总目标。各级各部门因其职责不同，往往会出现目标互相冲突的现象。例如，企业的销售、生产、财务等各级部门可以分别编出对自己来说最好的计划，而该计划在其他部门不一定能行得通。销售部门根据市场预测，提出一个庞大的销售计划，生产部门却可能没有那么大的生产能力；生产部门可以编制一个充分发挥生产能力的计划，但销售部门却可能无力将这些产品推销出去；销售和生产部门都认为应当扩大生产能力，财务部门却可能认为无法筹集到必要的资金。企业预算运用货币度量来表达，具有高度的综合性，经过综合平衡以后可以找出解决各级各部门冲突的最佳办法，可以使各级各部门的工作在此基础上协调起来。

计划一经确定，就进入了实施阶段，管理工作的重心开始转入控制过程，即设法使经济活动按计划进行。控制过程包括经济活动的状态的计量、实际状态和预算的比较、实际状态和预算之间差异的确定和分析，以及采取措施调整经济活动等。全面预算是控制经济活动的依据和衡量其合理性的标准，当实际状态和预算有了较大差异时，要查明原因并采取措施。

现代化生产是许多共同劳动的过程，不能没有责任制度，而有效的责任制度离不开对工作成绩的考核。通过考核，对每个人的工作进行评价，并据此实行奖惩和人事任免，可以促使人们更好地工作。考核与不考核的效果是不一样的。当管理人员知道企业将根据他们的工作实绩来评价其能力并实行奖惩时，他们将会更努力地工作。超过上年或历史最好水平，只能说明有所进步，而不能说明这种进步已经达到了应有的程度。由于客观条件的变化，收入减少或成本增加并不一定是由管理人员的失职造成的，因此企业很难依据历史变化趋势说明工作的好坏。当然，考核时也不能只看预算是否被完全执行了。某些偏差可能是有利的，如增加推销费用可能对企业总体有利；反之，年终突击花钱，虽未超过预算，也不是一种好现象。

为了使预算充分发挥上述作用，企业除了要编制一个高质量的全面预算外，还应制定合理的预算管理制度，包括编制程序、修改预算的办法、预算执行情况的分析方法、调查和奖惩办法等。

（三）全面预算的编制程序

全面预算的编制涉及经营管理的各个部门，只有执行人参与预算的编制，才能使预算成为他们自愿努力完成的目标，而不是外界强加于他们的制约。

全面预算的编制程序如下：

(1)企业决策机构根据长期规划，利用本量利分析等工具，提出企业一定时期的总目标，并下达规划指标。

(2)最基层成本控制人员自行草编预算，使预算能够较为可靠，较为符合实际。

(3)汇总部门预算，并初步协调本部门的预算，编制出销售、生产、财务等预算。

(4)预算委员会审查、平衡各预算，汇总出公司的总预算。

(5)经过总经理批准，审议机构通过或者驳回预算。

(6)将主要预算指标报告给董事会或上级主管单位，讨论通过或驳回预算。

(7)将批准后的预算下达给各部门执行。

二、现金预算的编制

现金预算的内容包括现金收入、现金支出、现金多余或不足的计算，以及不足部分的筹措方案和多余部分的利用方案等。现金预算可以分开编成短期现金收支预算和短期信贷预算两个预算，也可以合在一起编成一个预算。

现金预算实际上是其他预算有关现金收支部分的汇总，以及收支差额平衡措施的具体计划。现金预算的编制要以其他各项预算为基础，或者说其他预算在编制时要为现金预算做好数据准备。

下面分别介绍各项预算，以及它们如何为编制现金预算准备数据。

（一）销售预算

销售预算是整个预算的编制起点，其他预算的编制都以销售预算为基础，其主要内容有预计销售量、预计单位售价和预计销售收入。

【例 9—6】 表 9—4 是 A 公司的销售预算。

表 9—4 **A 公司的销售预算** 金额单位：元

项 目		第一季度	第二季度	第三季度	第四季度	全年
预计销售量(件)		100	150	200	180	630
预计单位售价		200	200	200	200	200
预计销售收入		20 000	30 000	40 000	36 000	126 000
预计现金收入	上年应收账款	6 200				6 200
	第一季度销售收入	12 000	8 000			20 000
	第二季度销售收入		18 000	12 000		30 000
	第三季度销售收入			24 000	16 000	40 000
	第四季度销售收入				21 600	21 600
	现金收入合计	18 200	26 000	36 000	37 600	117 800

在销售预算中，“预计销售量”是根据市场预测或销售合同并结合企业生产能力确定的；“预计单位售价”是通过价格决策确定的；“预计销售收入”是上述两者的乘积，在销售预算中计算得出。

销售预算通常要分品种、月份、销售区域、推销员来编制。为了简化预算编制，【例 9—6】只划分了季度销售数据。

销售预算中通常还包括预计现金收入的计算，其目的是为编制现金预算提供必要的资料。第一季度的现金收入包括两部分，即上年应收账款在本年第一季度收到的货款，以及本季度销售中可能收到的货款。【例 9—6】中，假设每季度销售收入中，本季度收到现金 60%，那么另外 40%的现金要到下季度才能收到。

（二）生产预算

生产预算是在销售预算的基础上编制的，其主要内容有预计销售量、预计期初和期末存货、预计生产量。

【例 9—7】 表 9—5 是 A 公司的生产预算。

表 9—5　　A 公司的生产预算　　单位：件

项　目	第一季度	第二季度	第三季度	第四季度	全年
预计销售量	100	150	200	180	630
加：预计期末存货	15	20	18	20	20
合　计	115	170	218	200	650
减：预计期初存货	10	15	20	18	10
预计生产量	105	155	198	182	640

通常，企业的生产和销售不能做到同步同量，需要设置一定的存货，以保证企业能在发生意外需求时按时供货，并可均衡生产，节省赶工的额外支出。“预计期初存货”是编制预算时确定的，“预计期末存货”是根据长期销售趋势确定的。【例 9—7】预计期初存货为 10 件，预计期末存货为 20 件。各季度“预计期末存货”通常按下期销售量的一定百分比确定，【例 9—7】按 10%安排期末存货。存货预算也可单独编制。

生产预算的“预计销售量”来自销售预算，其他数据则通过计算得出，计算公式如下：

$$预计采购量=(生产需用量+期末存量)-期初存量$$

$$预计期末存货=下季度销售量\times 10\%$$

$$预计期初存货=上季度期末存货$$

$$预计生产量=(预计销售量+预计期末存货)-预计期初存货$$

生产预算在实际编制时是比较复杂的，生产量会受到生产能力的限制，存货数量会受到仓库容量的限制，企业只能在此范围内来安排存货数量和各期生产量。此外，有的季度可能销售量很大，企业可以用赶工的方法增产，为此要多付加班费；如果提前在淡季生产，会因增加存货而多付利息。因此，企业要权衡两者得失，选择成本最低的方案。

（三）直接材料预算

直接材料预算是以生产预算为基础编制的，同时要考虑原材料存货水平，其主要内容有单位产品材料用量、生产需用量、预计期初和期末材料存量等。

【例 9—8】 表 9—6 是 A 公司的直接材料预算。

表 9—6　　**A 公司的直接材料预算**

项　目		第一季度	第二季度	第三季度	第四季度	全年
预计生产量(件)		105	155	198	182	640
单位产品材料用量(千克/件)		10	10	10	10	10
生产需用量(千克)		1 050	1 550	1 980	1 820	6 400
加:预计期末材料存量(千克)		310	396	364	400	400
合计(千克)		1 360	1 946	2 344	2 220	6 800
减:预计期初材料存量(千克)		300	310	396	364	300
预计材料采购量(千克)		1 060	1 636	1 948	1 856	6 500
单价(元/千克)		5	5	5	5	5
预计采购金额(元)		5 300	8 180	9 740	9 280	32 500
预计现金支出(元)	上年应付账款	2 350				2 350
	第一季度	2 650	2 650			5 300
	第二季度		4 090	4 090		8 180
	第三季度			4 870	4 870	9 740
	第四季度				4 640	4 640
	合计	5 000	6 740	8 960	9 510	30 210

直接材料预算的“预计生产量”的数据来自生产预算,“单位产品材料用量”的数据来自标准成本资料或消耗定额资料,“生产需用量”是上述两项的乘积。“预计期初材料存量”是根据当前情况确定的,“预计期末材料存量”是根据长期销售预测确定的。各季度“预计期末材料存量”通常根据下季度生产量的一定百分比确定,【例 9—8】按 20%计算。各季度“预计期初材料存量”是上季度的期末存货。各季度“预计材料采购量”根据下式计算:

预计材料采购量=生产需用量+预计期末材料存量—预计期初材料存量

为了便于以后编制现金预算,企业通常要预计材料采购各季度的现金支出。每个季度的现金支出包括上期应付账款和本期应付采购货款。【例 9—8】假设材料采购货款有 50%在本季度内付清,另外 50%在下季度付清,这个百分比是根据经验确定的。如果材料品种很多,则需要单独编制材料存货预算。

(四)直接人工预算

直接人工预算也是以生产预算为基础编制的,其主要内容有预计产量、单位产品工时、人工总工时、每小时人工成本和人工总成本。

【例 9—9】 表 9—7 是 A 公司的直接人工预算。

表 9—7　　**A 公司的直接人工预算**

项　目	第一季度	第二季度	第三季度	第四季度	全年
预计产量(件)	105	155	198	182	640
单位产品工时(小时/件)	10	10	10	10	10

续表

项　目	第一季度	第二季度	第三季度	第四季度	全年
人工总工时(小时)	1 050	1 550	1 980	1 820	6 400
每小时人工成本(元/小时)	2	2	2	2	2
人工总成本(元)	2 100	3 100	3 960	3 640	12 800

在直接人工预算中,"预计产量"数据来自生产预算。"单位产品工时"和"每小时人工成本"数据来自标准成本资料。"人工总工时"和"人工总成本"是在直接人工预算中计算出来的。由于人工工资都需要使用现金支付,因此不需要另外预计现金支出,可直接参加现金预算的汇总。

(五)制造费用预算

制造费用预算通常分为变动制造费用预算和固定制造费用预算两部分。变动制造费用预算以生产预算为基础来编制。如果有完善的标准成本资料,用单位产品的标准成本与产量相乘,即可得到相应的预算金额;如果没有标准成本资料,就需要逐项预计计划产量需要的各项制造费用。固定制造费用预算的编制需要逐项进行预计,即按每季度实际需要的支付额预计,然后求出全年数。

【例 9—10】 表 9—8 是 A 公司的制造费用预算。

表 9—8　　A 公司的制造费用预算　　单位:元

项　目	第一季度	第二季度	第三季度	第四季度	全年
变动制造费用					
间接人工费	105	155	198	182	640
间接材料费	105	155	198	182	640
修理费	210	310	396	364	1280
水电费	105	155	198	182	640
小计	525	775	990	910	3 200
固定制造费用					
修理费	1 000	1 140	900	900	3 940
折旧	1 000	1 000	1 000	1 000	4 000
管理人员工资	200	200	200	200	800
保险费	75	85	110	190	460
财产税	100	100	100	100	400
小计	2 375	2 525	2 310	2 390	9 600
合计	2 900	3 300	3 300	3 300	12 800
减:折旧	1 000	1 000	1 000	1 000	4 000
现金支出费用	1 900	2 300	2 300	2 300	8 800

此外,为了便于以后编制产品成本预算,需要计算小时费用率:

变动制造费用分配率＝3 200÷6 400＝0.5(元/小时)

固定制造费用分配率＝9 600÷6 400＝1.5(元/小时)

为了便于以后编制现金预算，还需要预计现金支出。在制造费用中，除折旧外，都需要支付现金，所以根据每个季度制造费用数额减去折旧后，即可得到“现金支出费用”。

(六)产品成本预算

产品成本预算是生产预算、直接材料预算、直接人工预算、制造费用预算的汇总，其主要内容是单位产品成本和总成本。

【例 9—11】 表 9—9 是 A 公司的产品成本预算。

表 9—9　　公司的产品成本预算　　金额单位：元

项　目	单位产品成本			生产成本(640 件)	期初存货成本(20 件)	销售成本(630 件)
	单价	投入量	成本			
直接材料费用	5 元/千克	10 千克	50	32 000	1 000	31 500
直接人工费用	2 元/小时	10 小时	20	12 800	400	12 600
变动制造费用	0.5 元/小时	10 小时	5	3 200	100	3 150
固定制造费用	1.5 元/小时	10 小时	15	9 600	300	9 450
合计			90	57 600	1 800	56 700

“单位产品成本”的有关数据来自直接材料预算、直接人工预算、制造费用预算。“生产量”和“期末存货量”来自生产预算，“销售量”来自销售预算。“生产成本”“存货成本”和“销售成本”等数据，根据单位产品成本和有关数据得出。

(七)销售及管理费用预算

销售及管理费用预算包括销售费用预算和管理费用预算两部分。

销售费用预算是为了实现销售预算所需支付费用的预算。它以销售预算为基础，分析销售收入、销售利润和销售费用之间的关系，力求实现销售费用的有效使用。在安排销售费用时，要利用本量利分析方法，使费用的支出能够获取更多的收益。在草拟销售费用预算时，要对过去的销售费用进行分析，考察过去销售费用支出的必要性和效果。销售费用预算应和销售预算相配合，应有按品种、按地区、按用途等不同方法分类的具体预算数额。

管理费用预算是为了搞好一般管理业务所需支付费用的预算。随着企业规模的扩大，管理职能日益重要，管理费用也相应增加。在编制管理费用预算时，要分析企业的业务成绩和一般经济状况，务必做到费用合理化。由于管理费用多属于固定成本，因此管理费用预算一般是以过去的实际开支为基础编制，并按预算期的可预见变化来调整。预算编制人员必须充分考察每种费用是否必要，以提高费用效率。

【例 9—12】 表 9—10 是 A 公司的销售及管理费用预算。

表 9—10　　A 公司的销售及管理费用预算　　单位：元

项　目	金　额
销售费用	
销售人员工资	2 000

续表

项　目	金　额
广告费	5 500
包装及运输费	3 000
保管费	2 700
管理费用	
管理人员薪金	4 000
福利费	800
保险费	600
办公费	1 400
合　计	20 000
每季度支付现金	5 000(20 000÷4)

(八)现金预算

【例 9—13】 表 9—11 是 A 公司的现金预算。

表 9—11　　A 公司的现金预算　　单位：元

项　目	第一季度	第二季度	第三季度	第四季度	全年
期初现金余额	8 000	8 200	6 060	6 290	8 000
加：销售现金收入(表 9—4)	18 200	26 000	36 000	37 600	117 800
可供使用现金	26 200	34 200	42 060	43 890	125 800
减：各项支出					
直接材料费用(表 9—6)	5 000	6 740	8 960	9 510	30 210
直接人工费用(表 9—7)	2 100	3 100	3 960	3 640	12 800
制造费用(表 9—8)	1 900	2 300	2 300	2 300	8 800
销售及管理费用(表 9—10)	5 000	5 000	5 000	5 000	20 000
所得税费用	4 000	4 000	4 000	4 000	16 000
购置设备费用		10 000			10 000
股利		8 000		8 000	16 000
支出合计	18 000	39 140	24 220	32 450	113 810
现金多余或不足	8 200	(4 940)	17 840	11 440	11 990
向银行借款		11 000			11 000
还银行借款			11 000		11 000
短期借款利息(年利 10%)			550		550
长期借款利息(年利 12%)				1 080	1 080
期末现金余额	8 200	6 060	6 290	10 360	10 360

现金预算由四部分组成：现金收入、现金支出、现金溢余或不足、资金的筹集和运用。

“现金收入”部分包括期初现金余额和预算期现金收入，“销售现金收入”是其主要来源。“期初现金余额”是在编制预算时预计的，“销售现金收入”来自销售预算，“可供使用现金”是“期初现金余额”与“销售现金收入”之和。

“现金支出”部分包括预算期的各项现金支出。“直接材料费用”“直接人工费用”“制造费用”“销售及管理费用”的数据分别来自前述有关预算。此外，这部分还包括“所得税费用”“购置设备费用”“股利”等，有关的数据分别来自另行编制的专门预算。

“现金溢余或不足”部分列示现金收入合计与现金支出合计的差额。差额为正，说明收大于支，现金有多余，可用于偿还过去向银行取得的借款，或者用于短期投资；差额为负，说明支大于收，现金不足，要向银行取得新的借款。

“资金的筹集和运用”部分是根据预算期现金收支的差额和企业有关资金管理的各项政策，确定筹集和运用资金的数额。

【例 9—14】　接【例 9—13】，假设 A 公司需要保留的现金余额为 6 000 元，不足此数时需要向银行借款。如果银行借款的金额要求是 1 000 元的倍数，计算第二季度的借款额。

解析：

第二季度的借款额＝最低现金余额＋现金不足额

＝6 000＋4 940

＝10 940

≈11 000(元)

【例 9—15】　接【例 9—13】，A 公司第三季度的现金多余，可用于偿还借款，一般按“每期期初借入，每期期末归还”来预计利息，故本例借款期为 6 个月。假设利率为 10%，计算应付利息。

解析：

应付利息＝11 000×10%×6÷12＝550(元)

【例 9—16】　接【例 9—13】，假设 A 公司的长期借款余额为 9 000 元，利率为 12%，计算应付利息。

解析：

应付利息＝9 000×12%＝1 080(元)

现金预算的编制，以各项营业预算和资本预算为基础，反映了预算期的收入款项和支出款项。其目的是在资金不足时筹措资金，在资金溢余时及时处理现金余额，并且提供现金收支的控制限额，从而发挥现金管理的作用。

三、预计财务报表的编制

预计财务报表是财务管理的重要工具，包括预计利润表和预计资产负债表。

预计财务报表的作用与实际财务报表不同。所有企业都要在年终编制实际财务报表，这是有关法规的强制性规定，其主要目的是向外部报表使用人提供财务信息；而预计财务报表主要为企业财务管理服务，是控制企业资金、成本和利润总量的重要手段，因其可以从总体上反映一定期间企业经营的全局，所以通常称为企业的“总预算”。

(一)预计利润表的编制

预计利润表与实际利润表的内容、格式相同，只不过数据是面向预算期的。它是在汇总销售收入、销售成本、销售及管理费用等预算的基础上编制的。通过编制预计利润表，企业可以了解预期的盈利水平。如果预计利润与最初编制方针中的目标利润有较大的不一致，就需要调整部门预算，设法达到目标，或者经企业领导同意后修改目标利润。

【例 9—17】 表 9—12 是 A 公司的预计利润表，它是根据上述各有关预算编制的。

表 9—12 **A 公司的预计利润表** 单位：元

销售收入(表 9—4)	126 000
销售成本(表 9—9)	56 700
毛利	69 300
销售及管理费用(表 9—10)	20 000
利息(表 9—11)	1 630
利润总额	47 670
所得税费用(表 9—11)	16 000
税后净收益	31 670

其中，"销售收入"来自销售收入预算；"销售成本"来自产品成本预算；"毛利"是前两项的差额；"销售及管理费用"来自销售及管理费用预算；"利息"来自现金预算。

另外，"所得税费用"是在利润规划时估计的，并已列入现金预算。它通常不是根据"利润"和所得税税率计算出来的，因为有诸多纳税调整的事项存在。此外，从预算编制程序上看，如果根据"利润总额"和税率重新计算所得税，就需要修改"现金预算"，引起信贷计划的修订，进而改变"利息"，最终又要修改"利润总额"，从而陷入数据的循环修改中。

(二)预计资产负债表的编制

预计资产负债表与实际资产负债表的内容、格式相同，只不过预计资产负债表的数据反映的是预算期末的财务状况。预计资产负债表是利用本期期初资产负债表，同时根据销售预算、生产预算、资本预算等的有关数据加以调整编制的。

【例 9—18】 表 9—13 是 A 公司的预计资产负债表。

表 9—13 **A 公司的预计资产负债表** 单位：元

资　产			权　益		
项　目	期初	期末	项　目	期初	期末
现金(表 9—11)	8 000	10 360	应付账款(表 9—6)	2 350	4 640
应收账款(表 9—4)	6 200	14 400	长期借款	9 000	9 000
直接材料(表 9—6)	1 500	2 000	普通股	20 000	20 000
产成品(表 9—9)	900	1 800	未分配利润	16 250	31 920
固定资产	35 000	45 000			
累计折旧(表 9—8)	4 000	8 000			
资产总额	47 600	65 560	权益总额	47 600	65 560

表 9—13 中大部分项目的数据来源都已注明。普通股、长期借款两项指标本年度没有变化。

“期末未分配利润”是这样计算的：

期末未分配利润＝期初未分配利润＋本期利润－本期股利

＝16 250＋31 670－16 000

＝31 920(元)

“期末应收账款”是根据表 9－4 中第四季度的销售额和本期收现率计算的：

期末应收账款＝本期销售额×(1－本期收现率)

＝36 000×(1－60%)

＝14 400(元)

“期末应付账款”是根据表 9－6 中第四季度采购金额和付现率计算的：

期末应付账款＝本期采购金额×(1－本期付现率)

＝9 280×(1－50%)

＝4 640(元)

第三节 弹性预算

财务预算可分为固定预算、弹性预算、零基预算和滚动预算。这里，我们主要介绍弹性预算。

所谓弹性预算，是指企业在不能准确预测业务量的情况下，根据本、量、利之间有规律的数量关系，按照一系列业务量水平编制的有伸缩性的预算。只要这些数量关系不变，弹性预算就可以持续使用较长时间，不必每月重复编制。弹性预算主要用于各种间接费用预算，有些企业也用于利润预算。

一、弹性预算的特点

弹性预算有以下两个显著特点：①弹性预算是按一系列业务量水平编制的，从而扩大了预算的适用范围。②弹性预算是按成本的不同性态分类列示的，便于在计划期终了时计算“实际业务量的预算成本”(应当达到的成本水平)，从而使预算执行情况的评价和考核建立在更加现实和可比的基础上。

【例 9－19】 表 9－14 是一个生产制造部门制造费用的弹性预算。

表 9－14 **制造费用的弹性预算** 金额单位：元

项　目	弹性预算				
业务量(直接人工工时，小时)	420	480	540	600	660
正常生产能力百分比(%)	70	80	90	100	110
变动成本					
运输费(b=0.2)	84	96	108	120	132
电力费(b=1.0)	420	480	540	600	660
消耗材料费(b=0.1)	42	48	54	60	66
合　计	546	624	702	780	858

续表

项　目	弹性预算				
混合成本					
修理费	440	490	544	600	746
合　计	440	490	544	600	746
固定成本					
折旧费	300	300	300	300	300
管理人员工资	100	100	100	100	100
合　计	400	400	400	400	400
总　计	1 386	1 514	1 646	1 780	2 004

就表9—13提供的资料来说，如果仅按600直接人工小时来编制，就成为固定预算，其制造费用总额为1 780元。这种预算只有在实际业务量接近600小时的情况下，才能发挥作用。如果实际业务量与作为预算基础的600小时相差很多，而仍用1 780元去控制和评价成本，显然是不合适的。表9—14分别列示了5种业务量水平的成本预算数据。根据实际情况，企业也可以按更多的业务量水平来列示。这样，无论实际业务量达到何种水平，都有适用的一套成本数据来发挥控制作用。

此外，如果固定预算是按600小时编制的，成本总额为1 780元，在实际业务量为500小时的情况下，就不能用1 780元去评价实际成本的高低，也不能按业务变动比例调整后的预算成本1 483元（1 780×500÷600）去考核实际成本，因为并不是所有的成本都一定同业务量呈正比例关系。

如果采用弹性预算，就可以根据各项成本同业务量的不同关系，采用不同的方法确定“实际业务量的预算成本”。例如，当实际业务量为500小时，运输费等各项变动成本可用实际工作小时乘以单位业务量变动成本来计算，即变动总成本为650元（500×0.2＋500×1.0＋500×0.1）。固定成本总额不随业务量变动，仍为400元。混合成本可以采用内插法逐项计算：500小时处在480小时和540小时两个水平之间，修理费应该在490元至544元之间。设实际业务的预算修理费为x元，则：

$$\frac{500-480}{540-480}=\frac{x-490}{544-490}$$

$x=508$（元）

因此，实际业务量为500小时的预算成本＝650＋508＋400＝1558（元）

这样计算出来的预算成本比较符合成本的变动规律，用以评价和考核实际成本，比较确切并容易为企业所接受。

二、弹性预算的编制

编制弹性预算的基本步骤是：①选择业务量的计量单位；②确定适用的业务量范围；③逐项研究并确定各项成本和业务量之间的数量关系；④计算各项预算成本，并用一定的方式来表达。

编制弹性预算要选择一个最能代表本部门生产经营活动水平的业务量计量单位。例如，以手工操作为主的车间，可以选用直接人工工时；制造单一产品或零件的部门，可以选用实务量；制造多种产品或零件的部门，可以选用直接人工工时或机器工时；修理部门可以选用直接修理工时；等等。

弹性预算的业务量范围，在很大程度上取决于成本性态分析的水平。弹性预算的编制方法主要有多水平法和公式法两种。

（一）多水平法

采用多水平法，首先要在确定的业务范围内，划分出若干不同的水平，然后分别计算各项预算成本，最后汇总列入一个预算表格。表 9—14 就是一个用多水平法编制的弹性预算。在这个弹性预算中，业务量的间隔为 10%，这个间隔可以更大些，也可以更小些。业务量间隔较大，水平级别就少一些，从而可简化编制工作，但间隔太大就会失去弹性预算的优点；业务量间隔较小，虽然控制成本较为准确，但会增加弹性预算编制的工作量。

多水平法的优点是：不管实际业务量为多少，都不必经过计算即可找到与实际业务量相近的预算成本，用于控制成本比较方便；混合成本中的阶梯成本和曲线成本，可按其性态计算填列，不必用数学方法修正为近似的直线成本。但是，运用多水平法编制的弹性预算在评价和考核实际成本时，往往需要使用内插法来计算“实际业务量的预算成本”，因此比较麻烦。

（二）公式法

因为任何成本都可以用公式“$y=a+bx$”来近似地表示，所以只要在预算中列示 a（固定成本）和 b（单位变动成本），便可随时利用公式计算任一业务量（x）的预算成本（y）。

【例 9—20】 表 9—15 是用公式法编制的弹性预算。

表 9—15　　**弹性预算（公式法）**　　金额单位：元

业务量范围（直接人工工时，小时）	420～660	
项　目	固定成本（每月）	单位变动成本（每月）
运输费		0.2
电力费		1
消耗材料费		0.1
修理费	91.4（备注）	0.83
折旧费	300	
管理人员工资	100	
合　计	491.4	2.13
备注：当业务量超过 600 小时后，修理费的固定部分上升为 185 元		

注：表中数据由于四舍五入，因此存在些许误差。

公式法的优点是便于计算任何业务量的预算成本。但是，阶梯成本和曲线成本只能用数学方法修正为直线，以便用“$y=a+bx$”来表示；必要时还需要在“备注”中说明，在不同的业务量范围内应该采用的不同的固定成本金额和单位变动成本金额。

三、弹性预算的运用

弹性预算的主要用途是作为控制成本的工具。在计算期开始时，提供控制成本所需要的数据；在计算期结束后，评价和考核成本控制业绩。

(一)提供控制成本所需要的数据

由于成本一旦支出就无法挽回,因此只有事先提出成本的限额,使有关的人员在限额内花钱用物,才能有效控制成本。根据弹性预算和每月的生产计划,企业可以确定各月的成本控制限额。这个事先确定的成本限额并不要求十分精确,因此在采用多水平法时,可选用与计划业务量水平最接近的一套成本数据,作为控制成本的限额;在采用公式法时,可根据计划业务量逐项计算成本数额,编制成本限额表,作为当月控制成本的依据。

(二)评价和考核成本控制业绩

每个计算期结束后,需要编制成本控制报告,对各部门的成本预算执行情况进行评价和考核。

【例 9—21】 表 9—16 是部门成本控制报告的一种格式。

表 9—16 **部门成本控制报告**

20××年××月　　实际业务量:580 小时　　金额单位:元

项　目	实际成本	预算成本	差　异	
			差异额	差异率
变动成本				
运输费	108	116	−8	−7%
电力费	616	580	36	6%
消耗材料费	68	58	10	17%
合　计	792	754	38	5%
混合成本				
修理费	560	581	−21	−4%
合　计	560	581	−21	−4%
固定成本				
折旧费	300	300	0	0
管理人员工资	110	100	10	10%
合　计	410	400	10	3%
总　计	1762	1735	27	2%

在这个报告中,"实际成本"是根据实际产品成本核算资料填制的。"预算成本"是根据实际业务量和弹性预算(见表 9—14)逐项计算填列的。"差异额"是实际成本减去预算成本的差额,负数表示节约额,正数表示超支额。"差异率"是差异额占预算成本的百分比,表示节约或超支的相对幅度。这样计算出来的差异额和差异率,已将业务量变动的因素排除在外,用于评价实际成本比较有说服力。

本章小结

财务预测是财务计划工作的基础,也是企业进行正确经营决策的前提和依据。

财务预测的基本步骤包括:销售预测、估计需要的资产、估计各项费用和保留盈余、估计外部融资的需求量。

全面预算是计划工作的成果，它既是决策的具体化，又是控制生产经营活动的依据。全面预算按预算期的不同，可分为长期预算和短期预算；按其内容的不同，可分为总预算和专门预算；按其业务活动领域的不同，可分为销售预算、生产预算和财务预算。

财务预算可分为固定预算、弹性预算、零基预算和滚动预算。其中，弹性预算是指企业在不能准确预测业务量的情况下，根据本、量、利之间有规律的数量关系，按照一系列业务量水平编制的有伸缩性的预算。

本章案例

武钢集团的全面预算管理

武钢集团自1999年开始推行预算管理，首先在组织机构上进行了配套改革，成立了公司预算管理委员会，并利用机构改革之机，把公司的年度生产经营计划和公司财务管理部门合并，组建了计划财务部，优化了预算管理的组织机构。公司利用计划财务部这个组织机构平台，不断吸纳生产、销售、设备、运输、能源等各个专业的管理专家，使预算管理真正超越财务管理的范畴，使预算管理部门成为一个综合性的管理部门。预算委员会成员由公司董事长或总经理任免，董事长或总经理对公司预算的管理工作负总责。预算委员会制定公司总体预算目标及保障措施，审定公司总预算、分预算和专项预算。预算委员会设预算管理办公室，集团公司总会计师兼任办公室主任，负责全面预算管理工作的日常事宜。委员会下各单位成立相应的预算管理组织，一般设在财务部门，由多个部门参加，负责本单位内部的预算编制和监督执行。预算委员会建立例会制度，定期分析预算的执行情况，督促检查预算的实施。

预算管理作为武钢内部控制的一种重要方式，由预算编制、预算执行、预算分析和考核等环节构成。预算管理的内容贯穿公司的整个生产经营活动中，对管理的各个层面、环节及总体目标进行系列、统一规划和控制。按公司生产经营的经济内容和层次关系的不同，预算管理可划分为经营预算、资本支出预算和财务预算三部分。在实际的预算编制过程中，按照预算管理对象的不同，预算管理可分为总预算、分预算和专项预算三个部分。总预算是以公司的总体经济运行为对象制定的预算；分预算是以公司所属或受控制的生产经营为对象制定的预算；专项预算是为公司的生产经营预算提供专业支持、反映公司某一方面的经济活动而制定的预算。

为了比较准确地编制未来年度预算，武钢一般从每年的9月初开始就对未来年度的情况进行广泛的调查研究和预测，尤其对经营预算中的生产、销售、采购、设备和资源的平衡配置等相关情况、对资本支出预算中投资项目对生产经营的影响进行了解。在充分了解未来年度生产经营的环境、条件后，由预算管理办公室起草年度《预算编制大纲》，报预算委员会审批后，作为预算编制的基本原则和总体要求。

《预算编制大纲》是编制年度预算的起点，要体现公司的经营思想和战略目标，明确提出预算编制的原则、要求，预算编制的具体内容、责任单位和明细分工及上报时间等。

各责任单位、相关专业预算编制部门在预算管理办公室的组织下，按预算管理责任分工，根据《预算编制大纲》和专业预算目标的要求编制各分预算及专项预算，并按时上报预算管理办公室。

预算管理办公室将各单位、各部门上报的分预算及专项预算草案进行分析汇总编制，在综合平衡的基础上，编制完整的总预算，并报公司预算委员会审定、颁发。此过程一般要经过几个来回,经历两个月,最终以公司文件形式下发。

总体来说,武钢集团的预算编制方式是先“自下而上”,再“自上而下”。在这种预算编制方式下,集团先确定预算目标,包括一些关键性指标,然后将指标分解,由各成员企业编制预算草案;草案上报后由集团预算管理办公室加以汇总、协调,形成预算方案,并报预算委员会审定后,下达给成员企业和有关职能部门。事实上,在这种模式下,预算的编制往往不是一次就可以完成的,而是要经过多次循环,让集团和成员企业之间进行充分的信息沟通和了解。这样既能顾及集团的整体目标,又能充分考虑成员企业的个体差异,从而使最终的预算具有较强的科学性和可操作性。同时,集团还在全资子公司的利润预算指标、专项费用、归口费用、可控费用、预算保证措施的增效指标、主要的技术经济指标等专项预算指标上,采用联合确定基数法来编制预算。

请思考:武钢集团的全面预算管理有什么特点?从武钢集团的全面预算管理中可以得到哪些启示?

第 十 章

财务控制

学习目标

掌握财务控制的意义与种类;掌握责任中心的含义、特征和分类;能够正确计算各类责任中心的考核指标;了解责任预算、责任报告和业绩考核的含义,内部转移价格的确定原则、种类和内部结算的方式。

第一节　财务控制概述

一、财务控制的意义

财务控制是按照一定的程序与方法,确保企业及其内部机构和人员全面落实和实现财务预算的过程。财务控制是财务管理的重要环节,与财务预测、财务决策、财务分析与评价一起构成财务管理系统。财务预测、财务决策和财务分析可以为财务控制指明方向、提供依据和规划措施;财务控制可以确保有关财务目标和规划得以落实。

财务控制是企业内部控制的一个重要子系统,是内部控制系统的核心组成部分,是内部控制系统在资金和价值方面的体现。财务控制在企业的内部控制系统中,能起到保证、促进、监督和协调的作用,是最具有连续性、系统性和综合性的控制子系统。财务控制是实现和执行财务计划或预算的基本手段,是实现财务管理目标的决定因素。

日常的财务活动过程表现为组织现金流量的过程。财务预算中包括的现金预算、预计利润表、预计资产负债表等,都是通过价值形式来反映的。财务控制采用价值形式作为控制手段,可以将不同岗位、不同部门、不同层次的业务活动综合起来成为控制对象,从而达到实现财务预算的目标。

二、财务控制的分类

(一)按控制的时间分类

按控制时间的不同,财务控制可分为事前财务控制、事中财务控制和事后财务控制。

所谓事前财务控制，是指在某项财务活动发生之前，按照既定的程序对其正确性、合理性、合法性加以核准并确定是否让其发生所进行的控制，如企业的授权审批制度、内部牵制制度、费用报销制度、产品成本定额控制等。

所谓事中财务控制，是指在某项财务活动发生过程中所进行的控制，用于防止实际收支与预算之间的偏差，如账实盘点、往来账清查等。

所谓事后财务控制，是指对财务活动的结果进行的分析、评价和奖惩。例如，在每个会计期间或每项重大经济活动完成之后，内部审计监督部门都应按照有效的监督程序，审计各项经济业务活动，及时发现内部控制的漏洞和薄弱环节。

（二）按控制的主体分类

按控制主体的不同，财务控制可分为出资者的财务控制、经营者的财务控制和财务部门本身的控制。

出资者的财务控制，是指在现代公司制度下，由于企业所有权和经营权的分离，为确保出资者资本的保值、增值及收益分配的实现，出资者通过行使财务监控权来约束经营者的财务行为的控制方式。例如，控制防止所有权稀释的筹资决策；控制保护出资人权益的对外投资决策；控制企业合并、分立、清算的资本变动决策；控制追求资本增值的利益分配决策。

经营者的财务控制，是指经营者为了实现财务预算目标而对企业及各责任中心的财务活动进行的控制。经营者全方位负责财务决策与控制，从本质上决定了公司的财务状况。例如，制定财务战略、批准有效的财务预测、向股东大会报告财务状况、聘任和解聘财务部经理、组织协调财务关系等。

财务部门本身的控制主要包括两个方面：一是负责企业日常账务的处理，保证财务的准确、及时和连贯；二是制定和完善企业内部的财务制度，规范企业内部的财务行为，开展财务分析，实施企业内部的财务监控职能。

（三）按控制的依据分类

按控制依据的不同，财务控制可分为具有激励性的预算控制和具有防护性的制度控制。

预算控制是指以财务预算为依据，对预算执行主体的财务收支活动进行监督、调整的一种控制形式。预算控制能够使决策目标具体化、系统化、定量化，能够明确规定企业有关生产经营人员各自的职责及相应的奋斗目标，其量化指标可以作为日常控制和考核的依据。预算控制以目标为导向，由于实现目标能够获得相应的奖励，因此具有激励性。

制度控制是指通过制定企业内部会计控制制度和有关的规章制度，并以此为依据对企业的财务收支活动进行的一种控制形式。制度控制通常规定能做什么，不能做什么，因此具有防护性特征。

（四）按控制的对象分类

按控制对象的不同，财务控制可分为收支控制和现金控制。

收支控制是指通过制定收支管理制度，以降低成本、减少支出，从而实现利润最大化的控制行为。

现金控制是指通过控制现金流量以确保现金流入与流出的基本平衡，避免现金短缺或沉淀的控制行为。

（五）按控制的手段分类

按控制手段的不同，财务控制可分为缺乏弹性的定额控制和具有弹性的定率控制。

定额控制也称为绝对控制，是指对企业的财务指标采用绝对数进行控制。一般而言，对激励性控制指标要确定最低控制标准，如利润指标；对约束性控制指标要确定最高控制标准，如成本、费用等。定额控制缺乏弹性。

定率控制也称相对控制，是指对企业的财务指标采用相对比率进行控制，如成本费用利润率、总资产净利率。一般而言，定率控制既考虑投入，又考虑支出，要求开源与节流并重。定率控制具有弹性。

（六）按控制的内容分类

按控制内容的不同，财务控制可分为一般控制和应用控制。

一般控制是指对企业财务活动赖以进行的内部环境所实施的总体控制，包括组织控制、人员控制、财务预算、业绩评价、财务记录等各项内容。

应用控制是指作用于企业财务活动的具体控制，包括业务处理程序中的批准与授权、审核与复核，以及为保证资产安全而采取的限制措施等控制。

（七）按控制的功能分类

按控制功能的不同，财务控制可分为预防性控制、侦查性控制、纠正性控制、指导性控制和补偿性控制。

预防性控制是指为了防范风险、错弊和非法行为的发生，或减少其发生机会所进行的控制。

侦查性控制是指为了及时识别已经存在的风险、已经发生的错弊和非法行为，或增强识别能力所进行的控制。

纠正性控制是指对那些通过侦查性控制查出来的问题所进行的调整和纠正。

指导性控制是指为了实现有利的结果而进行的控制。

补偿性控制是指针对某些环节的不足或缺陷而采取的控制措施。

第二节　责任控制

一、责任中心的含义和特征

（一）责任中心的含义

现代企业大多实行分权管理。为了在分权管理的模式下有效地控制企业，企业往往会采用以责任会计为基础的内部控制制度，其显著特征是划分不同的责任中心，实行责任成本管理。

责任中心是指承担一定经济责任，并享有一定权利和利益的企业内部（责任）单位。建立责任中心、编制和执行责任预算、考核和监控责任预算的执行情况，是企业实行财务控制的一种有效手段。企业通常按照统一领导、分级管理的原则，在其内部合理划分责任单位，明确各责任单位应承担的经济责任、应有的权利。将预算总目标中确定的目标和任务，按责任中心逐层进行指标分解，形成责任预算，从而使各个责任中心具有明确的目标和任务，促使各单位尽其责任、协同配合，实现企业预算总目标。

划分责任中心是实行责任预算和责任会计的基础。

（一）责任中心的特征

1. 责任中心是一个责、权、利相结合的实体每一个责任中心都承担一定的财务预算任务，享有与所承担责任相应的权利，并规定业绩考核标准和奖惩措施。

2. 责任中心具有承担经济责任的条件

每个责任中心都能制定明确的目标，并具有达到目标的能力，因此有完成责任的行为能力，并对完成或不完成责任承担相应的后果。

3. 责任中心的责任和权力皆可控制

不同的责任中心，其责任层次不同，可控的范围也不同。每个责任中心只应在其可控范围内完成责任预算和业绩考评。

4. 责任中心具有相对独立的经济业务和财务收支活动

相对独立的经济业务和财务收支活动是确定经济责任的客观对象，是责任中心得以存在的前提条件。

5. 责任中心能够进行责任会计核算或单独核算

责任中心不仅要划清责任，而且要能够进行责任会计核算或单独核算。

二、责任中心的类型和考核指标

责任中心可划分为成本中心、利润中心和投资中心。

（一）成本中心

1. 成本中心的含义

成本中心是指只对成本或费用负责的责任中心。成本中心不形成或不考核收入，只考核责任成本。成本中心一般包括生产部门、劳务提供部门以及具有一定费用指标的管理部门。成本中心一般不是独立的法人，只是企业内部的一个核算单位。

成本中心的范围最广，只要有成本费用发生的地方，都可以建立成本中心。在工业企业中，上至工厂，下至车间、工段、班组，甚至个人都有可能成为一个成本中心。成本中心的规模不一，多个小成本中心可以组成一个较大的成本中心，多个较大的成本中心可以组成一个更大的成本中心，从而在企业形成逐级控制、层层负责的成本中心体系。

2. 成本中心的种类

成本中心可分为标准成本中心和酌量性成本中心。

（1）标准成本中心。以实际产出量为基础，按标准成本进行成本控制的成本中心称为标准成本中心或技术性成本中心。例如，生产车间、工段、班组等生产性部门所生产的产品稳定明确，可以确定标准用量和标准价格，其成本发生的数额通过技术分析能相对可靠地估算出来，如产品生产中的直接材料、直接人工、制造费用等。这种成本的发生可以为企业提供一定的物质成果（如产品），投入量和产出量之间存在着密切的关系。标准成本可以通过弹性预算予以控制。

（2）酌量性成本中心。以直接控制经营管理费用为主的费用中心，称为酌量性成本中心或费用中心。例如，公司本部、厂部及各职能管理部门的费用，包括各种管理费用和某些间接成本项目，如研究开发费用、广告宣传费用、职工培训费用等。这些费用的发生主要为企业提供管理和服务，一般不能直接产生可以用货币计量的成果，投入量和产出量之间没有直接的关系。酌量性成本可通过预算总额的审批来控制。

3. 成本中心的特点

（1）成本中心只考评成本费用，不考评收益。由于成本中心一般不进行销售经营活动，其经济活动的成果不会形成可以用货币计量的收入，因此成本中心只可以用货币形式计量投入，不可以用货币形式计量产出。

(2)成本中心只对可控成本承担责任。由于具体的成本中心在企业成本中心体系中所处的管理层次不同，管理权限及控制范围的大小不同，接受考核的时间段不同，因此其成本费用可分为可控成本和不可控成本。凡是责任中心能控制其发生及其数量的成本为可控成本；责任中心不能控制其发生及其数量的成本为不可控成本。可控成本和不可控成本是相对的，区分成本的可控与不可控，目的是为了区分成本责任，成本中心只对可控成本承担责任。

可控成本必须同时具备以下四个条件：一是可以预计，即成本中心事先可以知道何时何处发生何种成本；二是可以计量，即发生的成本费用满足会计计量的条件；三是可以施加影响，即成本中心可以通过本中心的活动来调节成本；四是可以落实责任，即成本中心可以将有关的成本控制责任分解落实到具体的责任对象并进行考核。属于同一个成本中心的各项可控成本之和构成了该成本中心的责任成本，也就是该成本中心考评的对象。

4. 成本中心的考核指标

成本中心对成本费用控制的效果可以通过预算成本节约额和预算成本节约率两项指标来考核。其计算公式为：

$$预算成本节约额=预算责任成本-实际责任成本$$

$$预算成本节约率=预算成本节约额/预算责任成本\times 100\%$$

在计算预算成本节约额和预算成本节约率时，如果实际产量和预算产量不一致，就应使用实际产量计算上述指标。

【例 10-1】 某企业生产车间为一个成本中心，生产甲产品，预算产量为 5 000 件，计划单位成本为 110 元；本月实际生产 6 000 件，实际单位成本为 100 元。计算本月预算成本节约额和预算成本节约率。

解析：

$$预算成本节约额=110\times 6\,000-100\times 6\,000=60\,000(元)$$

$$预算成本节约率=\frac{60\,000}{110\times 6\,000}\times 100\%=9.09\%$$

(二)利润中心

1. 利润中心的含义

利润中心是指既对成本负责又对收入和利润负责的责任中心，它一般具有独立的收入和独立的生产经营决策权，如分公司、分厂、分店等。利润中心可以是独立的法人，也可以不是独立的法人。通常，利润中心被看成是一个可以用利润衡量其一定时期业绩的组织单位。但是，并不是可以计量利润的组织单位都是真正意义上的利润中心。成立利润中心的真正目的是激励下级制定有利于整个公司的决策并努力工作。所以从根本上看，利润中心是指管理人员有权对供货来源和市场的选择进行决策的单位。

利润中心在企业内部往往处于较高的管理层次，与成本中心相比，其权力和责任都相对较大。利润中心既要降低成本，又要增长收入，并且收入的增长应该大于成本的增长，也就是强调相对成本的节约。

2. 利润中心的类型

利润中心分为自然利润中心和人为利润中心。

(1)自然利润中心。直接面对市场对外销售产品而取得收入的利润中心称为自然利润中心，它具有全面的产品销售权、价格制定权、材料采购权、生产决策权，如企业本身和公司的事业部等。

(2)人为利润中心。只对内部责任单位提供半成品或劳务而取得"内部销售收入"的利润中心称为人为利润中心，这种利润中心一般不直接对外销售产品。例如，某纺纱厂设有纺纱、织布和印染三个基本生产车间，纺纱车间将其产品销售给织布车间，织布车间将其产品销售给印染车间，印染车间将其产成品销售给厂部。三个生产车间各自独立核算，通过销售收入来补偿成本，并计算盈亏。这样，上述三个基本生产车间就被人为地划分为三个利润中心。

成为人为利润中心必须具备两个前提条件：一是该中心能向其他责任中心提供产品或劳务；二是具有合理的内部转移价格。因此，只要制定合适的内部转移价格，就可以将大多数生产半成品或提供劳务的成本中心改造成人为利润中心。

人为利润中心也可具备相对独立的经营权，能自主决定本利润中心产品或服务的种类、产品质量、作业方法、人员调配、资金使用等。

3. 利润中心的成本计算

利润中心对利润负责，利润的增长取决于收入的增长和成本的控制。只有正确计算利润中心的成本，才能合理确定利润中心的利润。利润中心可以根据自身的情况选取不同的成本计算方式。

(1)只计算可控成本，不计算不可控成本。在与其他利润中心存在着共同成本，但实际操作时无法实现共同成本合理分摊的情况下，利润中心通常只计算可控成本，无法合理分摊的共同成本作为不可控成本而不计算。实际上，按这种方式计算出来的利润中心的盈余，并不是会计意义上的利润，而只是"边际贡献"。只有企业各个利润中心的"边际贡献"之和减去需要共同分摊的成本经过调整之后，才是企业的利润。所以，这类中心也称为边际贡献中心。一般情况下，人为利润中心适合采用这种计算方法。

(2)既计算可控成本，也计算不可控成本。在共同成本易于合理分摊或不存在共同成本分摊的情况下，利润中心不仅计算可控成本，也计算不可控成本。自然利润中心适合采用此种计算方法。

4. 利润中心的考核指标

利润中心的考核总指标为利润，考核总指标可分为边际贡献、可控边际贡献和部门边际贡献三个具体指标。

(1)边际贡献。边际贡献是销售收入总额减去变动成本总额后的剩余。其计算公式如下：

边际贡献＝销售收入总额－变动成本总额

边际贡献指标反映了利润中心的盈利能力。但以边际贡献指标作为业绩评价依据不够全面，因为部门经理可以控制某些固定成本，并且在固定成本和变动成本的划分上有一定的选择余地。所以，企业在进行业绩评价时，至少应包括可控制的固定成本。

(2)可控边际贡献。可控边际贡献也称部门经理边际贡献。其计算公式如下：

可控边际贡献(部门经理边际贡献)＝边际贡献－该中心负责人可控固定成本

可控边际贡献反映了部门经理在其权限范围内有效使用资源的能力，是评价利润中心管理者业绩的理想指标。

(3)部门边际贡献。部门边际贡献又称部门毛利。其计算公式如下：

部门边际贡献(部门毛利)＝可控边际贡献－该中心负责人不可控固定成本

部门边际贡献扣除了利润中心管理者不可控的间接成本，反映了部门为企业利润和弥补与生产能力有关的成本所作的贡献。部门边际贡献更适合评价该部门对企业利润和管理费用的贡献，而不适合对部门经理的评价。

【例 10－2】 某企业下设一个分公司，2011 年实现销售收入 5 000 万元，变动成本率为 60%，固定成本为 800 万元，其中折旧费为 100 万元。若该分公司属于人为利润中心，固定成本中只有折旧费是分公司经理的不可控成本，折旧费以外的固定成本为分公司经理的可控成本。计算该利润中心的边际贡献、可控边际贡献、部门边际贡献。

解析：

边际贡献＝5 000×(1－60%)＝2 000(万元)

可控边际贡献＝2 000－(800－100)＝1 300(万元)

部门边际贡献＝1 300－100＝1 200(万元)

(三)投资中心

1. 投资中心的含义

投资中心是指既对成本、收入和利润负责，又对投资效益负责的责任中心，如大型集团下的子公司、分公司、事业部等。

投资中心一般是独立的法人，它必然也是利润中心，但利润中心并不一定都是投资中心。利润中心没有投资决策权，考核其利润时也不用考虑投资的多少或所占用资产的多少。投资中心是最高层次的责任中心，具有较高的管理层次，享有最大的决策权(投资决策和经营决策)，同时也承担了最大的责任。投资中心一般直接对总经理和董事会负责。

2. 投资中心的考核指标

投资中心除考核利润指标外，还考核能集中反映利润与投资额之间关系的指标，包括投资报酬率和剩余收益等指标。

(1)投资报酬率。投资报酬率又称投资利润率，是指投资中心所获得的利润与投资额之间的比率。投资报酬率可用于评价考核由投资中心掌握及使用的全部净资产的盈利能力。

投资报酬率的计算公式如下：

$$投资报酬率=\frac{营业利润}{平均营业资产}\times 100\%$$

$$平均营业资产=\frac{期初营业资产+期末营业资产}{2}$$

投资报酬率公式中的营业利润是指扣减利息和所得税之前的利润，即息税前利润。营业利润是在整个期间内实现并累积形成的，属于期间指标；而营业资产属于时点指标，故取其平均数。

运用投资报酬率指标不仅能反映投资中心的综合盈利能力，具有横向可比性，而且可以作为选择投资机会的依据，便于引导投资中心经营管理行为的长期化。投资报酬率指标最主要的优点是能促使管理人员关注营业资产运用效率，有利于资产存量的调整和资源的优化配置，综合反映了一个投资中心各方面的全部经营成果。

投资报酬率指标也存在着一些局限性：一是通货膨胀因素使企业账面价值失真，而少计提折旧、多计利润则会导致投资报酬率无法揭示投资中心的实际经营能力；二是会使投资中心只顾本中心的利益而不顾整个企业的利益，通过减少投资来提高投资报酬率，从而放弃了一些可以增加企业总净利润的投资项目；三是不利于投资项目建成投产后与原定目标的对照；四是投资报酬率所计量的部分内容如一些共同费用，并非全部是投资中心所能控制的，有时也会使投资报酬率对投资中心的评价、考核作用降低。

(2)剩余收益。剩余收益是指投资中心获得的营业利润扣减经营资产按规定或预期的最低投资报酬率计算的最低投资收益后的余额。剩余收益的计算公式如下：

剩余收益＝营业利润－最低投资收益额

＝营业利润－经营资产×最低投资报酬率

剩余收益指标是一个绝对数指标，与投资报酬率一样能够反映投入与产出的关系。在使用剩余收益指标考核投资中心的业绩时，只要投资中心的某项投资活动产生的投资报酬率大于预期的最低投资报酬率，则该项投资就是可行的，这就避免了投资中心的本位主义，使个别投资中心的利益与整个企业的利益统一起来，弥补了单纯使用投资报酬率的局限性，但剩余收益不利于不同投资中心的横向比较。

【例 10－3】 某公司的投资报酬率见表 10－1。假定 A 投资中心面临一个投资额为1 000 万元的投资机会，可获利润 131 万元，投资报酬率为 13.1%。假定公司的预期最低投资报酬率为 12%。评价 A 投资中心的这个投资机会。

表 10－1　　某公司的投资报酬率

投资中心	利润(万元)	投资额(万元)	投资报酬率(%)
A	280	2 000	14
B	80	1 000	8
全公司	360	3 000	12

解析：

若 A 投资中心接受该项投资，则 A、B 投资中心的相关数据见表 10－2。

表 10－2　　A 投资中心接受该项投资后公司的投资报酬率

投资中心	利润(万元)	投资额(万元)	投资报酬率(%)
A	411(280＋131)	3 000(2 000＋1 000)	13.7
B	80	1 000	8
全公司	491	4 000	12.275

(1)用投资报酬率指标衡量业绩。就全公司而言，接受投资后，投资报酬率增加了 0. 275%，应接受这项投资。然而，由于 A 投资中心的投资报酬率下降了 0.3%，因此 A 投资中心可能不会接受这一投资。

(2)用剩余收益指标衡量业绩。

A 投资中心接受新投资前的剩余收益＝280－2000×12%＝40(万元)

A 投资中心接受新投资后的剩余收益＝411－3000×12%＝51(万元)

所以，如果用剩余收益指标来衡量投资中心的业绩，则 A 投资中心会接受这项投资。

(四)各责任中心的关系

成本中心、利润中心和投资中心在企业中不是孤立存在的，它们相互联系，并各自承担相应的责任，其主要区别在于各责任中心依据控制的区域和权责范围的大小各自处于不同的管理层次。位于最底层的成本中心就其经营的可控成本向其上层成本中心负责；成本中心应就其本身的可控成本和下层转来的责任成本一并向利润中心负责;利润中心应就其本身经营的收入、成本(含下层转来的责任成本)和利润(边际贡献)向投资中心负责;投资中心最终就其经营的投资利润率和剩余收益向总经理和董事会负责。企业各种类型和层次的责任中心形成了一个连锁责任网络,促使每个责任中心为保证经营目标一致而协调运转。三个责任中心的区别见表10—3。

表10—3　　三个责任中心的区别

项　目	成本中心	利润中心	投资中心
实际应用范围	最广(范围最广,只要有成本费用发生的地方,都可以建立成本中心)	较窄(只有具有独立收入,并具有经营决策权的中心,才可称为利润中心)	最小(最高层次,具有投资决策权的中心,称为投资中心)
权力	最小(只对成本负责)	较高(既对收入负责,又对利润负责)	最大(既对成本、收入和利润负责,又对投资效益负责)
考核范围	可控的成本、费用	成本费用、收入、利润	成本费用、收入、利润、投资效率
考核办法	只以货币形式计量投入,不以货币形式计量产出	不进行投入与产出的比较	进行投入与产出的比较
考核指标	预算成本节约额、预算成本节约率	边际贡献、可控边际贡献、部门边际贡献	投资利润率、剩余收益
组织形式	一般不是法人	可以是法人,也可以不是法人	一般是法人

三、责任预算、责任报告与业绩考核

(一)责任预算

1. 责任预算的含义

责任预算是指以责任中心为主体,以其可控成本、收入、利润和投资等为对象编制的预算。它是对企业总预算的补充和具体化。

责任预算包括必须保证实现的主要责任指标(即各责任中心的考核指标)和其他责任指标(如劳动生产率、设备完好率、出勤率、材料消耗率等)。

2. 责任预算的编制

责任预算的编制有以下两种方法:

第一种方法是以责任中心为主体,自上而下地将企业总预算在各责任中心之间层层分解,从而形成各责任中心的预算。这种编制方法便于企业统一指挥和调度,但不利于调动责任中心的积极性。集权组织结构形式的企业往往采用这种方法。

第二种方法是各责任中心自行列示各自的预算指示,由下而上,层层汇总,最后由企业的专门机构或人员进行汇总和调整,从而确定企业的总预算。这种编制方法有利于发挥各责任中心的积极性,但影响预算的质量和编制的时效性。分权组织结构形式的企业往往采用这种方法。

(二)责任报告(业绩报告、绩效报告)

责任报告是指根据责任会计记录编制的反映责任预算实际执行情况、揭示责任预算与实际执行差异的内部会计报告。通过编制责任报告,企业可完成责任中心的业绩评价和考核。

在企业的不同管理层次上,责任报告的侧重点应有所不同。责任报告的编报是自下而上逐级实现的，最底层责任中心的责任报告应当最详细，随着层次的升高，责任报告的内容应以更为概括的形式来表现。这与责任预算从抽象到具体不同。

责任报告不仅能够反映责任预算与实际执行情况的差异，更能够突出产生差异的重要影响因素，便于进一步分析原因和判定责任，便于对生产经营活动进行有效的控制和调节，保证责任预算的实现。

为编制各责任中心的责任报告，企业必须进行责任会计核算。责任会计核算是指以责任中心为对象的会计核算工作。责任会计核算的方法按照其与财务会计的关系，可分为与财务会计分开单独核算的“双轨制”和与财务会计结合的“单轨制”两种方式。在“双轨制”核算方式下，各责任中心单独设置责任会计账户，指定专人将责任中心日常发生的成本、收入及与其他责任中心相互间的转账和结算录入账户，并定期计算盈亏。在“单轨制”核算方式下，为了简化日常的会计核算，各责任中心不单独设置责任会计账户，只是在常规的财务会计各明细账内，增设责任会计明细账，以登记相关账务。

(三)业绩考核

业绩考核是指以责任报告为依据，分析、评价各责任中心责任预算的实际执行情况，找出差距，查明原因，借以考核各责任中心的工作成果，实施奖罚，促使各责任中心积极纠正行为偏差，从而完成责任预算的过程。

从考核的指标口径来看，业绩考核包括狭义和广义两种。狭义的业绩考核仅考核责任中心的价值指标(如成本、收入、利润以及资产占用额等责任指标)的完成情况；广义的业绩考核还考核非价值指标的完成情况。

从考核的时间来看，业绩考核可分为日常考核和年终考核。

企业应根据不同责任中心的特点进行业绩考核。成本中心只考核其权责范围内的责任成本(各项可控成本)；利润中心只考核其权责范围内的收入和成本，重点在于考核销售收入、边际贡献和息税前利润；投资中心除了要考核其权责范围内的成本、收入和利润外，还应重点考核投资报酬率和剩余收益。

总之，随着责任中心层次的逐渐提高，越往上一层，计算和考核的指标越多，考核的内容也越多。

四、责任结算与核算

(一)内部转移价格

内部转移价格是指企业内部各责任中心之间进行内部结算和责任结转时所采用的价格标准。内部转移价格直接关系到不同责任中心的获利水平，可以有效防止成本转移引起的各责任中心之间的责任转嫁，使每个责任中心都能够作为一个单独的组织单位进行业绩评价，并且可以作为一种价格信号引导下级作出正确决策，从而保证局部利益和整体利益的一致。

内部转移价格与外部市场价格既有相似之处又有不同之处。相似之处在于，如果采用内部转移价格，可以使企业内部的两个责任中心处于类似于市场交易的买卖两极；不同之处在于，企业各部门供求双方的关系不是一种完全的市场竞争关系，而是模拟市场竞争关系。在其他条件不变的情况下，内部转移价格的变化，只会改变有关责任中心的内部利润，而不会改变企业的利润总额。

制定内部转移价格是开展各项预算的基础，有利于明确各预算执行主体的经济责任，客观评价各预算执行主体的工作业绩，协调各责任中心的业务活动和企业内部的各项业务活动，调动各预算执行主体的积极性，增强约束力。

制定内部转移价格时必须遵循以下几项原则：第一，全局性原则，即力求实现企业利润最大化；第二，公平性原则，即充分体现各责任中心的经营业绩；第三，自主性原则，即在确保企业整体利益的前提下，尽量通过各责任中心的自主竞争或讨价还价来确定内部转移价格；第四，重要性原则，即体现"大宗细、零星简"的要求。

（二）内部转移价格的种类

内部转移价格包括市场价格、协商价格、双重价格和成本转移价格四种类型。

1. 市场价格

市场价格是指以产品或劳务的市场价格作为基价制定的内部转移价格。

采用市场价格，一般假定各责任中心处于独立自主的状态，各责任中心可自行决定从外部或内部进行购销，同时产品或劳务有客观的市价可采用。

以市场价格作为内部转移价格，并不等于直接按市场价格结算，而应当进行必要的调整，剔除销售费、广告费及运输费等内容。如果企业的责任中心不是独立核算分厂，而是车间或部门时，就要剔除市场价格中的销售税金。同时，以市场价格为依据制定内部结算价格，一般假设进行内部结算的中间产品有完全竞争的市场，或中间产品提供部门无闲置生产能力。

2. 协商价格

协商价格是指企业内部各责任中心以正常的市场价格为基础，通过共同协商确定出的，为双方所接受的内部转移价格。

当内部转移的中间产品数量较大、单位成本相应较低、供应方大多拥有剩余生产能力时，可考虑采用协商价格。

采用协商价格的前提是责任中心相互转移的产品应有可能在非竞争性市场上买卖，在这种市场内，买卖双方有权自行决定是否买卖这种中间产品。当买卖双方不能自行决定，或者价格协商的双方因发生矛盾而不能自行解决，或者双方的协商价格并非企业的最优决策时，企业高一级的管理层就要进行必要的干预。

协商价格通常要低于市场价格，原因是协商价格中不包含外部推销费用、管理费用和销售税金等。协商价格的上限是市场价格，下限是单位变动成本，具体价格应由各相关责任中心在这一范围内协商议定。

3. 双重价格

双重价格是指针对责任中心供应双方分别采用不同的价格标准所制定的内部转移价格。例如，对产品（半成品）的供应方，可按协商的市场价格计价；对使用方则按供应方的产品（半成品）的单位成本计价，其差额由企业会计部门进行最终调整。

双重价格有双重市场价格和双重协商价格。采用双重市场价格时，如果某种产品或劳务有多种市场价格，则供应方采用最高市场价格，使用方采用最低市场价格；采用双重协商价格时，供应方按市场价格或议价计价，使用方则按供应方的单位变动成本计价。

当内部转移的产品或劳务有外部市场，供应方有剩余生产能力，而且其单位变动成本低于市场价格时，特别是当采用单一的内部转移价格不能调动各责任中心的积极性和确保责任中心与整个企业的经营目标实现时，可考虑采用双重价格。双重价格可同时满足供应方和使用方的不同需要，激励双方在经营上充分发挥自身的主动性和积极性。

4. 成本转移价格

成本转移价格是指以产品或劳务的成本为基础而制定的内部转移价格，包括标准成本价格、标准成本加成价格和标准变动成本价格三种形式。

标准成本价格是以产品或劳务的单位标准成本为基础而制定的内部转移价格。标准成本价格适用于成本中心之间转移产品(半成品)的结算。其优点是可以将管理和核算工作结合起来,避免了供应方成本的高低变化对使用方的影响,有利于调动供需双方降低成本的积极性。

标准成本加成价格是指以产品或劳务的单位标准成本加上一定的合理利润(按成本加成率计算)而确定的内部转移价格。其优点是能分清相关责任中心的责任,但在确定成本加成率时,难免会带有主观随意性。

标准变动成本价格是指以产品或劳务的单位标准变动成本为基础而制定的内部转移价格。标准变动成本价格符合成本性态,能够明确揭示成本与产量的关系,便于考核各责任中心的业绩,也利于经营决策。不足之处是,产品(半成品)或劳务中不包含固定成本,不能反映劳动生产率变化对固定成本的影响,不利于调动各责任中心提高产量的积极性。

(三)内部结算方式

内部结算是指企业各责任中心在相互提供产品或劳务时所需进行的计价和清偿债权、债务的手续。内部结算方式包括以下几种:

1. 内部支票结算方式

内部支票结算方式是指由付款一方签发内部支票,然后通知内部银行从其账户中支付款项的一种内部结算方式,包括签发、收受和银行转账三个环节。内部支票结算方式主要适用于收付款双方直接见面进行经济往来的结算业务,它可使收付双方一手交"钱"、一手交货,责任明确。

2. 转账通知单结算方式

转账通知单结算方式是指由收款一方根据有关原始凭证或业务活动证明签发转账通知单,然后通知内部银行将转账通知单转给付款一方,让其付款的一种内部结算方式。转账通知单结算方式适用于经常性的质量与价格较稳定的往来业务,手续简便,结算及时;但因转账通知单是单向发出指令,付款一方若有异议,可能拒付,所以需要交涉。

3. 内部货币结算方式

内部货币结算方式是指使用企业内部银行发行的限于企业内部流通的货币(包括内部货币、资金本票流通券、资金券等)进行内部经济往来结算的一种内部结算方式。内部货币结算方式是一种典型的一手交"钱",一手交货的内部结算方式,比内部支票结算方式更为直观,可强化各责任中心的价值观念、核算观念、经济责任观念;缺点是内部货币携带不便,清点麻烦,保管困难。

(四)责任成本的内部结转

责任成本的内部结转又称责任转账,是指在生产经营过程中,对于因不同原因造成的各种经济损失,由承担损失的责任中心对实际发生或发现损失的责任中心进行损失赔偿的账务处理过程。

进行责任转账通常有以下两种情形:一是各责任中心之间由于责任成本发生的地点与应承担责任的地点往往不同,导致责任转账发生。例如,生产车间所耗原材料超定额是由于采购部门所供应的原材料质量不合格所致,应由采购部门承担损失,因此需将这部分超定额成本责任转移至采购部门。二是责任成本在发生的地点显示不出来,需要在下一道工序或环节才能发现。例如,前后两道工序都是成本中心,后道工序加工时才发现前道工序转来的半成品是次品,针对这些次品进行筛选、整理、修补等活动而消耗的材料、人工和其他费用,均应由前一道工序负担，即需要将废品损失成本由后一道工序结转到前一道工序。

在其他条件不变的情况下，进行责任转账会使买卖双方或供求双方的收入或内部利润呈相反方向变化。但是，从整个企业的角度来看，一方增加的收入或利润正是另一方减少的收入或利润，一增一减，数额相等且方向相反。因此，从企业总体来看，利润总额不变，变动的只是企业内部各责任中心的收入或利润的分配份额。

责任转账的目的是划清各责任中心的成本责任，使不应承担损失的责任中心在经济上得到合理补偿。

本章小结

财务控制是按照一定的程序与方法，确保企业及其内部机构和人员全面落实和实现财务预算的过程。财务控制是企业内部控制的一个重要子系统，是内部控制系统的核心组成部分，是内部控制系统在资金和价值方面的体现。其基本特征是以价值形式为控制手段，以达到实现财务预算的目标。

财务控制按照不同的标准可以划分为不同的种类。

责任中心是指承担一定经济责任，并享有一定权利和利益的企业内部(责任)单位。责任中心可划分为成本中心、利润中心和投资中心。

成本中心是指只对成本或费用负责的责任中心，可分为标准成本中心和酌量性成本中心。成本中心对成本费用控制的效果可以通过预算成本节约额和预算成本节约率两项指标来考核。

利润中心是指既对成本负责又对收入和利润负责的责任中心，它一般具有独立的收入和独立的生产经营决策权。利润中心分为自然利润中心和人为利润中心。利润中心的考核总指标为利润，考核总指标可分为边际贡献、可控边际贡献和部门边际贡献。

投资中心是指既对成本、收入和利润负责，又对投资效益负责的责任中心。投资中心除考核利润指标外，还考核能集中反映利润与投资额之间关系的指标，包括投资报酬率和剩余收益。

责任预算是指以责任中心为主体，以其可控成本、收入、利润和投资等为对象编制的预算，它是对企业总预算的补充和具体化。

责任报告是指根据责任会计记录编制的反映责任预算实际执行情况、揭示责任预算与实际执行差异的内部会计报告。通过编制责任报告，企业可完成责任中心的业绩评价和考核。

业绩考核是指以责任报告为依据，分析、评价各责任中心责任预算的实际执行情况，找出差距，查明原因，借以考核各责任中心的工作成果，实施奖罚，促使各责任中心积极纠正行为偏差，从而完成责任预算的过程。

内部转移价格是指企业内部各责任中心之间进行内部结算和责任结转时所采用的价格标准。内部转移价格包括市场价格、协商价格、双重价格和成本转移价格四种类型。

内部结算是指企业各责任中心在相互提供产品或劳务时所需进行的计价和清偿债权、债务的手续，内部结算方式包括内部支票结算方式、转账通知单结算方式和内部货币结算方式。

责任成本的内部结转又称责任转账，是指在生产经营过程中，对于因不同原因造成的各种经济损失，由承担损失的责任中心对实际发生或发现损失的责任中心进行损失赔偿的账务处理过程。

本章案例

生产与销售部门如何负责

华荣药业股份有限公司主要生产蜂王浆，产品非常畅销，每年春节前后，产品更是供不应求。2017 年春节，销售部门要求突击生产，加班加点，以增加利润。然而生产部门却反对，认为会打乱全年生产计划。另外，节假日加班要支付双倍甚至三倍的工资，生产成本很高，在成本指标考核时，对生产部门很不利。

销售部门提出，生产部门应考虑收入和利润指标，并承担失去大量顾客的责任；而生产部门不愿承担责任。双方互争不休，最后找到总经理。总经理请财务部门给出意见：是否接受加班加点的生产建议？如何处理生产部门和销售部门之间的矛盾？

请思考：假如你是财务部经理，应该怎样回答这个问题？

第十一章

财务分析

理解财务分析的意义；熟悉财务分析的含义和主体；掌握财务分析的方法；掌握偿债能力分析指标、营运能力分析指标、盈利能力分析指标及发展能力分析指标的计算和应用；掌握杜邦财务分析体系。

第一节　财务分析概述

财务分析是以企业财务报告反映的财务指标为主要依据，采用专门方法，对企业过去的财务状况和经营成果及未来前景所进行的剖析和评价。其目的是评价企业过去的经营业绩，衡量企业现在的财务状况，预测企业未来的发展趋势，为企业财务报表使用者作出相关决策提供可靠的依据。

一、财务分析的意义

财务分析是对已完成的财务活动的总结，也是财务预测的前提，在财务管理过程中具有十分重要的意义。

（一）财务分析是评价财务状况、衡量经营业绩的重要依据

通过财务分析，企业管理当局及报表使用人可以了解企业的偿债能力、营运能力和盈利能力，可以了解企业的财务状况、经营成果和现金流量；通过财务分析，企业管理当局可以将影响财务状况和经营成果的主客观因素、宏微观因素区分开来，从而划清经济责任，合理评价经营者的工作业绩，并据以奖优罚劣，促进经营者不断提高工作效率。

（二）财务分析是合理实施投资决策的重要步骤

投资者及潜在投资者是企业外部重要的报表使用人，通过对企业进行财务分析，投资者可以了解和预测对企业投资后的风险和收益情况，从而为投资者作出正确的投资决策提供可靠的依据。

（三）财务分析是挖掘潜力、改进工作、实现理财目标的重要手段

企业理财的根本目标是努力实现企业价值最大化（股东财富最大化），通过对财务指标的

计算和分析，企业管理当局可以了解企业的盈利状况和资金周转状况，不断挖掘企业改善财务状况、扩大财务成果的内部潜力，以便从各方面揭露矛盾、找出差距、采取措施，促进企业生产经营活动按照企业价值最大化(股东财富最大化)的目标实现良性循环。

二、财务分析的主体及分析目的

财务分析的一般目的是评价企业过去的经营业绩，衡量企业现在的财务状况，预测企业未来的发展趋势。然而，由于财务分析主体是一个由多层次构成的体系，各主体与企业之间的利益关系不同，因此其在进行财务分析时的出发点也就不同，财务分析的目的、内容及侧重点也不完全相同。财务分析主体是指与企业有现实或潜在的利益关系，并希望通过分析企业财务状况而获得企业财务信息的单位或个人，主要包括企业经营管理者、投资者、债权人、供应商、政府监管部门、企业员工、中介机构等。

(一)企业经营管理者进行财务分析的目的

企业经营管理者是指被投资者聘用，对企业全部资产和所有生产经营活动进行管理的企业高管层。企业经营管理者所承担的经营管理责任要求他们全面分析企业的财务报表，因此他们进行财务分析的目的不仅仅是全面、综合地分析及评价企业的财务状况和经营成果，更是为贯穿于企业财务管理过程始终的财务决策和财务控制提供信息支持。及时发现生产经营中存在的问题与不足，并采取有效措施解决这些问题，可以充分利用有限的资源，不断提高管理水平。

(二)投资者进行财务分析的目的

投资者对企业的财产具有所有权，同时也是风险的承担者。作为投资者，他们关心企业的投资回报率；作为风险承担者，他们关注企业的财务状况。由于投资者的投资目的不同，因此财务分析的目的往往也不同。例如，投资者要决定是否进行投资时，将重点分析企业的资产和盈利能力；要决定是否转让股份时，将重点分析企业的盈利状况、股价变动情况和发展前景；要考察经营者的业绩时，将重点分析企业的资产盈利水平、破产风险和竞争能力；要决定采用何种股利政策时，将重点分析筹资状况等。

(三)债权人进行财务分析的目的

由于债务利率固定，而且债务必须按期偿还，因此债权人进行财务分析的首要目的是评估企业长短期债务的偿还能力；其次，由于偿债能力受企业盈利能力的影响较大，因此债权人还会将偿债能力分析与盈利能力分析相结合，由此作出是否借款，以及对该企业的借款额度、付款条件、利率水平、保障条款等方面的决策。

(四)供应商进行财务分析的目的

供应商主要是指为企业提供产品、原材料、辅助材料的企业或个人。他们要通过财务分析提供的信息，了解和掌握企业的财务状况、资金实力、付款能力和长期信用状况等；通过对企业财务信息的分析，有针对性地制定信用政策，作出是否放宽信用政策、是否延长付款期、是否长期合作等决策。

(五)政府监管部门进行财务分析的目的

政府监管部门主要包括工商部门、税务部门、财政部门、审计部门等。政府监管部门进行财务分析的目的是了解企业的纳税情况、遵守法律和市场秩序的情况，以及职工的收入和就业情况等，以便规范企业行为，履行自己的监管职责。

（六）企业员工进行财务分析的目的

企业员工不但关心企业目前的经营状况和盈利能力，而且关心企业未来的发展前景，他们也需要通过财务分析来获取信息。此外，企业员工要通过财务分析了解自己将会获得怎样的报酬，企业和本部门的指标是否完成，工资、奖金和福利变动的原因，以及企业的稳定性和职业的保障程度等。

（七）中介机构进行财务分析的目的

与企业相关的中介机构主要有会计师事务所、律师事务所、资产评估事务所以及各类投资咨询公司、税务咨询公司、资信评估公司等，这些中介机构站在第三方的立场上，通过对企业进行财务分析，为企业发行股票和债券、股份制改革、联营、兼并、清算等各项经济业务，提供独立、客观、公正的服务。

三、财务分析的内容

不同分析主体进行财务分析有不同的侧重点，也有共同的要求。概括来说，财务分析的基本内容主要包括以下几个方面：

（一）偿债能力分析

偿债能力是指企业对债务的清偿能力或保证程度。偿债能力分析分为短期偿债能力分析和长期偿债能力分析。短期债务是企业日常经营活动中弥补营运资金不足的一个重要来源，分析短期偿债能力有助于判断企业短期资金的营运能力以及营运资金周转状况。长期债务是企业资本化资金的重要组成部分，也是企业的一个重要融资途径，通过对长期偿债能力的分析，不仅可以判断企业的经营状况，还可促使企业提高融通资金的能力。

（二）营运能力分析

营运能力分析是对企业资金周转状况进行的分析。资金周转得越快，说明资金利用效率越高，企业的经营管理水平越好。营运能力分析指标包括应收账款周转率、存货周转率、流动资产周转率和总资产周转率等。

（三）盈利能力分析

盈利能力是指企业赚取利润和使企业的资金增值的能力，它通常体现为企业收益数额的大小与水平的高低。由于企业经营业绩的好坏最终可通过企业的盈利能力来反映，因此企业的经营者、债权人乃至投资人，都非常关心企业的盈利能力，非常重视对利润率及其变动趋势的分析与预测。

（四）发展能力分析

发展能力是指企业在生存的基础上，扩大规模、壮大实力的潜在能力。发展能力分析指标主要包括营业收入增长率、资本保值增值率、资本积累率、总资产增长率、营业利润增长率等。

（五）财务状况的综合分析

财务状况的综合分析就是将企业的营运能力、偿债能力和盈利能力等方面的分析纳入到一个有机的分析系统之中，对企业的财务状况、经营状况进行全面的解剖和分析，对各项财务活动的相互关系和协调情况进行分析，揭示企业财务活动方面的优势和薄弱环节，找出改进理财工作的主要问题，从而对企业的经济效益作出较为准确的评价与判断。

以上各项分析内容互相联系、互相补充，可以综合地描述出企业的财务状况和经营成果，能够满足不同财务分析主体的需要。

第二节 财务分析的方法

企业的财务分析随着分析对象、企业实际情况和财务分析主体的不同，可能采用不同的分析方法，主要包括比较分析法、比率分析法、趋势分析法和因素分析法。

一、比较分析法

比较分析法也称对比分析法，是通过对两个或两个以上相关指标进行对比，确定数量差异，从而揭示企业的财务状况和经营成果的一种分析方法。在实际工作中，比较分析法按照财务分析的形式又可以分为实际指标与计划指标对比、同一指标纵向对比及同一指标横向对比三种形式。

（一）实际指标与计划指标对比

通过将实际指标与计划指标进行比较分析，可以揭示实际与计划的差异，检查企业各项计划的执行程度和执行结果，确定有关指标计划完成情况的好坏，使财务分析有明确的目标，从而为进一步分析和寻找企业潜力提供方向。

（二）同一指标纵向对比

这是同一指标在不同时间上的对比，通常是将本期实际指标与以前多期历史指标相比较，据此把握企业前后不同历史时期有关指标的变动情况，了解企业财务活动的发展趋势和管理水平的提高情况。常用的形式是将本期实际与上期实际或历史最好水平相比较。

（三）同一指标横向对比

这是同一指标在不同条件下的对比，通常是将本企业指标与国内外同行业先进企业的指标或同行业的平均水平相比较。这有利于找出本企业与国内外先进企业、行业平均水平的差距，明确本企业财务管理水平或财务效益在行业中的地位，推动本企业努力赶超先进水平。

比较分析法的主要作用在于揭示客观存在的差距以及形成这种差距的原因，帮助人们发现问题、挖掘潜力、改进工作。应用比较分析法，要特别注意指标的"可比性"，用于对比的指标，在计算方法、计算口径、计价标准、时间长度等方面必须保持一致，否则就无法得出正确的结论。

二、比率分析法

比率分析法是通过计算经济指标的比率来考察、计量和评价经济活动变动程度的一种分析方法。比率分析指标一般有以下三类：

（一）结构比率

结构比率也称构成比率，是指某项经济指标的各个组成部分占总体的比重，反映了部分与总体的关系。其计算公式如下：

$$结构比率=某个组成部分的数值\div总体数值\times100\%$$

结构比率分析能够考察企业总体中某个部分的形成和安排是否合理，探讨各个部分在结构上的变化规律，如流动资产、固定资产、无形资产占总资产的比率形成的企业资产结构比率，长期负债与流动负债占全部负债的比率，财务费用、销售费用和管理费用占费用总额的比率等。

（二）效率比率

效率比率是指经济活动中的投入与产出、所费与所得的比率。利用效率比率可以考察企业的经营成果，评价企业的经济效益和资产的使用效率。例如，将利润项目与销售成本、销售收入、资本等项目加以对比，可计算出成本利润率、销售利润率及资本利润率等指标，可以从不同角度比较企业获利能力的高低及增减变化情况。

（三）相关比率

相关比率是将两个不同但又有一定关联的指标加以对比得出的比率，以反映有关经济活动的相互关系。利用相关比率指标，可以考察企业有联系的相关业务安排得是否合理，以保障运营活动的顺利进行。例如，将流动资产与流动负债加以对比，计算出流动比率，据以判断企业的短期偿债能力。

比率分析法的优点是计算简便，计算结果也比较容易判断，而且可以使某些指标在不同规模的企业之间进行比较，甚至也能在一定程度上超越行业间的差别进行比较。但采用这一方法时应该注意以下几点：

（1）对比项目的相关性。计算比率的分子和分母必须具有相关性，把不相关的项目进行对比是没有意义的。在结构比率指标中，部分指标必须是总体指标这个大系统中的一个小系统；在效率比率指标中，投入与产出必须有因果关系；在相关比率指标中，两个对比指标也要有内在联系，才能评价有关经济活动之间是否协调均衡，安排是否合理。

（2）对比口径的一致性。计算比率的分子和分母必须在计算期间、范围等方面保持口径一致。

（3）衡量标准的科学性。运用比率分析法，需要选择科学合理的参照标准与之对比，以便对企业的财务状况作出评价。通常而言，科学合理的对比标准有：预定目标，如预算指标、设计指标、定额指标、理论指标等；历史标准，如上期实际、上年同期实际、历史先进水平以及有典型意义时期的实际水平等；行业标准，如主管部门或行业协会颁布的技术标准、国内外同类企业的先进水平、国内外同类企业的平均水平等；公认标准。

三、趋势分析法

趋势分析法是通过对比两期或连续数期财务报告中的相同指标，确定其增减变动的方向、数额和幅度，以说明企业财务状况和经营成果的变动趋势的一种方法。趋势分析法主要包括以下内容：

（一）重要财务指标的比较

重要财务指标的比较是将不同时期财务报告中的相同指标或比率进行比较，直接观察其增减变动情况及变动幅度，考察其发展趋势，预测发展前景。对不同时期财务指标的比较有两种方法：定基动态比率和环比动态比率。

1. 定基动态比率

定基动态比率是将分析期的数据与某一固定基期数额对比而计算出来的动态比率。其计算公式如下：

$$定基动态比率=分析期数额\div固定基期数额\times100\%$$

2. 环比动态比率

环比动态比率是将每一分析期的数额与分析期的前期同一指标进行对比而计算出来的动态比率。其计算公式如下：

环比动态比率＝分析期数额÷分析期前期数额×100％

（二）会计报表的比较

会计报表的比较是将连续数期的会计报表的金额并列起来，比较其相同指标的增减变动金额和幅度，据以判断企业财务状况和经营成果发展变化的一种方法，具体包括资产负债表的比较、利润表的比较、现金流量表的比较等。比较时，既要计算出表中有关项目增减变动的绝对额，又要计算出其增减变动的百分比。

（三）会计报表构成项目的比较

这种方法是在会计报表比较的基础上发展而来的，是以会计报表中的某个总体指标作为100％，再计算出其各组成项目占该总体指标的百分比，从而比较各个项目百分比的增减变动情况，以此来判断有关财务活动的变化趋势。它既可用于同一企业不同时期的财务状况的纵向比较，又可用于不同企业之间的横向比较，同时还能消除不同时期或不同企业之间业务规模差异的影响，有助于分析企业的财务状况及发展趋势。

在采用趋势分析法时，应注意以下问题：①用于对比的各项指标，在计算口径上必须一致；②必须剔除偶然性因素的影响，使分析数据能够反映正常的经营及财务状况；③运用例外原则，对有显著变动的指标进行重点分析，研究其产生的原因，以便采取对策。

四、因素分析法

因素分析法是对某项综合财务指标或经济指标的变动原因按其内在的影响因素，计算和确定各个因素对这一综合指标发生变动的影响程度的一种分析方法，具体又可以分为连环替代法和差额分析法两种。

（一）连环替代法

连环替代法是将分析指标分解为各个可以计量的因素，并根据各个因素之间的相互依存关系，顺次用各因素的比较值（通常为实际值）替代基准值（通常为标准值或计划值），据以测定各因素对财务指标的影响。具体分析计算时以计划指标为基础，用各个因素的实际数依次替代计划数，每次替代后实际数就被保留下来，直到所有的因素都变为实际数。

连环替代法的计算步骤为：

（1）确定分析的对象，即将该指标的实际数与计划数进行比较，求出指标变动的总差额。

（2）根据经济指标的形成过程，明确各影响因素与经济指标的数量关系，并确定每一因素的排列顺序，建立财务指标与其影响因素的关系式（因素分析式）。

（3）将基期表达式中的因素数值，依次用报告期的因素数值替代。每完成一次替代，都会得到一个与前一个算式相差一个因素值的新算式。凡被替换过的因素，都要将报告期的数值保留下来，直到替换完毕。

（4）逐项计算各个因素的影响程度。将各因素被替代后所得的指标数额与该因素被替代前的指标数额相抵减，其差额即为该因素变动对这一财务指标的影响程度。

（5）验证各因素影响程度计算的正确性。各因素影响程度的代数和应等于指标变动总差额。

例如，某项财务指标 P 由 A、B、C 三个因素的乘积构成，其计划指标和实际指标同有关因素的关系如下：

计划指标：$P_0=A_0\times B_0\times C_0$

实际指标：$P_n=A_n\times B_n\times C_n$

以实际指标与计划指标的差额(P_n-P_0)为分析对象,它同时受 A、B、C 三个因素的影响。运用连环替代法可确定各因素的影响程度如下:

计划指标:$A_0\times B_0\times C_0=P_0$ ①

第一次替代:$A_n\times B_0\times C_0=P_1$ ②

第二次替代:$A_n\times B_n\times C_0=P_2$ ③

第三次替代(实际指标):$A_n\times B_n\times C_n=P_n$ ④

将以上各式进行比较,计算各因素变动的影响情况如下:

②-①$=P_1-P_0$ A 因素变动的影响

③-②$=P_2-P_1$ B 因素变动的影响

④-③$=P_n-P_2$ C 因素变动的影响

P_n-P_0 综合影响

【例 11—1】 假定海宁公司生产的甲产品有关材料消耗的计划资料和实际资料见表 11—1,用连环替代法分析各因素变动对材料消耗的影响程度。

表 11—1 材料消耗的计划资料和实际资料表

项 目	计量单位	计划数	实际数
产品产量	件	500	550
单位产品材料消耗量	千克/件	15	12
材料单价	元/千克	4	6
材料总成本	元	30 000	39 600

解析:

根据表 11—1 的资料可知,材料费用总额的实际值比计划值增加了 9 600 元(39 600—30 000),这是分析对象。

以下分析各因素变动对材料消耗的影响程度:

计划指标:500×15×4=30 000(元) ①

第一次替代:550×15×4=33 000(元) ②

第二次替代:550×12×4=26 400(元) ③

第三次替代:550×12×6=39 600(元) ④

产量增加对材料费用的影响:

②—①=33 000—30 000=3 000(元)

材料消耗节约对材料费用的影响:

③—②=26 400—33 000=—6 600(元)

单价提高对材料费用的影响:

④—③=39 600—26 400=13 200(元)

全部因素的影响程度:

3 000—6 600+13 200=9 600(元)

(二)差额分析法

差额分析法是连环替代法的一种简化形式。连环替代法是先计算各因素的乘积,再计算差额;而差额分析法是先计算各因素的差额,再计算乘积,即直接用实际数与计划数之间的差额来计算各因素变动对指标的影响程度。这一方法较连环替代法更为简便。

根据上述 P 指标由 A、B、C 三个因素的乘积构成，运用差额分析法确定各因素的影响程度如下：

A 因素变动的影响：$(A_n-A_0)\times B_0\times C_0=P_1-P_0$

B 因素变动的影响：$A_n\times(B_n-B_0)\times C_0=P_2-P_1$

C 因素变动的影响：$A_n\times B_n\times(C_n-C_0)=P_n-P_2$

综合影响：P_n-P_0

【例 11－2】 仍以表 11－1 所列数据为例，采用差额分析法确定各因素变动对材料消耗的影响程度。

解析：

产品数量变动的影响：(550－500)×15×4＝3 000(元)

单位产品消耗量变动的影响：550×(12－15)×4＝－6 600(元)

材料单价变动的影响：550×12×(6－4)＝13 200(元)

以上三个因素的影响数相加应该等于总差额(P_n-P_0)。

从上例可知，连环替代法既可以全面分析各因素对某一经济指标的综合影响，又可以单独分析某个因素对某一经济指标的影响，因此在财务分析中的应用颇为广泛。但应用这一方法时必须注意以下几个问题：

(1)因素分析的关联性。所确定的构成某项经济指标的各个因素，必须在客观上存在因果关系，这些因素要能反映所分析的经济指标发生差异的内在原因，否则计算结果就不能说明问题。

(2)因素替代的顺序性。替代因素时，必须按照各个因素的依存关系，排列成一定的顺序并依次替代，不可随意颠倒顺序，否则就会得出不同的计算结果。在通常情况下，确定各个因素排列替代的顺序，应该考虑分析对象的经济性质，从诸因素的相互关系出发，并使分析结果有助于分清责任。

(3)顺序替代的连环性。应用因素分析法计算每一因素变动的影响时，都是在前一次计算的基础上进行的，并且采用连环比较的方法确定因素变动的影响程度。因为只有保持计算程序上的连环性，才能使各个因素影响之和等于分析指标变动的差异，从而全面说明分析指标变动的原因。

(4)计算结果的假定性。应用因素分析法计算的各因素变动的影响数，会因替代顺序的不同而有所差别，因此计算结果不免带有假定性。也就是说，这种计算结果只是在某种假定前提下的影响结果，离开了这种假定前提，可能就不会是这种影响结果。所以，有关分析人员在分析计算结果时，应紧密结合实际经济活动加以评价。

第三节　财务指标分析

总结和评价企业财务状况与经营成果的分析指标包括偿债能力分析指标、营运能力分析指标、盈利能力分析指标和发展能力分析指标。

一、偿债能力分析

偿债能力是指企业偿还到期债务(包括本息)的能力。偿债能力是衡量企业财务实力的重要指标之一，如果企业偿债能力低，不仅说明企业资金紧张，难以应付日常经营支出，而且说明企业的资金周转不灵，难以偿还到期债务，甚至面临破产的危险。偿债能力分析包括短期偿债能力分析和长期偿债能力分析两个方面。

（一）短期偿债能力分析

短期偿债能力是指企业流动资产对流动负债及时足额偿还的保证程度，是衡量企业当前财务能力，特别是流动资产变现能力的重要标志。

企业短期偿债能力的衡量指标主要有流动比率、速动比率和现金比率三项。

1. 流动比率

流动比率是流动资产与流动负债的比率，它表明企业每 1 元流动负债有多少流动资产作为偿还保证，反映了企业用可在短期内转变为现金的流动资产偿还到期流动负债的能力。其计算公式如下：

流动比率＝流动资产÷流动负债

一般情况下，流动比率越高，表明企业短期偿债能力越强，债权人的权益越有保证。国际上通常认为，生产企业合理的流动比率为 2，它表明企业的财务状况稳定可靠，除了能够满足日常生产经营的流动资金需要外，还有足够的财力偿付到期短期债务。如果流动比率过低，则表明企业可能难以如期偿还债务。但是，流动比率并非越高越好，过高的流动比率也可能是企业滞留在流动资产上的资金过多（如应收账款、存货等），说明企业未能有效地利用资金，这会影响资金的使用效率和企业的筹资成本，进而影响获利能力。流动比率究竟应保持多高的水平，主要视企业对待风险与收益的态度而定。

运用流动比率时，必须注意以下几个问题：

（1）虽然流动比率越高，企业偿还短期债务的流动资产保证程度越强，但这并不一定说明企业已有足够的现金或存款用来偿债。因为流动资产除了货币资金以外，还有存货、应收账款等项目，流动比率高也可能是存货积压、应收账款增多且收账期延长，以及待处理财产损失等增加所致，而真正可用来偿债的现金和存款却严重短缺。所以，企业应在分析流动比率的基础上，进一步对现金流量加以考察。

（2）从短期债权人的角度看，他们自然希望流动比率越高越好。但从企业经营的角度看，过高的流动比率通常意味着企业闲置现金的持有量过多，这必然会造成企业机会成本的增加和获利能力的降低。因此，企业应尽可能地将流动比率维持在不使货币资金闲置的水平上。

（3）流动比率是否合理，不同的企业以及同一企业不同时期的评价标准是不同的，因此不应用统一的标准来评价各企业的流动比率合理与否。

（4）在分析流动比率时，应当剔除一些虚假因素的影响。

【例 11－3】 A 公司简化形式的资产负债表（见表 11－2）和利润表（见表 11－3）列示如下，计算 A 公司 2016 年的流动比率。

表 11－2　　**资产负债表**

编制单位：A 公司　　2016 年 12 月 31 日　　单位：万元

资　产	年初数	年末数	负债和所有者权益	年初数	年末数
流动资产：			流动负债：		
货币资金	400	450	短期借款	1 000	1 150
交易性金融资产	500	250	应付账款	500	600

续表

资　产	年初数	年末数	负债和所有者权益	年初数	年末数
应收账款	600	650	预收款项	150	200
预付款项	20	35	其他应付款	50	50
存货	2 000	2 600	流动负债合计	1 700	2 000
其他流动资产	30	40	非流动负债：		
流动资产合计	3 550	4 025	长期借款	1 000	1 250
非流动资产：			非流动负债合计	1 000	1 250
持有至到期投资	200	200	负债合计	2 700	3 250
固定资产	6 000	7 000	所有者权益：		
无形资产	250	275	实收资本(或股本)	6 000	6 000
非流动资产合计	6 450	7 475	盈余公积	800	800
			未分配利润	500	1450
			所有者权益合计	7 300	8 250
资产总计	10 000	11 500	负债和所有者权益总计	10 000	11 500

表 11—3 **利润表**

编制单位：A 公司　　2016 年度　　单位：万元

项　目	上年实际数	本年累计数
一、营业收入	9 400	10 600
减：营业成本	5 450	6 200
营业税金及附加	540	600
销售费用	810	950
管理费用	400	500
财务费用	100	150
加：投资收益	150	150
二、营业利润	2 250	2 350
加：营业外收入	50	75
减：营业外支出	300	325
三、利润总额	2 000	2 100
减：所得税费用	800	84
四、净利润	1 200	1 260

解析：

根据表 11—2 的资料，A 公司 2016 年的流动比率计算如下(计算结果保留两位小数，下同)：

年初流动比率＝3 550÷1 700＝2.09

年末流动比率＝4 025÷2 000＝2.01

计算结果表明，企业每 1 元的流动负债年初和年末分别有 2.09 元和 2.01 元的流动资产作为偿还债务的保证。

2. 速动比率

速动比率是企业速动资产与流动负债的比率。所谓速动资产，是指流动资产减去变现能力较差且不稳定的存货、预付账款、一年内到期的非流动资产和其他流动资产等之后的余额。由于剔除了存货等变现能力较弱且不稳定的资产，因此速动比率较之流动比率能够更加准确、可靠地评价企业资产的流动性及其偿还短期负债的能力。其计算公式如下：

速动比率＝速动资产÷流动负债

速动资产＝货币资金＋交易性金融资产＋应收账款＋应收票据

＝流动资产－存货－预付账款－一年内到期的非流动资产－其他流动资产

一般情况下，速动比率越高，表明企业偿还流动负债的能力越强。国际上通常认为，速动比率等于1时较为适当。如果速动比率过低，企业会面临偿债风险；如果速动比率过高，尽管企业债务偿还的安全性高，但却会因占用现金及应收账款资金过多而增加企业的机会成本。

【例11－4】 根据表11－2的资料，计算A公司2016年的速动比率。

解析：

年初速动比率＝(400＋500＋600)÷1 700＝0.88

年末速动比率＝(450＋250＋650)÷2 000＝0.68

分析表明，A公司2016年年末的速动比率比年初有所降低，由于流动资产中存货所占比重过大，因此导致公司速动比率未达到一般公认标准。但进一步分析可以发现，在A公司的速动资产中现金类资产比重相对比较高，所以我们还可以进一步分析第三个重要的比率——现金比率。

3. 现金比率

现金比率是现金类资产对流动负债的比率，现金类资产包括货币资金和交易性金融资产等，表明1元流动负债有多少现金类资产作为偿债保障。其计算公式如下：

现金比率＝(货币资金＋交易性金融资产)÷流动负债

在企业的流动资产中，现金类资产可以直接用于相等数额的短期负债的偿还，因此，较之流动比率和速动比率，能够更直观地反映企业偿还流动负债的实际能力。用该指标评价企业的短期偿债能力时，现金比率越大，表明企业现金类资产在企业流动负债中所占比例越大，企业的短期偿债能力越强；反之，则表明企业的短期偿债能力越弱。但这一比率也并不是越大越好，经研究表明，0.2的现金比率较为适当，若该比率过大，则说明企业拥有的闲置资金过多，资金使用效率差。

【例11－5】 根据表11－2的资料，计算A公司2016年的现金比率。

解析：

年初现金比率＝(400＋500)÷1 700＝0.53

年末现金比率＝(450＋250)÷2 000＝0.35

计算结果表明，A公司2016年年初、年末的现金比率都比较高，这表明A公司的短期偿债能力增强。但从另一角度而言，说明企业还需要进一步有效地运用现金类资产，合理安排资金结构，提高资金使用效率。

(二)长期偿债能力分析

长期偿债能力是指企业偿还长期负债的能力。衡量企业长期偿债能力的指标主要有资产负债率、产权比率、已获利息倍数等。

1. 资产负债率

资产负债率又称负债比率，是企业负债总额与资产总额的比率。它表明企业资产总额中负债的比重，以及企业资产对债权人权益的保障程度。其计算公式如下：

资产负债率＝负债总额÷资产总额×100％

一般情况下，资产负债率越小，表明企业长期偿债能力越强。按比较保守的经验判断，资产负债率以不高于50％为好，国际上通常认为合理的资产负债率为60％。事实上，对这一比率的分析，还要看站在谁的立场上。从债权人的角度来说，资产负债率越小越好，这样企业偿债越有保证。从企业所有者的角度来说，如果资产负债率较大，说明利用较少的自有资本投资形成了较多的生产经营用资产，不仅扩大了生产经营规模，而且在经营良好的情况下，还可以利用财务杠杆的原理，得到较多的投资利润；如果资产负债率过小，则表明企业对财务杠杆的利用不够。此外，由于企业的长期偿债能力与获利能力密切相关，因此企业的经营决策者应当将偿债能力指标（风险）与获利能力指标（收益）结合起来进行分析。

【例 11－6】 根据表 11－2 的资料，计算 A 公司 2016 年的资产负债率。

解析：

年初资产负债率＝2 700÷10 000×100％＝27％

年末资产负债率＝3 250÷11 500×100％＝28.26％

A 公司 2016 年年初和年末的资产负债率均低于 50％，说明 A 公司的长期偿债能力较强。

2. 产权比率

产权比率也称资本负债率，是指企业负债总额与所有者权益总额的比率，它是企业财务结构稳健与否的重要标志。产权比率反映了企业所有者权益对债权人权益的保障程度。其计算公式如下：

产权比率＝负债总额÷所有者权益总额×100％

产权比率不仅反映了由债务人提供的资本与所有者提供的资本的相对关系，而且反映了企业自有资金偿还全部债务的能力。通常，产权比率越低，表明企业的长期偿债能力越强，债权人权益的保障程度越高，承担的风险越小。一般认为，当产权比率在 100％以下时，企业应该是有偿债能力的。当然，企业在评价产权比率是否适当时，应从提高获利能力与增强偿债能力两个方面综合进行，即在保障债务偿还安全的前提下，尽可能提高产权比率。产权比率高，则企业属于高风险、高报酬的财务结构；产权比率低，则企业属于低风险、低报酬的财务结构。

产权比率与资产负债率对评价偿债能力的作用基本一致，两者的主要区别是：资产负债率侧重于分析债务偿付安全性的物质保障程度，产权比率则侧重于揭示财务结构的稳健程度以及自有资金对偿债风险的承受能力。

【例 11－7】 根据表 11－2 的资料，计算 A 公司 2016 年的产权比率。

解析：

年初产权比率＝2 700÷7 300×100％＝36.99％

年末产权比率＝3 250÷8 250×100％＝39.39％

A 公司 2016 年年初和年末的产权比率均不高，同资产负债率的计算结果一致，这表明 A 公司的长期偿债能力较强。

3. 已获利息倍数

已获利息倍数是指企业一定时期内息税前利润总额与利息支出的比率，用以反映企业收益对偿付债务利息的保障程度。其中，息税前利润总额是指利润总额与利息支出的合计数；利息支出是指实际支出的借款利息、债券利息等。其计算公式如下：

已获利息倍数＝息税前利润总额÷利息支出

息税前利润总额＝利润总额＋利息支出

＝净利润＋所得税＋利息支出

已获利息倍数不仅反映了企业获利能力的大小，而且反映了获利能力对偿还到期债务的保证程度，它既是企业举债经营的依据，也是衡量企业长期偿债能力大小的重要标志。国际上通常认为，已获利息倍数为3时较为适当。从长期来看，若要维持正常的偿债能力，已获利息倍数至少应当大于1，且比值越高，企业长期偿债能力越强。如果已获利息倍数过低，企业将面临亏损以及偿债的安全性与稳定性下降的风险。

【例11－8】 根据表11－3的资料，同时假定表11－3中的财务费用全部为利息支出，计算A公司2015年和2016年的已获利息倍数。

解析：

2015年的已获利息倍数＝(2 000＋100)÷100＝21

2016年的已获利息倍数＝(2 100＋150)÷150＝15

A公司2015年和2016年的已获利息倍数都较高，这说明A公司有较强的长期偿债能力，但还需结合公司往年的情况和行业的特点进行判断。

二、营运能力分析

营运能力即企业资产的利用效率，企业营运能力的强弱取决于资产的周转速度、资产的运行状况、资产管理水平等多种因素。比如资产的周转速度，一般来说，资产的周转速度越快，则资产营运能力越强；反之，营运能力就越差。资产周转速度通常用周转率和周转期表示。所谓周转率，即资产在一定时期的周转次数，周转次数越多，表明周转速度越快，资产营运能力越强。这一指标的反指标是周转期(周转天数)，反映了资金周转一次所需要的天数。周转天数越少，表明周转速度越快，资产营运能力越强。周转率和周转期的计算公式如下：

周转率(周转次数)＝周转额÷资产平均余额

周转期(周转天数)＝计算期天数÷周转率

＝计算期天数×资产平均余额÷周转额

具体地说，营运能力分析主要包括流动资产周转情况分析、固定资产周转情况分析以及总资产周转情况分析等。

(一)流动资产周转情况分析

反映流动资产周转情况的指标主要有应收账款周转率、存货周转率和流动资产周转率。

1. 应收账款周转率

应收账款周转率(周转次数)是指企业一定时期内应收账款平均收回的次数，是企业一定时期内营业收入(或销售收入净额，具体指赊销收入净额，本章下同)与应收账款平均余额的比值。其计算公式如下：

应收账款周转率(周转次数)＝营业收入÷应收账款平均余额

反映应收账款周转速度的另一个指标是应收账款周转期。其计算公式如下：

应收账款周转期(周转天数)＝计算期天数(360)÷应收账款周转率

＝计算期天数(360)×应收账款平均余额÷营业收入

应收账款平均余额＝(应收账款年初数＋应收账款年末数)÷2

公式中的应收账款包括会计报表中“应收账款”和“应收票据”等全部赊销账款在内。

应收账款周转率反映了企业应收账款周转速度的快慢及应收账款管理效率的高低。企业在一定时期内，如果应收账款周转次数多、周转天数少，则说明：①企业收账迅速，信用销售管理严格；②企业应收账款流动性强，短期偿债能力强；③可以减少收账费用和坏账损失，从而相对增加企业流动资产的投资收益。同时，借助应收账款周转天数与企业信用期限的比较，还可以评价客户的信用程度，以及企业原有的信用条件是否适当。

【例 11－9】 根据表 11－2 和表 11－3 的资料，计算期天数为 360 天，计算 A 公司 2016 年的应收账款周转率和应收账款周转期。

解析：

应收账款平均余额＝(600＋650)÷2＝625(万元)

应收账款周转率＝10 600÷625＝16.96(次)

应收账款周转期＝360÷16.96＝21.23(天)

一定时期内，应收账款的周转次数越多，说明应收账款周转越快，应收账款的利用效果越好。应收账款周转期又称应收账款周转天数，是反映应收账款周转情况的另一个重要指标，周转天数越少，说明应收账款周转越快，利用效果越好。

2. 存货周转率

存货周转率是指企业一定时期内营业成本与存货平均余额的比率，是反映企业生产经营各环节中存货管理效率的一个综合性指标。其计算公式如下：

存货周转率(周转次数)＝营业成本÷存货平均余额

反映存货周转速度的另一个指标是存货周转期。其计算公式如下：

存货周转期(周转天数)＝计算期天数(360)÷存货周转率

＝计算期天数(360)×存货平均余额÷营业成本

存货平均余额＝(存货年初数＋存货年末数)÷2

一般情况下，存货周转速度越快，存货占用水平越低，流动性越强，存货转化为现金或应收账款的速度就越快，这样会增强企业的短期偿债能力及获利能力。因此，通过存货周转分析，有利于找出存货管理中存在的问题，尽可能降低资金占用水平。

【例 11－10】 根据表 11－2 和表 11－3 的资料，计算期天数为 360 天，计算 A 公司 2016 年的存货周转率和存货周转期。

解析：

存货平均余额＝(2 000＋2 600)÷2＝2 300(万元)

存货周转率＝6 200÷2 300＝2.70(次)

存货周转期＝360÷2.70＝133.33(天)

一定时期内，存货周转次数越多，说明存货周转速度越快，存货利用效果越好。同理，存货周转天数越少，说明存货周转速度越快，存货利用效果越好。

3. 流动资产周转率

流动资产周转率是指企业一定时期内营业收入与流动资产平均余额的比率，是反映企业流动资产周转速度的指标。其计算公式如下：

流动资产周转率(周转次数)＝营业收入÷流动资产平均余额

反映流动资产周转速度的另一个指标是流动资产周转期。其计算公式如下：

流动资产周转期(周转天数)＝计算期天数(360)÷流动资产周转率

$$=计算期天数(360)\times流动资产平均余额\div营业收入$$

$$流动资产平均余额=(流动资产年初数+流动资产年末数)\div2$$

在一定时期内，流动资产周转次数越多，表明以相同的流动资产完成的周转额越多，流动资产利用效果越好。同理，流动资产周转天数越少，表明流动资产在经历生产和销售各阶段时所占用的时间越短，流动资产利用效果越好。

【例 11—11】 根据表 11—2 和表 11—3 的资料，计算期天数为 360 天，计算 A 公司 2016 年的流动资产周转率和流动资产周转期。

解析：

流动资产平均余额=(3 550+4 025)÷2=3 787.5(万元)

流动资产周转率=10 600÷3 787.5=2.80(次)

流动资产周转期=360÷2.80=128.57(天)

(二)固定资产周转情况分析

固定资产周转率是指企业一定时期内营业收入与固定资产平均净值的比率，它是反映固定资产周转情况，衡量固定资产利用效率的一项指标。其计算公式如下：

$$固定资产周转率(周转次数)=营业收入\div固定资产平均净值$$

$$固定资产周转期(周转天数)=计算期天数(360)\div固定资产周转率$$

$$=计算期天数(360)\times固定资产平均净值\div营业收入$$

$$固定资产平均净值=(年初固定资产净值+年末固定资产净值)\div2$$

需要说明的是，与固定资产有关的价值指标有固定资产原价、固定资产净值和固定资产净额等。其中，固定资产原价是指固定资产的历史成本；固定资产净值为固定资产原价扣除已计提的累计折旧后的金额；固定资产净额是固定资产原价扣除已计提的累计折旧以及已计提的减值准备后的余额。固定资产净值和固定资产净额的计算公式如下：

$$固定资产净值=固定资产原价-已计提的累计折旧$$

$$固定资产净额=固定资产原价-已计提的累计折旧-已计提的减值准备$$

一般情况下，固定资产周转率越高，表明企业固定资产的利用越充分，同时也表明企业的固定资产投资得当、结构合理、利用效率高；反之，如果固定资产周转率不高，则表明固定资产使用效率不高，提供的生产成果不多，企业的营运能力不强。

【例 11—12】 根据表 11—2 和表 11—3 的资料，假设 A 公司 2015 年年末的固定资产净值为 5900 万元，表 11—2 中的固定资产金额均为固定资产净值(未计提固定资产减值准备)，计算期天数为 360 天，计算 A 公司 2015 年和 2016 年的固定资产周转率和固定资产周转期。

解析：

$$2015年的固定资产周转率=\frac{9\ 400}{(5\ 900+6\ 000)\div2}=1.58(次)$$

2015 年的固定资产周转期=360÷1.58=227.85(天)

$$2016年的固定资产周转率=\frac{10\ 600}{(7\ 000+6\ 000)\div2}=1.63(次)$$

2016 年的固定资产周转期=360÷1.63=220.86(天)

A 公司 2016 年的固定资产周转率比 2015 年有所提高，其主要原因是固定资产净值的增加幅度低于营业收入的增长幅度，这表明 A 公司的营运能力有所提高。

(三)总资产周转情况分析

总资产周转率是企业一定时期营业收入与平均资产总额的比率，它是反映企业的总资产周转情况，衡量企业全部资产利用效率的一项指标。其计算公式如下：

总资产周转率(周转次数)＝营业收入÷平均资产总额

平均资产总额＝(年初资产总额＋年末资产总额)÷2

总资产周转期(周转天数)＝计算期天数(360)÷总资产周转率

＝计算期天数(360)×平均资产总额÷营业收入

总资产周转率越高，表明企业全部资产的使用效率越高；反之，如果总资产周转率较低，则说明企业利用全部资产进行经营的效率较差，最终会影响企业的获利能力。

【例 11－13】 根据表 11－2 和表 11－3 的资料，同时假设 A 公司 2014 年年末的资产总额为 9 500 万元，计算期天数为 360 天，计算 A 公司 2015 年和 2016 年的总资产周转率和总资产周转期。

解析：

2015 年的总资产周转率＝$\frac{9\ 400}{(9\ 500+10\ 000)\div 2}$＝0.96(次)

2015 年的总资产周转期＝360÷0.96＝375(天)

2016 年的总资产周转率＝$\frac{10\ 600}{(10\ 000+11\ 500)\div 2}$＝0.99(次)

2016 年的总资产周转期＝360÷0.99＝363.64(天)

A 公司 2016 年的总资产周转率比 2015 年略有提高，但总资产的利用效率并没有得到大幅提高，公司应采取措施提高企业的总资产利用效率。

三、盈利能力分析

盈利能力是指企业获取利润和使企业资金不断增值的能力。反映企业盈利能力的指标主要有营业利润率、成本费用利润率、总资产报酬率、净资产收益率等；此外，还有上市公司经常使用的每股利润、每股股利、市盈率和每股净资产等盈利能力指标。

(一)营业利润率

营业利润率是指企业一定时期营业利润与营业收入的比率。其计算公式如下：

营业利润率＝营业利润÷营业收入×100％

根据利润表可知，企业的利润包括营业利润、利润总额和净利润三种形式。其中，利润总额和净利润包含着非营业利润因素，所以更能直接反映盈利能力的指标是营业利润率。营业利润率越高，表明企业的市场竞争力越强，发展潜力越大，获利能力越强。

此外，由于企业的利润包括营业利润、利润总额和净利润三种形式，而营业收入包括主营业务收入和其他业务收入，营业收入来源于商品销售收入、提供劳务收入和资产使用权让渡收入等，因此在实务中，财务分析人员也经常使用营业净利率、营业毛利率等指标来分析企业经营业务的获利水平。其计算公式如下：

营业净利率＝净利润÷营业收入×100％

营业毛利率＝(营业收入－营业成本)÷营业收入×100％

【例 11－14】 根据表 11－3 的资料，计算 A 公司 2015 年和 2016 年的营业利润率。

解析：

2015 年的营业利润率＝2 250÷9 400×100％＝23.94％

2016 年的营业利润率＝2 350÷10 600×100％＝22.17％

A公司2016年的营业利润率比2015有所下降，这说明公司的盈利能力有所下降，公司应查明原因，采取相应措施，提高盈利水平。

（二）成本费用利润率

成本费用利润率是指企业一定时期的利润总额与成本费用总额的比率。其计算公式如下：

成本费用利润率＝利润总额÷成本费用总额×100%

成本费用总额＝营业成本＋营业税金及附加＋管理费用＋销售费用＋财务费用

成本费用利润率越高，表明企业为取得利润而付出的代价越小，成本费用控制得越好，获利能力越强。

【例11－15】 根据表11－3的资料，计算A公司2015年和2016年的成本费用利润率。

解析：

$$2015\text{年的成本费用利润率}=\frac{2\ 000}{6\ 450+540+810+400+100}\times100\%=27.40\%$$

$$2016\text{年的成本费用利润率}=\frac{2\ 100}{6\ 200+600+950+500+150}\times100\%=25.00\%$$

A公司2016年的成本费用利润率比2015年度有所下降，这就进一步验证了前面营业利润率指标所得出的结论。A公司应当进一步分析利润下降、成本费用上升的原因，采取有效措施，降低成本，提高盈利能力。

（三）总资产报酬率

总资产报酬率是指企业一定时期内息税前利润与平均资产总额的比率。它是反映企业资产综合利用效果的指标，也是衡量企业利用负债和所有者权益总额取得盈利的重要指标。其计算公式如下：

总资产报酬率＝息税前利润÷平均资产总额×100%

总资产报酬率全面反映了企业全部资产的获利水平。一般情况下，总资产报酬率越高，表明企业的资产利用效率越高，整个企业的获利能力越强，经营管理水平越高；总资产报酬率越低，表明企业的资产利用效率越低，企业应进一步分析原因，提高整个企业的获利能力和经营管理水平。

【例11－16】 根据表11－2和表11－3的资料，同时假设表11－3中财务费用全部为利息支出，A公司2014年年末的资产总额为9500万元，计算A公司2015年和2016年的总资产报酬率。

解析：

$$2015\text{年的总资产报酬率}=\frac{2\ 000+100}{(9\ 500+10\ 000)\div2}\times100\%=21.54\%$$

$$2016\text{年的总资产报酬率}=\frac{2\ 100+150}{(10\ 000+11\ 500)\div2}\times100\%=20.93\%$$

A公司2016年的总资产报酬率略低于2015年，企业应对资产的使用情况、增产节约情况作进一步的分析考察，以便改进管理，提高资产利用效率和企业经营管理水平。

（四）净资产收益率

净资产收益率又称自有资金利润率或权益报酬率，是企业一定时期的净利润与平均净资产的比率。净资产收益率是反映自有资金投资收益水平的指标，是企业盈利能力指标的核心，同时也是杜邦财务指标体系的核心。这里的净资产即所有者权益。净资产收益率的计算公式如下：

净资产收益率＝净利润÷平均净资产×100％

平均净资产＝(所有者权益年初数＋所有者权益年末数)÷2

净资产收益率是评价企业自有资本及其积累获取报酬水平的最具综合性与代表性的指标，反映了企业资本运营的综合效益。该指标通用性强、适应范围广、不受行业局限，是国际上企业综合评价中使用率非常高的一个指标。通过对该指标的综合对比分析，财务分析人员可以看出企业获利能力在同行业中所处的地位，以及与同类企业的差异水平。一般认为，净资产收益率越高，企业自有资本获取收益的能力越强，运营效益越好，对企业投资人和债权人权益的保障程度越高。

【例 11—17】 根据表 11—2 和表 11—3 的资料，同时假定 A 公司 2014 年年末的所有者权益为 6500 万元，计算 A 公司 2015 年和 2016 年的净资产收益率。

解析：

$$2015\text{ 年的净资产收益率}=\frac{1\,200}{(6\,500+7\,300)\div 2}\times 100\%=17.39\%$$

$$2016\text{ 年的净资产收益率}=\frac{1\,260}{(7\,300+8\,250)\div 2}\times 100\%=16.21\%$$

根据前面资料还可以求得：

A 公司的所有者权益增长率＝(7 775－6 900)÷6 900×100％＝12.68％

A 公司的净利润增长率＝(1 260－1 200)÷1 200×100％＝5％

A 公司 2016 年的净资产收益率比 2015 年降低了 1.18 个百分点，这正是由于 A 公司所有者权益的增长快于净利润的增长所引起的。

(五)上市公司盈利能力分析

对上市公司进行盈利能力分析，除了上述分析指标外，还应考虑每股利润、每股股利、市盈率和每股净资产等指标。

1. 每股利润

每股利润也称每股收益或每股盈余，是指普通股的每股税后净利润。该指标是净利润扣除优先股股利后的余额，除以流通股股数(即发行在外的普通股平均股数)。每股利润是股份公司税后利润分析的一个重要指标，主要是针对普通股而言的。其计算公式如下：

每股利润＝(净利润－优先股股利)÷普通股平均股数

该指标反映了公司普通股股东持有每一股份所能享有的公司利润和承担的公司亏损，是衡量上市公司获利能力时最常用的财务分析指标。每股利润越高，说明公司的获利能力越强。

2. 每股股利

每股股利是指上市公司本年发放的普通股现金股利总额与年末普通股股数的比值。其计算公式如下：

每股股利＝普通股现金股利总额÷年末普通股股数

每股股利是反映股份公司每一普通股获得现金股利多少的一个指标。每股股利的高低，一方面取决于公司获利能力的强弱，同时还受公司股利发放政策与利润分配需要的影响。如果公司为扩大再生产，增强公司的后劲而多留利润，每股股利就少；反之，每股股利就多。倾向于分配现金股利的投资者应该比较分析公司历年的每股股利，从而了解公司的股利政策。

3. 市盈率

市盈率是上市公司普通股每股市价相当于每股利润的倍数，反映了投资者对上市公司每元净利润愿意支付的价格，可以用来估计股票的投资报酬和风险。其计算公式如下：

市盈率＝普通股每股市价÷普通股每股利润

市盈率是反映上市公司盈利能力的一个重要财务比率，也是投资者对从某种股票获得1元利润所愿支付的价格。投资者对市盈率指标十分重视，市盈率指标是投资者作出投资决策的重要参考因素之一。一般来说，市盈率越高，表明公司获利的潜力越大，对该公司的发展前景越好；反之，则表明公司的发展前景并不乐观。但是也应该注意，如果某一股票的市盈率过高，也意味着这种股票具有较高的投资风险。

4. 每股净资产

每股净资产是上市公司年末净资产（即股东权益）与年末普通股股数的比值。其计算公式如下：

每股净资产＝年末股东权益÷年末普通股股数

每股净资产通常没有一个确定的标准，投资者可以通过比较公司历年每股净资产的变动趋势，来了解公司的发展趋势和获利能力。

四、发展能力分析

发展能力是企业在生存的基础上，扩大规模及壮大实力的潜在能力。分析发展能力主要考察以下五项指标：营业收入增长率、资本保值增值率、资本积累率、总资产增长率、营业利润增长率。

（一）营业收入增长率

营业收入增长率是企业本年营业收入增长额与上年营业收入总额的比率。营业收入增长率反映了企业营业收入的增减变动情况，是评价企业成长状况和发展能力的重要指标。其计算公式为：

营业收入增长率＝本年营业收入增长额÷上年营业收入总额×100％

本年营业收入增长额＝本年营业收入总额－上年营业收入总额

营业收入增长率是衡量企业经营状况和市场占有能力、预测企业经营业务拓展趋势的重要标志，也是企业扩张资本的重要前提。不断增加的营业收入，是企业生存的基础和发展的条件。若营业收入增长率大于0，表示企业本年的营业收入有所增长，指标值越高，表明增长速度越快，企业市场前景越好；若营业收入增长率小于0，说明企业的产品或服务不适销对路，或者售后服务等方面存在问题，市场份额萎缩。在实际操作时，分析人员应结合企业历年的营业收入水平、企业市场占有情况、行业未来发展及其他影响企业发展的潜在因素进行预测，或者结合企业前三年的营业收入增长率作出趋势性分析判断。

【例11－18】 根据表11－3的资料，计算A公司2016年的营业收入增长率。

解析：

2016年的营业收入增长率＝(10 600－9 400)÷9 400×100％＝12.77％

A公司2016年的营业收入增长率为12.77％，这一指标大于0，说明A公司的营业收入有所增长，公司产品市场前景较好。

（二）资本保值增值率

资本保值增值率是指企业扣除客观因素后的年末所有者权益总额与年初所有者权益总额

的比率，反映了企业当年资本在企业自身努力下的实际增减变动情况。其计算公式如下：

资本保值增值率＝扣除客观因素后的年末所有者权益总额
÷年初所有者权益总额×100％

资本保值增值率是根据资本保全原则设计的指标，它更加谨慎、稳健地反映了企业资本的保全和增值情况。一般认为，资本保值增值率通常应大于100％。资本保值增值率越高，表明企业的资本保全状况越好，所有者权益增长的越快，债权人的债务越有保障；如果资本保值增值率小于100％，则表明企业的资本受到了侵蚀，没有实现资本保全，这不仅会损害所有者的权益，也会妨碍企业的进一步发展壮大。

【例11－19】 根据表11－2的资料，同时假定不存在客观因素，计算A公司2016年的资本保值增值率。

解析：

2016年的资本保值增值率＝8 250÷7 300×100％＝113.01％

计算结果表明，A公司的资本保全状况较好。

（三）资本积累率

资本积累率是指企业本年所有者权益增长额与年初所有者权益总额的比率，它反映企业当年资本的积累能力，是评价企业发展潜力的重要指标。其计算公式为：

资本累积率＝本年所有者权益增长额÷年初所有者权益总额×100％

本年所有者权益增长额＝所有者权益年末数－所有者权益年初数

资本积累率是企业当年所有者权益总的增长率，体现了企业资本的积累情况，是企业发展强盛的标志，也是企业扩大再生产的源泉，展示了企业的发展潜力。资本积累率越高，表明企业的资本积累越多，企业抵御风险、持续发展的能力越强；如果资本积累率小于0，表明企业资本受到侵蚀，所有者利益受到损害，应予以充分重视。

【例11－20】 根据表11－2的资料，计算A公司2016年的资本积累率。

解析：

2016年的资本积累率＝(8250－7300)÷7300×100％＝13.01％

A公司2016年的资本积累率为13.01％，这一指标大于0，说明A公司有一定的资本积累，A公司持续发展的能力较强。

（四）总资产增长率

总资产增长率是指企业本年总资产增长额同年初资产总额的比率，它反映了企业本期资产规模的增长情况。其计算公式如下：

总资产增长率＝本年总资产增长额÷年初资产总额×100％

本年总资产增长额＝年末资产总额－年初资产总额

总资产增长率是从企业资产总量扩张方面衡量企业的发展能力，反映了企业规模增长水平对企业发展后劲的影响。总资产增长率越高，表明企业一定时期内资产规模扩张的速度越快。在实际分析过程中，分析人员应注意考虑资产规模扩张的质与量的关系，以及企业的后续发展能力，避免企业资产的盲目扩张。

【例11－21】 根据表11－2的资料，计算A公司2016年的总资产增长率。

解析：

2016年的总资产增长率＝(11 500－10 000)÷10 000×100％＝15％

A公司2016年的总资产有一定增长，说明A公司的资产规模得到了扩张，有利于公司以后的发展。

（五）营业利润增长率

营业利润增长率是指企业本年营业利润增长额与上年营业利润总额的比率，反映企业营业利润的增减变动情况。其计算公式为：

营业利润增长率＝本年营业利润增长额÷上年营业利润总额×100％

本年营业利润增长额＝本年营业利润总额－上年营业利润总额

【例 11－22】 根据表 11－3 的资料，计算 A 公司 2016 年的营业利润增长率。

解析：

2016 年的营业利润增长率＝(2 350－2 250)÷2 250×100％＝4.44％

A 公司 2016 年的营业利润增长率为 4.44％，说明 A 公司的营业利润有所增长，公司产品市场前景较好。

第四节 财务综合分析

一、财务综合分析的概念与特点

（一）财务综合分析的概念

前面已经介绍了偿债能力指标、营运能力指标、盈利能力指标和发展能力指标等各项财务分析指标，但单独分析任何一项财务指标，都难以全面评价企业的财务状况和经营成果。因此，要想对企业的财务状况和经营成果有一个总体的评价，就必须采用适当的标准，对企业的财务状况作一个综合性的分析。

所谓财务综合分析，是指将营运能力、偿债能力、盈利能力和发展能力指标等诸方面的分析纳入一个有机的整体之中，对企业经营状况、财务状况进行全面的解剖和分析，从而对企业经济效益的优劣作出准确的评价与判断。

（二）财务综合分析的特点

一个健全有效的财务综合指标体系必须具备以下三个特点：

(1)评价指标要全面。设置的评价指标要尽可能涵盖企业的营运能力、偿债能力和盈利能力等诸方面。

(2)主辅指标功能要匹配。在设置评价指标时要做到以下几点：第一，在确立诸方面评价指标的同时，要明确总体结构中各项指标的主辅地位；第二，不同范畴的考核指标要能从不同侧面及不同层次反映企业的经营状况和财务状况，要能全面而详实地揭示企业的经营业绩。

(3)评价指标体系要满足各方面的需要。设置的评价指标体系既要能够满足企业内部管理当局实施决策的需要，也要能够满足外部投资者和政府管理机构作出决策和实施宏观调控的要求。

二、财务综合分析的方法

财务综合分析的方法很多，其中应用比较广泛的有杜邦财务分析体系和沃尔比重评分法。

（一）杜邦财务分析体系

杜邦财务分析体系简称杜邦体系，因其最初由美国杜邦公司创立并成功运用而得名，它是利用各项财务指标间的内在联系，对企业综合经营理财及经济效益进行系统分析评价的方法。杜邦体系以净资产收益率为核心，将其分解为若干财务指标，通过分析各指标的变动对净资产收益率的影响来揭示企业的获利能力及其变动原因。

杜邦体系各主要指标之间的关系如下：

净资产收益率＝总资产净利率×权益乘数

＝营业净利率×总资产周转率×权益乘数

其中：

营业净利率＝净利润÷营业收入

总资产周转率＝营业收入÷平均资产总额

权益乘数＝资产总额÷所有者权益总额

＝1÷(1－资产负债率)

杜邦财务分析体系的基本结构图如图 11－1 所示。

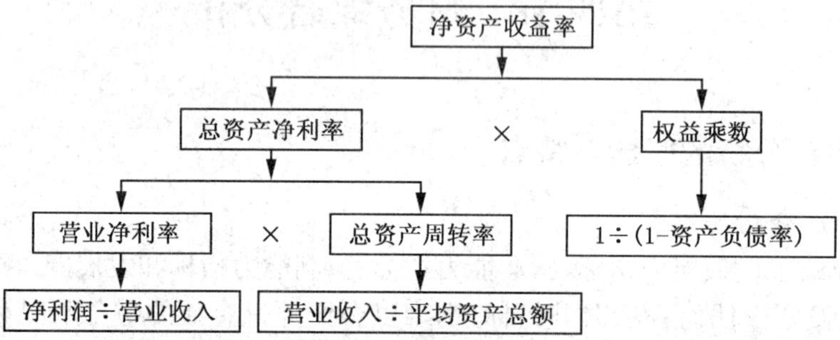

图 11－1　杜邦财务分析体系的基本结构图

上述指标之间的关系如下：

(1)净资产收益率反映了所有者投入资本的获利能力，反映了企业筹资、投资、资产运营等活动的效率，是一个综合性最强、最具代表性的指标，是杜邦体系的核心。其他各项指标都是围绕这一核心指标，通过研究彼此间的依存制约关系来揭示企业的获利能力及其前因后果。因此，提高净资产收益率是实现财务管理目标的基本保证。净资产收益率的高低取决于营业净利率、总资产周转率与权益乘数。

(2)营业净利率是企业净利润与营业收入的比率，它是反映企业盈利能力的重要指标。提高营业净利率是提高企业盈利能力的关键。提高营业净利率的途径有扩大营业收入和降低成本费用等。

(3)总资产周转率揭示了企业运用资产总额实现营业收入的综合能力。企业应当结合营业收入分析企业资产的使用是否合理，资产总额中流动资产和非流动资产的结构安排是否适当。此外，企业还必须对资产的内部结构以及影响资产周转率的各项具体因素进行分析。

(4)权益乘数反映了所有者权益与总资产的关系。权益乘数越高，企业的负债比率就越大，就能给企业带来较大的财务杠杆利益，但同时也带来了较大的偿债风险。因此，企业既要充分有效地利用全部资产，又要妥善安排资本结构。

杜邦财务分析体系不仅可以揭示企业各项财务指标间的结构关系，查明各项主要指标变动的影响因素，而且可以为决策者优化经营理财状况、提高企业经营效益提供思路。提高净资产收益率的根本在于扩大销售、节约成本、加速资金周转、优化资本结构、确立风险意识等。

(二)沃尔比重评分法

在进行财务分析时，人们遇到的一个主要困难就是计算出财务比率之后，无法判断它是偏高还是偏低；而与本企业的历史比较，也只能看出企业自身的变化，难以评价企业在市场竞争中的优劣地位。为了弥补这些缺陷，亚历山大·沃尔在其于 20 世纪初出版的《信用晴雨表研究》和《财务报表比率分析》等著作中提出了信用能力指数概念，他选择了 7 个财务比率，即流动比率、产权比率、固定资产比率、存货周转率、应收账款周转率、固定资产周转率、自有资金周转率，分别给定各财务指标的分数比重，然后确定标准比率(以行业平均数为基础)，将实际比率与标准比率进行比较，得出相对比率，最后将此相对比率与各指标比重相乘，得出总评分，从而对企业的信用水平作出评价。

原始意义上的沃尔比重评分法存在两个缺陷：一是所选定的 7 个财务指标缺乏说服力；二是当某项财务指标严重异常时，会对总评分产生不合逻辑的重大影响。此外，现代社会与沃尔所处的时代相比，已经发生了很大的变化。沃尔最初提出的 7 个财务指标已难以完全适用当前企业评价的需要。现在通常认为，在选择财务指标时，偿债能力指标、营运能力指标、盈利能力指标和发展能力指标等均应当选到，除此之外还应当适当选取一些非财务指标作为参考。

本章小结

财务分析是以企业财务报告反映的财务指标为主要依据，采用专门方法，对企业过去的财务状况和经营成果及未来前景所进行的剖析和评价。财务分析是对已完成的财务活动的总结，也是财务预测的前提，在财务管理过程中具有十分重要的意义。

不同分析主体进行财务分析有不同的侧重点，也有共同的要求。概括来说，财务分析的基本内容主要包括偿债能力分析、营运能力分析、盈利能力分析、发展能力分析和财务状况的综合分析。偿债能力是指企业对债务的清偿能力或保证程度，偿债能力分析包括短期偿债能力分析和长期偿债能力分析；营运能力分析是对企业资金周转状况进行的分析，资金周转得越快，说明资金利用效率越高，企业的经营管理水平越好；盈利能力是指企业赚取利润和使企业的资金增值的能力；发展能力是指企业在生存的基础上，扩大规模、壮大实力的潜在能力。

财务状况的综合分析就是将企业的营运能力、偿债能力和盈利能力等方面的分析纳入到一个有机的分析系统之中，对企业的财务状况、经营状况进行全面的解剖和分析，对各项财务活动的相互关系和协调情况进行分析，揭示企业财务活动方面的优势和薄弱环节，找出改进理财工作的主要问题，从而对企业的经济效益作出较为准确的评价与判断。

财务分析的基本方法有比较分析法、比率分析法、趋势分析法和因素分析法，在进行财务分析的过程中可以采用一种或同时采用几种分析方法。

本章案例

蓝田神话破灭：刘姝威与 600 字报告

蓝田是以养殖、旅游和饮料为主的上市公司。1996 年，蓝田作为农业部首家推荐上市的企业，在上海证券交易所上市，蓝田股份被誉为“中国农业第一股”。在不到 5 年的时间里，蓝田的总资产规模从上市前的 2.66 亿元发展到 2000 年年末的 28.38 亿元，增长了 10 倍。蓝田的财务报表显示，其业绩持续高速增长，历年年报的业绩都在 0.60 元/股以上，最高时更是达到 1.15 元/股。即使在 1998 年遭遇了特大洪灾后，其每股盈利也达到了 0.81 元，蓝田创造了连续 5 年的“业绩神话”。然而，一份 600 字的财务分析报告却让这家曾经连续 5 年创造“业绩神话”的绩优上市公司神话破灭，并最终垮台。

2001 年 10 月 9 日，这是平常的一天。此前，中央财经大学副教授刘姝威应约撰写《上市公司虚假会计报表识别技术》一书。初稿完成之后，有人提议：书里有十几个案例，不如详细分析一两家上市公司，把这一两家上市公司分析透了，便于读者整体地了解和掌握这些分析技术。刘姝威接受了这个建议，并开始注意上市公司的财务报告。

2001 年 10 月 8 日，蓝田发布了一个公告，称“公司已接受中国证监会对本公司有关事项进行的调查”。这引起了刘姝威的注意。

在蓝田发布公告的第二天，刘姝威即对其财务报告进行了详细的分析。她采用国际通行的财务分析方法，对蓝田公开的财务报告和其他相关数据进行分析，分析结果令人震惊。刘姝威说，2000 年，蓝田的流动比率已经下降到 0.77，速动比率下降到 0.35，净营运资金下降到－1.27 亿元。这三个主要财务指标，说明蓝田的短期偿债能力很弱，至少会有 1.27 亿元的短期流动负债不能按时偿还。这令刘姝威震惊，蓝田已经失去了创造现金流量的能力，完全是在依靠银行的贷款维持生存——它是一个空壳！

刘姝威进一步分析后得出结论：蓝田没有足以维持其正常经营和按时偿还银行贷款本息的现金流量来源，蓝田依靠银行的贷款维持运转，而且用“拆西墙补东墙”的办法支付银行利息，银行应立即停止对蓝田发放贷款。

2001 年 10 月 26 日，刘姝威以《应立即停止对蓝田股份发放贷款》为题，在《金融内参》上发表了一篇仅 600 字的短文。银行的停贷，让蓝田坐立不安。从这一天起，蓝田神话破灭的序幕徐徐拉开，先是蓝田总裁和副总裁的登门造访，指责刘姝威“把蓝田搞死了”。

2002 年 1 月 21 日、22 日及 23 日上午，生态农业(前身为蓝田)被强制停牌，当天下午全线跌停。

2003 年 5 月 22 日，上海证券交易所向 ST 生态发出了终止上市的通知，ST 生态跌跌撞撞的复市之路至此走到了尽头。蓝田神话彻底破灭。

“蓝田的问题太明显，”刘姝威说，“只需用最基本的财务分析方法及国际通用、国内也流行的判断标准，便可判断出蓝田完全是在依靠银行的贷款维持生存，没有创造现金流的能力，这对蓝田危险，对银行更危险。”

2003 年 12 月 31 日，保田、瞿兆玉、黎洪福等蓝田主要高级管理人员因提供虚假财务报告、虚假注册资金等罪名，被湖北省高级人民法院终审判处有期徒刑 1 年半至 3 年。

(资料来源：黄利明、吴峰、段寅燕：《蓝田神话破灭：刘姝威与 600 字报告》，《经济观察报》2007 年 11 月 03 日)。

请思考：刘姝威是用什么方法对蓝田的财务报表进行分析的？她通过哪些比率说明了蓝田已经失去了创造现金流量的能力，并至少会有 1.27 亿元的短期流动负债不能按时偿还？

附录

附表 1 复利终值系数表

期数	1%	2%	3%	4%	5%	6%	7%	8%	9%	10%
1	1.010 0	1.020 0	1.030 0	1.040 0	1.050 0	1.060 0	1.070 0	1.080 0	1.090 0	1.1 000
2	1.020 1	1.040 4	1.060 9	1.081 6	1.102 5	1.123 6	1.144 9	1.166 4	1.188 1	1.210 0
3	1.030 3	1.061 2	1.092 7	1.124 9	1.157 6	1.191 0	1.225 0	1.259 7	1.295 0	1.331 0
4	1.040 6	1.082 4	1.125 5	1.169 9	1.215 5	1.262 5	1.310 8	1.360 5	1.411 6	1.464 1
5	1.051 0	1.104 1	1.159 3	1.216 7	1.276 3	1.338 2	1.402 6	1.469 3	1.538 6	1.610 5
6	1.061 5	1.126 2	1.194 1	1.265 3	1.340 1	1.418 5	1.500 7	1.586 9	1.677 1	1.771 6
7	1.072 1	1.148 7	1.229 9	1.315 9	1.407 1	1.503 6	1.605 8	1.713 8	1.828 0	1.948 7
8	1.082 9	1.171 7	1.266 8	1.368 6	1.477 5	1.593 8	1.718 2	1.850 9	1.992 6	2.143 6
9	1.093 7	1.195 1	1.304 8	1.423 3	1.551 3	1.689 5	1.838 5	1.999 0	2.171 9	2.357 9
10	1.104 6	1.219 0	1.343 9	1.480 2	1.628 9	1.790 8	1.967 2	2.158 9	2.367 4	2.593 7
11	1.115 7	1.243 4	1.384 2	1.539 5	1.710 3	1.898 3	2.104 9	2.331 6	2.580 4	2.853 1
12	1.126 8	1.268 2	1.425 8	1.601 0	1.795 9	2.012 2	2.252 2	2.518 2	2.812 7	3.138 4
13	1.138 1	1.293 6	1.468 5	1.665 1	1.885 6	2.132 9	2.409 8	2.719 6	3.065 8	3.452 3
14	1.149 5	1.319 5	1.512 6	1.731 7	1.979 9	2.260 9	2.578 5	2.937 2	3.341 7	3.797 5
15	1.161 0	1.345 9	1.558 0	1.800 9	2.078 9	2.396 6	2.759 0	3.172 2	3.642 5	4.177 2
16	1.172 6	1.372 8	1.604 7	1.873 0	2.182 9	2.540 4	2.952 2	3.425 9	3.970 3	4.595 0
17	1.184 3	1.400 2	1.652 8	1.947 9	2.292 0	2.692 8	3.158 8	3.7 000	4.327 6	5.054 5
18	1.196 1	1.428 2	1.702 4	2.025 8	2.406 6	2.854 3	3.379 9	3.996 0	4.717 1	5.559 9
19	1.208 1	1.456 8	1.753 5	2.106 8	2.527 0	3.025 6	3.616 5	4.315 7	5.141 7	6.115 9
20	1.220 2	1.485 9	1.806 1	2.191 1	2.653 3	3.207 1	3.869 7	4.661 0	5.604 4	6.727 5
21	1.232 4	1.515 7	1.860 3	2.278 8	2.786 0	3.399 6	4.140 6	5.033 8	6.108 8	7.400 2
22	1.244 7	1.546 0	1.916 1	2.369 9	2.925 3	3.603 5	4.430 4	5.436 5	6.658 6	8.140 3
23	1.257 2	1.576 9	1.973 6	2.464 7	3.071 5	3.819 7	4.740 5	5.871 5	7.257 9	8.954 3
24	1.269 7	1.608 4	2.032 8	2.563 3	3.225 1	4.048 9	5.072 4	6.341 2	7.911 1	9.849 7
25	1.282 4	1.640 6	2.093 8	2.665 8	3.386 4	4.291 9	5.427 4	6.848 5	8.623 1	10.835
26	1.295 3	1.673 4	2.156 6	2.772 5	3.555 7	4.549 4	5.807 4	7.396 4	9.399 2	11.918
27	1.308 2	1.706 9	2.221 3	2.883 4	3.733 5	4.822 3	6.213 9	7.988 1	10.245	13.110
28	1.321 3	1.741 0	2.287 9	2.998 7	3.920 1	5.111 7	6.648 8	8.627 1	11.167	14.421
29	1.334 5	1.775 8	2.356 6	3.118 7	4.116 1	5.418 4	7.114 3	9.317 3	12.172	15.863
30	1.347 8	1.811 4	2.427 3	3.243 4	4.321 9	5.743 5	7.612 3	10.063	13.268	17.449
40	1.488 9	2.208 0	3.262 0	4.801 0	7.040 0	10.286	14.975	21.725	31.409	45.259
50	1.644 6	2.691 6	4.383 9	7.106 7	11.467	18.420	29.457	46.902	74.358	117.39
60	1.816 7	3.281 0	5.891 6	10.520	18.679	32.988	57.946	101.26	176.03	304.48

续表

期数	12%	14%	15%	16%	18%	20%	24%	28%	32%	36%
1	1.120 0	1.140 0	1.150 0	1.160 0	1.180 0	1.2 000	1.240 0	1.280 0	1.320 0	1.360 0
2	1.254 4	1.299 6	1.322 5	1.345 6	1.392 4	1.440 0	1.537 6	1.638 4	1.742 4	1.849 6
3	1.404 9	1.481 5	1.520 9	1.560 9	1.643 0	1.728 0	1.906 6	2.097 2	2.3 000	2.515 5
4	1.573 5	1.689 0	1.749 0	1.810 6	1.938 8	2.073 6	2.364 2	2.684 4	3.036 0	3.421 0
5	1.762 3	1.925 4	2.011 4	2.100 3	2.287 8	2.488 3	2.931 6	3.436 0	4.007 5	4.652 6
6	1.973 8	2.195 0	2.313 1	2.436 4	2.699 6	2.986 0	3.635 2	4.398 0	5.289 9	6.327 5
7	2.210 7	2.502 3	2.660 0	2.826 2	3.185 5	3.583 2	4.507 7	5.629 5	6.982 6	8.605 4
8	2.476 0	2.852 6	3.059 0	3.278 4	3.758 9	4.299 8	5.589 5	7.205 8	9.217 0	11.703
9	2.773 1	3.251 9	3.517 9	3.803 0	4.435 5	5.159 8	6.931 0	9.223 4	12.167	15.917
10	3.105 8	3.707 2	4.045 6	4.411 4	5.233 8	6.191 7	8.594 4	11.806	16.060	21.647
11	3.478 5	4.226 2	4.652 4	5.117 3	6.175 9	7.430 1	10.657	15.112	21.199	29.439
12	3.896 0	4.817 9	5.350 3	5.936 0	7.287 6	8.916 1	13.215	19.343	27.983	40.038
13	4.363 5	5.492 4	6.152 8	6.885 8	8.599 4	10.699	16.386	24.759	36.937	54.451
14	4.887 1	6.261 3	7.075 7	7.987 5	10.147	12.839	20.319	31.691	48.757	74.053
15	5.473 6	7.137 9	8.137 1	9.265 5	11.974	15.407	25.196	40.565	64.359	100.71
16	6.130 4	8.137 2	9.357 6	10.748	14.129	18.488	31.243	51.923	84.954	136.97
17	6.866 0	9.276 5	10.761	12.468	16.672	22.186	38.741	66.461	112.14	186.28
18	7.690 0	10.575	12.376	14.463	19.673	26.623	48.039	85.071	148.02	253.34
19	8.612 8	12.056	14.232	16.777	23.214	31.948	59.568	108.89	195.39	344.54
20	9.646 3	13.744	16.367	19.461	27.393	38.338	73.864	139.38	257.92	468.57
21	10.804	15.668	18.822	22.575	32.324	46.005	91.592	178.41	340.45	637.26
22	12.100	17.861	21.645	26.186	38.142	55.206	113.57	228.36	449.39	866.67
23	13.552	20.362	24.892	30.376	45.008	66.247	140.83	292.30	593.20	1 178.7
24	15.179	23.212	28.625	35.236	53.109	79.497	174.63	374.14	783.02	1 603.0
25	17. 000	26.462	32.919	40.874	62.669	95.396	216.54	478.90	1 033.6	2 180.1
26	19.040	30.167	37.857	47.414	73.949	114.48	268.51	613.00	1 364.3	2 964.9
27	21.325	34.390	43.535	55. 000	87.260	137.37	332.96	784.64	1 800.9	4 032.3
28	23.884	39.205	50.066	63.800	102.97	164.84	412.86	1 004.3	2 377.2	5 483.9
29	26.750	44.693	57.576	74.009	121.50	197.81	511.95	1 285.6	3 137.9	7 458.1
30	29.960	50.950	66.212	85.850	143.37	237.38	634.82	1 645.5	4 142.1	10 143
40	93.051	188.88	267.86	378.72	750.38	1 469.8	5 455.9	19 427	66 521	*
50	289.00	700.23	1 083.7	1 670.7	3 927.4	9 100.4	46 890	*	*	*
60	897.60	2 595.9	4 384.0	7 370.2	20 555	56 348	*	*	*	*

注：* >99 999。

附表 2

复利现值系数表

期数	1%	2%	3%	4%	5%	6%	7%	8%	9%	10%
1	0.990 1	0.980 4	0.970 9	0.961 5	0.952 4	0.943 4	0.934 6	0.925 9	0.917 4	0.909 1
2	0.980 3	0.961 2	0.942 6	0.924 6	0.907 0	0.890 0	0.873 4	0.857 3	0.841 7	0.826 4
3	0.970 6	0.942 3	0.915 1	0.889 0	0.863 8	0.839 6	0.816 3	0.793 8	0.772 2	0.751 3
4	0.961 0	0.923 8	0.888 5	0.854 8	0.822 7	0.792 1	0.762 9	0.735 0	0.708 4	0.683 0
5	0.951 5	0.905 7	0.862 6	0.821 9	0.783 5	0.747 3	0.713 0	0.680 6	0.649 9	0.620 9
6	0.942 0	0.888 0	0.837 5	0.790 3	0.746 2	0.705 0	0.666 3	0.630 2	0.596 3	0.564 5
7	0.932 7	0.870 6	0.813 1	0.759 9	0.710 7	0.665 1	0.622 7	0.583 5	0.547 0	0.513 2
8	0.923 5	0.853 5	0.789 4	0.730 7	0.676 8	0.627 4	0.582 0	0.540 3	0.501 9	0.466 5
9	0.914 3	0.836 8	0.766 4	0.702 6	0.644 6	0.591 9	0.543 9	0.500 2	0.460 4	0.424 1
10	0.905 3	0.820 3	0.744 1	0.675 6	0.613 9	0.558 4	0.508 3	0.463 2	0.422 4	0.385 5
11	0.896 3	0.804 3	0.722 4	0.649 6	0.584 7	0.526 8	0.475 1	0.428 9	0.387 5	0.350 5
12	0.887 4	0.788 5	0.701 4	0.624 6	0.556 8	0.497 0	0.444 0	0.397 1	0.355 5	0.318 6
13	0.878 7	0.773 0	0.681 0	0.600 6	0.530 3	0.468 8	0.415 0	0.367 7	0.326 2	0.289 7
14	0.870 0	0.757 9	0.661 1	0.577 5	0.505 1	0.442 3	0.387 8	0.340 5	0.299 2	0.263 3
15	0.861 3	0.743 0	0.641 9	0.555 3	0.481 0	0.417 3	0.362 4	0.315 2	0.274 5	0.239 4
16	0.852 8	0.728 4	0.623 2	0.533 9	0.458 1	0.393 6	0.338 7	0.291 9	0.251 9	0.217 6
17	0.844 4	0.714 2	0.605 0	0.513 4	0.436 3	0.371 4	0.316 6	0.270 3	0.231 1	0.197 8
18	0.836 0	0.700 2	0.587 4	0.493 6	0.415 5	0.350 3	0.295 9	0.250 2	0.212 0	0.179 9
19	0.827 7	0.686 4	0.570 3	0.474 6	0.395 7	0.330 5	0.276 5	0.231 7	0.194 5	0.163 5
20	0.819 5	0.673 0	0.553 7	0.456 4	0.376 9	0.311 8	0.258 4	0.214 5	0.178 4	0.148 6
21	0.811 4	0.659 8	0.537 5	0.438 8	0.358 9	0.294 2	0.241 5	0.198 7	0.163 7	0.135 1
22	0.803 4	0.646 8	0.521 9	0.422 0	0.341 8	0.277 5	0.225 7	0.183 9	0.150 2	0.122 8
23	0.795 4	0.634 2	0.506 7	0.405 7	0.325 6	0.261 8	0.210 9	0.170 3	0.137 8	0.111 7
24	0.787 6	0.621 7	0.491 9	0.390 1	0.310 1	0.247 0	0.197 1	0.157 7	0.126 4	0.101 5
25	0.779 8	0.609 5	0.477 6	0.375 1	0.295 3	0.233 0	0.184 2	0.146 0	0.116 0	0.092 3
26	0.772 0	0.597 6	0.463 7	0.360 7	0.281 2	0.219 8	0.172 2	0.135 2	0.106 4	0.083 9
27	0.764 4	0.585 9	0.450 2	0.346 8	0.267 8	0.207 4	0.160 9	0.125 2	0.097 6	0.076 3
28	0.756 8	0.574 4	0.437 1	0.333 5	0.255 1	0.195 6	0.150 4	0.115 9	0.089 5	0.069 3
29	0.749 3	0.563 1	0.424 3	0.320 7	0.242 9	0.184 6	0.140 6	0.107 3	0.082 2	0.063 0
30	0.741 9	0.552 1	0.412 0	0.308 3	0.231 4	0.174 1	0.131 4	0.099 4	0.075 4	0.057 3
35	0.705 9	0.5 000	0.355 4	0.253 4	0.181 3	0.130 1	0.093 7	0.067 6	0.049 0	0.035 6
40	0.671 7	0.452 9	0.306 6	0.208 3	0.142 0	0.097 2	0.066 8	0.046 0	0.031 8	0.022 1
45	0.639 1	0.410 2	0.264 4	0.171 2	0.111 3	0.072 7	0.047 6	0.031 3	0.020 7	0.013 7
50	0.608 0	0.371 5	0.228 1	0.140 7	0.087 2	0.054 3	0.033 9	0.021 3	0.013 4	0.008 5
55	0.578 5	0.336 5	0.196 8	0.115 7	0.068 3	0.040 6	0.024 2	0.014 5	0.008 7	0.005 3

续表

期数	12%	14%	15%	16%	18%	20%	24%	28%	32%	36%
1	0.892 9	0.877 2	0.869 6	0.862 1	0.847 5	0.833 3	0.806 5	0.781 3	0.757 6	0.735 3
2	0.797 2	0.769 5	0.756 1	0.743 2	0.718 2	0.694 4	0.650 4	0.610 4	0.573 9	0.540 7
3	0.711 8	0.675 0	0.657 5	0.640 7	0.608 6	0.578 7	0.524 5	0.476 8	0.434 8	0.397 5
4	0.635 5	0.592 1	0.571 8	0.552 3	0.515 8	0.482 3	0.423 0	0.372 5	0.329 4	0.292 3
5	0.567 4	0.519 4	0.497 2	0.476 1	0.437 1	0.401 9	0.341 1	0.291 0	0.249 5	0.214 9
6	0.506 6	0.455 6	0.432 3	0.410 4	0.370 4	0.334 9	0.275 1	0.227 4	0.189 0	0.158 0
7	0.452 3	0.399 6	0.375 9	0.353 8	0.313 9	0.279 1	0.221 8	0.177 6	0.143 2	0.116 2
8	0.403 9	0.350 6	0.326 9	0.305 0	0.266 0	0.232 6	0.178 9	0.138 8	0.108 5	0.085 4
9	0.360 6	0.307 5	0.284 3	0.263 0	0.225 5	0.193 8	0.144 3	0.108 4	0.082 2	0.062 8
10	0.322 0	0.269 7	0.247 2	0.226 7	0.191 1	0.161 5	0.116 4	0.084 7	0.062 3	0.046 2
11	0.287 5	0.236 6	0.214 9	0.195 4	0.161 9	0.134 6	0.093 8	0.066 2	0.047 2	0.034 0
12	0.256 7	0.207 6	0.186 9	0.168 5	0.137 2	0.112 2	0.075 7	0.051 7	0.035 7	0.025 0
13	0.229 2	0.182 1	0.162 5	0.145 2	0.116 3	0.093 5	0.061 0	0.040 4	0.027 1	0.018 4
14	0.204 6	0.159 7	0.141 3	0.125 2	0.098 5	0.077 9	0.049 2	0.031 6	0.020 5	0.013 5
15	0.182 7	0.140 1	0.122 9	0.107 9	0.083 5	0.064 9	0.039 7	0.024 7	0.015 5	0.009 9
16	0.163 1	0.122 9	0.106 9	0.093 0	0.070 8	0.054 1	0.032 0	0.019 3	0.011 8	0.007 3
17	0.145 6	0.107 8	0.092 9	0.080 2	0.060 0	0.045 1	0.025 8	0.015 0	0.008 9	0.005 4
18	0.130 0	0.094 6	0.080 8	0.069 1	0.050 8	0.037 6	0.020 8	0.011 8	0.006 8	0.003 9
19	0.116 1	0.082 9	0.070 3	0.059 6	0.043 1	0.031 3	0.016 8	0.009 2	0.005 1	0.002 9
20	0.103 7	0.072 8	0.061 1	0.051 4	0.036 5	0.026 1	0.013 5	0.007 2	0.003 9	0.002 1
21	0.092 6	0.063 8	0.053 1	0.044 3	0.030 9	0.021 7	0.010 9	0.005 6	0.002 9	0.001 6
22	0.082 6	0.056 0	0.046 2	0.038 2	0.026 2	0.018 1	0.008 8	0.004 4	0.002 2	0.001 2
23	0.073 8	0.049 1	0.040 2	0.032 9	0.022 2	0.015 1	0.007 1	0.003 4	0.001 7	0.000 8
24	0.065 9	0.043 1	0.034 9	0.028 4	0.018 8	0.012 6	0.005 7	0.002 7	0.001 3	0.000 6
25	0.058 8	0.037 8	0.030 4	0.024 5	0.016 0	0.010 5	0.004 6	0.002 1	0.001 0	0.000 5
26	0.052 5	0.033 1	0.026 4	0.021 1	0.013 5	0.008 7	0.003 7	0.001 6	0.000 7	0.000 3
27	0.046 9	0.029 1	0.023 0	0.018 2	0.011 5	0.007 3	0.003 0	0.001 3	0.000 6	0.000 2
28	0.041 9	0.025 5	0.020 0	0.015 7	0.009 7	0.006 1	0.002 4	0.001 0	0.000 4	0.000 2
29	0.037 4	0.022 4	0.017 4	0.013 5	0.008 2	0.005 1	0.002 0	0.000 8	0.000 3	0.000 1
30	0.033 4	0.019 6	0.015 1	0.011 6	0.007 0	0.004 2	0.001 6	0.000 6	0.000 2	0.000 1
35	0.018 9	0.010 2	0.007 5	0.005 5	0.003 0	0.001 7	0.000 5	0.000 2	0.000 1	*
40	0.010 7	0.005 3	0.003 7	0.002 6	0.001 3	0.000 7	0.000 2	0.000 1	*	*
45	0.006 1	0.002 7	0.001 9	0.001 3	0.000 6	0.000 3	0.000 1	*	*	*
50	0.003 5	0.001 4	0.000 9	0.000 6	0.000 3	0.000 1	*	*	*	*
55	0.002 0	0.000 7	0.000 5	0.000 3	0.000 1	*	*	*	*	*

注：* <0. 000 1。

附表 3

年金终值系数表

期数	1%	2%	3%	4%	5%	6%	7%	8%	9%	10%
1	1.000 0	1.000 0	1.000 0	1.000 0	1.000 0	1.000 0	1.000 0	1.000 0	1.000 0	1.000 0
2	2.010 0	2.020 0	2.030 0	2.040 0	2.050 0	2.060 0	2.070 0	2.080 0	2.090 0	2.100 0
3	3.030 1	3.060 4	3.090 9	3.121 6	3.152 5	3.183 6	3.214 9	3.246 4	3.278 1	3.310 0
4	4.060 4	4.121 6	4.183 6	4.246 5	4.310 1	4.374 6	4.439 9	4.506 1	4.573 1	4.641 0
5	5.101 0	5.204 0	5.309 1	5.416 3	5.525 6	5.637 1	5.750 7	5.866 6	5.984 7	6.105 1
6	6.152 0	6.308 1	6.468 4	6.633 0	6.801 9	6.975 3	7.153 3	7.335 9	7.523 3	7.715 6
7	7.213 5	7.434 3	7.662 5	7.898 3	8.142 0	8.393 8	8.654 0	8.922 8	9.200 4	9.487 2
8	8.285 7	8.583 0	8.892 3	9.214 2	9.549 1	9.897 5	10.260	10.637	11.029	11.436
9	9.368 5	9.754 6	10.159	10.583	11.027	11.491	11.978	12.488	13.021	13.580
10	10.462	10.950	11.464	12.006	12.578	13.181	13.816	14.487	15.193	15.937
11	11.567	12.169	12.808	13.486	14.207	14.972	15.784	16.646	17.560	18.531
12	12.683	13.412	14.192	15.026	15.917	16.870	17.889	18.977	20.141	21.384
13	13.809	14.680	15.618	16.627	17.713	18.882	20.141	21.495	22.953	24.523
14	14.947	15.974	17.086	18.292	19.599	21.015	22.551	24.215	26.019	27.975
15	16.097	17.293	18.599	20.024	21.579	23.276	25.129	27.152	29.361	31.773
16	17.258	18.639	20.157	21.825	23.658	25.673	27.888	30.324	33.003	35.950
17	18.430	20.012	21.762	23.698	25.840	28.213	30.840	33.750	36.974	40.545
18	19.615	21.412	23.414	25.645	28.132	30.906	33.999	37.450	41.301	45.599
19	20.811	22.841	25.117	27.671	30.539	33.760	37.379	41.446	46.019	51.159
20	22.019	24.297	26.870	29.778	33.066	36.786	40.996	45.762	51.160	57.275
21	23.239	25.783	28.677	31.969	35.719	39.993	44.865	50.423	56.765	64.003
22	24.472	27.299	30.537	34.248	38.505	43.392	49.006	55.457	62.873	71.403
23	25.716	28.845	32.453	36.618	41.431	46.996	53.436	60.893	69.532	79.543
24	26.974	30.422	34.427	39.083	44.502	50.816	58.177	66.765	76.790	88.497
25	28.243	32.030	36.459	41.646	47.727	54.865	63.249	73.106	84.701	98.347
26	29.526	33.671	38.553	44.312	51.114	59.156	68.677	79.954	93.324	109.18
27	30.821	35.344	40.710	47.084	54.669	63.706	74.484	87.351	102.72	121.10
28	32.129	37.051	42.931	49.968	58.403	68.528	80.698	95.339	112.97	134.21
29	33.450	38.792	45.219	52.966	62.323	73.640	87.347	103.97	124.14	148.63
30	34.785	40.568	47.575	56.085	66.439	79.058	94.461	113.28	136.31	164.49
40	48.886	60.402	75.401	95.026	120.80	154.76	199.64	259.06	337.88	442.59
50	64.463	84.579	112.80	152.67	209.35	290.34	406.53	573.77	815.08	1 163.9
60	81.670	114.05	163.05	237.99	353.58	533.13	813.52	1 253.2	1 944.8	3 034.8

续表

期数	12%	14%	15%	16%	18%	20%	24%	28%	32%	36%
1	1.000 0	1.000 0	1.000 0	1.000 0	1.000 0	1.000 0	1.000 0	1.000 0	1.000 0	1.000 0
2	2.120 0	2.140 0	2.150 0	2.160 0	2.180 0	2.200 0	2.240 0	2.280 0	2.320 0	2.360 0
3	3.374 4	3.439 6	3.472 5	3.505 6	3.572 4	3.640 0	3.777 6	3.918 4	4.062 4	4.209 6
4	4.779 3	4.921 1	4.993 4	5.066 5	5.215 4	5.368 0	5.684 2	6.015 6	6.362 4	6.725 1
5	6.352 8	6.610 1	6.742 4	6.877 1	7.154 2	7.441 6	8.048 4	8.699 9	9.398 3	10.146
6	8.115 2	8.535 5	8.753 7	8.977 5	9.442 0	9.929 9	10.980	12.136	13.406	14.799
7	10.089	10.731	11.067	11.414	12.142	12.916	14.615	16.534	18.696	21.126
8	12.300	13.233	13.727	14.240	15.327	16.499	19.123	22.163	25.678	29.732
9	14.776	16.085	16.786	17.519	19.086	20.799	24.713	29.369	34.895	41.435
10	17.549	19.337	20.304	21.322	23.521	25.959	31.643	38.593	47.062	57.352
11	20.655	23.045	24.349	25.733	28.755	32.150	40.238	50.399	63.122	78.998
12	24.133	27.271	29.002	30.850	34.931	39.581	50.895	65.510	84.320	108.44
13	28.029	32.089	34.352	36.786	42.219	48.497	64.110	84.853	112.30	148.48
14	32.393	37.581	40.505	43.672	50.818	59.196	80.496	109.61	149.24	202.93
15	37.280	43.842	47.580	51.660	60.965	72.035	100.82	141.30	198.00	276.98
16	42.753	50.980	55.718	60.925	72.939	87.442	126.01	181.87	262.36	377.69
17	48.884	59.118	65.075	71.673	87.068	105.93	157.25	233.79	347.31	514.66
18	55.750	68.394	75.836	84.141	103.74	128.12	195.99	300.25	459.45	700.94
19	63.440	78.969	88.212	98.603	123.41	154.74	244.03	385.32	607.47	954.28
20	72.052	91.025	102.44	115.38	146.63	186.69	303.60	494.21	802.86	1 298.8
21	81.699	104.77	118.81	134.84	174.02	225.03	377.46	633.59	1 060.8	1 767.4
22	92.503	120.44	137.63	157.42	206.34	271.03	469.06	812.00	1 401.2	2 404.7
23	104.60	138.30	159.28	183.60	244.49	326.24	582.63	1 040.4	1 850.6	3 271.3
24	118.16	158.66	184.17	213.98	289.49	392.48	723.46	1 332.7	2 443.8	4 450.0
25	133.33	181.87	212.79	249.21	342.60	471.98	898.09	1 706.8	3 226.8	6 053.0
26	150.33	208.33	245.71	290.09	405.27	567.38	1 114.6	2 185.7	4 260.4	8 233.1
27	169.37	238.50	283.57	337.50	479.22	681.85	1 383.1	2 798.7	5 624.8	11 198
28	190.70	272.89	327.10	392.50	566.48	819.22	1 716.1	3 583.3	7 425.7	15 230
29	214.58	312.09	377.17	456.30	669.45	984.07	2 129.0	4 587.7	9 802.9	20 714
30	241.33	356.79	434.75	530.31	790.95	1 181.9	2 640.9	5 873.2	12 941	28 172
40	767.09	1 342.0	1 779.1	2 360.8	4 163.2	7 343.9	22 729	69 377	207 874	609 890
50	2 400.0	4 994.5	7 217.7	10 436	21 813	45 497	195 373	819 103	*	*
60	7 471.6	18 535	29 220	46 058	114 190	281 733	*	*	*	*

注：* >999 999.99。

附表 4　　年金现值系数表

期数	1%	2%	3%	4%	5%	6%	7%	8%	9%	10%
1	0.990 1	0.980 4	0.970 9	0.961 5	0.952 4	0.943 4	0.934 6	0.925 9	0.917 4	0.909 1
2	1.970 4	1.941 6	1.913 5	1.886 1	1.859 4	1.833 4	1.808 0	1.783 3	1.759 1	1.735 5
3	2.941 0	2.883 9	2.828 6	2.775 1	2.723 2	2.673 0	2.624 3	2.577 1	2.531 3	2.486 9
4	3.902 0	3.807 7	3.717 1	3.629 9	3.546 0	3.465 1	3.387 2	3.312 1	3.239 7	3.169 9
5	4.853 4	4.713 5	4.579 7	4.451 8	4.329 5	4.212 4	4.100 2	3.992 7	3.889 7	3.790 8
6	5.795 5	5.601 4	5.417 2	5.242 1	5.075 7	4.917 3	4.766 5	4.622 9	4.485 9	4.355 3
7	6.728 2	6.472 0	6.230 3	6.002 1	5.786 4	5.582 4	5.389 3	5.206 4	5.033 0	4.868 4
8	7.651 7	7.325 5	7.019 7	6.732 7	6.463 2	6.209 8	5.971 3	5.746 6	5.534 8	5.334 9
9	8.566 0	8.162 2	7.786 1	7.435 3	7.107 8	6.801 7	6.515 2	6.246 9	5.995 2	5.759 0
10	9.471 3	8.982 6	8.530 2	8.110 9	7.721 7	7.360 1	7.023 6	6.710 1	6.417 7	6.144 6
11	10.367 6	9.786 8	9.252 6	8.760 5	8.306 4	7.886 9	7.498 7	7.139 0	6.805 2	6.495 1
12	11.255 1	10.575 3	9.954 0	9.385 1	8.863 3	8.383 8	7.942 7	7.536 1	7.160 7	6.813 7
13	12.133 7	11.348 4	10.635 0	9.985 6	9.393 6	8.852 7	8.357 7	7.903 8	7.486 9	7.103 4
14	13.003 7	12.106 2	11.296 1	10.563 1	9.898 6	9.295 0	8.745 5	8.244 2	7.786 2	7.366 7
15	13.865 1	12.849 3	11.937 9	11.118 4	10.379 7	9.712 2	9.107 9	8.559 5	8.060 7	7.606 1
16	14.717 9	13.577 7	12.561 1	11.652 3	10.837 8	10.105 9	9.446 6	8.851 4	8.312 6	7.823 7
17	15.562 3	14.291 9	13.166 1	12.165 7	11.274 1	10.477 3	9.763 2	9.121 6	8.543 6	8.021 6
18	16.398 3	14.992 0	13.753 5	12.659 3	11.689 6	10.827 6	10.059 1	9.371 9	8.755 6	8.201 4
19	17.226 0	15.678 5	14.323 8	13.133 9	12.085 3	11.158 1	10.335 6	9.603 6	8.950 1	8.364 9
20	18.045 6	16.351 4	14.877 5	13.590 3	12.462 2	11.469 9	10.594 0	9.818 1	9.128 5	8.513 6
21	18.857 0	17.011 2	15.415 0	14.029 2	12.821 2	11.764 1	10.835 5	10.016 8	9.292 2	8.648 7
22	19.660 4	17.658 0	15.936 9	14.451 1	13.163 0	12.041 6	11.061 2	10.200 7	9.442 4	8.771 5
23	20.455 8	18.292 2	16.443 6	14.856 8	13.488 6	12.303 4	11.272 2	10.371 1	9.580 2	8.883 2
24	21.243 4	18.913 9	16.935 5	15.247 0	13.798 6	12.550 4	11.469 3	10.528 8	9.706 6	8.984 7
25	22.023 2	19.523 5	17.413 1	15.622 1	14.093 9	12.783 4	11.653 6	10.674 8	9.822 6	9.077 0
26	22.795 2	20.121 0	17.876 8	15.982 8	14.375 2	13.003 2	11.825 8	10.810 0	9.929 0	9.160 9
27	23.559 6	20.706 9	18.327 0	16.329 6	14.643 0	13.210 5	11.986 7	10.935 2	10.026 6	9.237 2
28	24.316 4	21.281 3	18.764 1	16.663 1	14.898 1	13.406 2	12.137 1	11.051 1	10.116 1	9.306 6
29	25.065 8	21.844 4	19.188 5	16.983 7	15.141 1	13.590 7	12.277 7	11.158 4	10.198 3	9.369 6
30	25.807 7	22.396 5	19.600 4	17.292 0	15.372 5	13.764 8	12.409 0	11.257 8	10.273 7	9.426 9
35	29.408 6	24.998 6	21.487 2	18.664 6	16.374 2	14.498 2	12.947 7	11.654 6	10.566 8	9.644 2
40	32.834 7	27.355 5	23.114 8	19.792 8	17.159 1	15.046 3	13.331 7	11.924 6	10.757 4	9.779 1
45	36.094 5	29.490 2	24.518 7	20.720 0	17.774 1	15.455 8	13.605 5	12.108 4	10.881 2	9.862 8
50	39.196 1	31.423 6	25.729 8	21.482 2	18.255 9	15.761 9	13.800 7	12.233 5	10.961 7	9.914 8
55	42.147 2	33.174 8	26.774 4	22.108 6	18.633 5	15.990 5	13.939 9	12.318 6	11.014 0	9.947 1

续表

期数	12%	14%	15%	16%	18%	20%	24%	28%	32%	36%
1	0.892 9	0.877 2	0.869 6	0.862 1	0.847 5	0.833 3	0.806 5	0.781 3	0.757 6	0.735 3
2	1.690 1	1.646 7	1.625 7	1.605 2	1.565 6	1.527 8	1.456 8	1.391 6	1.331 5	1.276 0
3	2.401 8	2.321 6	2.283 2	2.245 9	2.174 3	2.106 5	1.981 3	1.868 4	1.766 3	1.673 5
4	3.037 3	2.913 7	2.855 0	2.798 2	2.690 1	2.588 7	2.404 3	2.241 0	2.095 7	1.965 8
5	3.604 8	3.433 1	3.352 2	3.274 3	3.127 2	2.990 6	2.745 4	2.532 0	2.345 2	2.180 7
6	4.111 4	3.888 7	3.784 5	3.684 7	3.497 6	3.325 5	3.020 5	2.759 4	2.534 2	2.338 8
7	4.563 8	4.288 3	4.160 4	4.038 6	3.811 5	3.604 6	3.242 3	2.937 0	2.677 5	2.455 0
8	4.967 6	4.638 9	4.487 3	4.343 6	4.077 6	3.837 2	3.421 2	3.075 8	2.786 0	2.540 4
9	5.328 2	4.946 4	4.771 6	4.606 5	4.303 0	4.031 0	3.565 5	3.184 2	2.868 1	2.603 3
10	5.650 2	5.216 1	5.018 8	4.833 2	4.494 1	4.192 5	3.681 9	3.268 9	2.930 4	2.649 5
11	5.937 7	5.452 7	5.233 7	5.028 6	4.656 0	4.327 1	3.775 7	3.335 1	2.977 6	2.683 4
12	6.194 4	5.660 3	5.420 6	5.197 1	4.793 2	4.439 2	3.851 4	3.386 8	3.013 3	2.708 4
13	6.423 5	5.842 4	5.583 1	5.342 3	4.909 5	4.532 7	3.912 4	3.427 2	3.040 4	2.726 8
14	6.628 2	6.002 1	5.724 5	5.467 5	5.008 1	4.610 6	3.961 6	3.458 7	3.060 9	2.740 3
15	6.810 9	6.142 2	5.847 4	5.575 5	5.091 6	4.675 5	4.001 3	3.483 4	3.076 4	2.750 2
16	6.974 0	6.265 1	5.954 2	5.668 5	5.162 4	4.729 6	4.033 3	3.502 6	3.088 2	2.757 5
17	7.119 6	6.372 9	6.047 2	5.748 7	5.222 3	4.774 6	4.059 1	3.517 7	3.097 1	2.762 9
18	7.249 7	6.467 4	6.128 0	5.817 8	5.273 2	4.812 2	4.079 9	3.529 4	3.103 9	2.766 8
19	7.365 8	6.550 4	6.198 2	5.877 5	5.316 2	4.843 5	4.096 7	3.538 6	3.109 0	2.769 7
20	7.469 4	6.623 1	6.259 3	5.928 8	5.352 7	4.869 6	4.110 3	3.545 8	3.112 9	2.771 8
21	7.562 0	6.687 0	6.312 5	5.973 1	5.383 7	4.891 3	4.121 2	3.551 4	3.115 8	2.773 4
22	7.644 6	6.742 9	6.358 7	6.011 3	5.409 9	4.909 4	4.130 0	3.555 8	3.118 0	2.774 6
23	7.718 4	6.792 1	6.398 8	6.044 2	5.432 1	4.924 5	4.137 1	3.559 2	3.119 7	2.775 4
24	7.784 3	6.835 1	6.433 8	6.072 6	5.450 9	4.937 1	4.142 8	3.561 9	3.121 0	2.776 0
25	7.843 1	6.872 9	6.464 1	6.097 1	5.466 9	4.947 6	4.147 4	3.564 0	3.122 0	2.776 5
26	7.895 7	6.906 1	6.490 6	6.118 2	5.480 4	4.956 3	4.151 1	3.565 6	3.122 7	2.776 8
27	7.942 6	6.935 2	6.513 5	6.136 4	5.491 9	4.963 6	4.154 2	3.566 9	3.123 3	2.777 1
28	7.984 4	6.960 7	6.533 5	6.152 0	5.501 6	4.969 7	4.156 6	3.567 9	3.123 7	2.777 3
29	8.021 8	6.983 0	6.550 9	6.165 6	5.509 8	4.974 7	4.158 5	3.568 7	3.124 0	2.777 4
30	8.055 2	7.002 7	6.566 0	6.177 2	5.516 8	4.978 9	4.160 1	3.569 3	3.124 2	2.777 5
35	8.175 5	7.070 0	6.616 6	6.215 3	5.538 6	4.991 5	4.164 4	3.570 8	3.124 8	2.777 7
40	8.243 8	7.105 0	6.641 8	6.233 5	5.548 2	4.996 6	4.165 9	3.571 2	3.125 0	2.777 8
45	8.282 5	7.123 2	6.654 3	6.242 1	5.552 3	4.998 6	4.166 4	3.571 4	3.125 0	2.777 8
50	8.304 5	7.132 7	6.660 5	6.246 3	5.554 1	4.999 5	4.166 6	3.571 4	3.125 0	2.777 8
55	8.317 0	7.137 6	6.663 6	6.248 2	5.554 9	4.999 8	4.166 6	3.571 4	3.125 0	2.777 8

参考文献

1.麻淑秋:《财务管理实务》,中国人民大学出版社 2012 年版。

2.孔德兰、许辉:《财务管理》,大连,东北财经大学出版社 2011 年版。

3.中国注册会计师协会:《财务成本管理》,北京,中国财政经济出版社 2011 年版。

4.财政部会计资格评价中心:《财务管理》,北京,中国财政经济出版社 2011 年版。

5.吴宗奎、宋建涛:《财务管理》(第 2 版),中国人民大学出版社 2013 年版。

6.王翠菊:《财务管理学》,北京邮电大学出版社 2013 年版。

7.陈宏桥、张俐娟:《财务管理实务》,东北财经大学出版社 2016 年版。